U0939089

农村普惠金融

供给侧结构性改革

穆争社◎著

敬请杨德勇教授批评

穆争社

21/11-2018

中国金融出版社

责任编辑：董　飞
责任校对：孙　蕊
责任印制：裴　刚

图书在版编目（CIP）数据

农村普惠金融供给侧结构性改革（Nongcun Puhui Jinrong Gongjice Jiegouxing Gaige）/穆争社著．—北京：中国金融出版社，2018.1
ISBN 978－7－5049－9369－4

Ⅰ.①农…　Ⅱ.①穆…　Ⅲ.①农村金融改革—研究—中国
Ⅳ.①F832.35

中国版本图书馆CIP数据核字（2017）第316712号

出版发行　中国金融出版社
社址　北京市丰台区益泽路2号
市场开发部　（010）63266347，63805472，63439533（传真）
网上书店　http://www.chinafph.com
（010）63286832，63365686（传真）
读者服务部　（010）66070833，62568380
邮编　100071
经销　新华书店
印刷　保利达印务有限公司
尺寸　169毫米×239毫米
印张　17.5
字数　239千
版次　2018年1月第1版
印次　2018年1月第1次印刷
定价　48.00元
ISBN 978－7－5049－9369－4
如出现印装错误本社负责调换　联系电话（010）63263947

序　　言

全面建成小康社会是以习近平同志为核心的党中央确立的第一个百年目标，事关实现中国梦大局，事关中华民族伟大复兴。习近平总书记指出，“小康不小康，关键看老乡”，强调要坚决打赢脱贫攻坚战，确保到2020年所有贫困地区和贫困人口一道迈入全面小康社会。

普惠金融的使命是为农民、小微企业等弱势群体提供金融服务。中国“三农”、小微企业长期面临融资难、融资贵问题。大力发展普惠金融是促进“三农”、小微企业发展，实现脱贫攻坚目标，全面建成小康社会的重要手段。

2013年11月召开的中国共产党十八届三中全会强调“发展普惠金融”，标志着中国普惠金融战略正式确立。2015年12月，国务院发布《推进普惠金融发展规划（2016—2020年）》，对中国普惠金融发展进行全面规划布局、顶层制度设计，吹响了中国普惠金融实践新号角。2017年3月的《政府工作报告》将发展普惠金融作为重点工作，明确“鼓励各大中型商业银行设立普惠金融事业部，国有大型银行要率先做到”，掀开了中国普惠金融大发展新篇章。

穆争社同志自2003年6月进入中国人民银行金融研究所博士后科研工作站以来，一直在我的指导下从事农村信用社改革发展的理论研究和实践工作。该同志2005年10月入职中国人民银行货币政策司，继续从事农村金融改革发展工作，全面参与制定并组织实施了农村信用社改革政策和资金支持政策，深入研究了农村信用社改革发展的重大问题，先后出版了《农村信用社改革政策设计理念》《农村信用社法人治理与管理体制研究》，受到广泛好评。近年来，该同志持续参与追踪农村金融改革新实践，深入研究中国农村普惠金融发展，撰写了《农村普惠金融供给侧结构性改革》一书。

本书以中国农村普惠金融供给侧结构性改革为主线和引领，以农村信用社和农村合作金融两大重要主体的改革发展为支点展开研究。以普惠金融国内外发展实践历程为逻辑起点，分析普惠金融的服务对象、产品特征、商业可持续原则，与农村金融、扶贫金融、金融供给侧结构性改革的关系，以拨乱反正，阐述普惠金融实质。提出农村普惠金融的服务对象主体是作为弱势群体的广大农民，因其难以承受金融产品的高价格，金融机构需按照微利原则以薄利方式合理确定普惠金融产品价格，扩大普惠金融服务对象范围，农民人数众多，消费购买普惠金融产品的数量巨大，从而使普惠金融呈现薄利多销特征，有利于实现商业化可持续发展。这也说明无论是获得农村普惠金融服务还是扶贫金融服务都需具有一定的可负担成本能力，决定了普惠金融和扶贫金融均是有服务边界的，不能期待通过发展农村普惠金融和扶贫金融完全解决贫困人口脱贫致富的资金问题；对于边界之外的极端贫困人口，需要通过社会救济等方式推动其实现脱贫致富。

本书结合中国农村普惠金融特殊生态环境，指出弱势群体普遍面临的是非人格化信用信息（合格抵押品）缺失，发展农村普惠金融的难点和重点是以低成本、高准确性获得弱势群体的人格化信用信息（个人道德品质、经营能力等），搜寻更多信用水平较高的弱势群体，以扩大普惠金融服务对象范围，促进金融产品多销，实现以薄利多销方式推动普惠金融商业可持续发展。在此基础上，针对中国农村普惠金融发展面临的现实问题，提出具有较强针对性、操作性的政策建议，并通过典型案例予以强化，主要包括：发挥小微型和大中型金融机构各自特长和比较优势、农村资金互助熟人社会优势，鼓励电商进农村实现与互联网金融的融合发展，开展“两权”抵押贷款试点化解合格抵押品不足，建立农业保险和融资担保等金融风险缓释机制，发挥地方政府营造良好金融生态环境积极作用等。

总体看，这是一部紧扣中国农村普惠金融发展现实的著作，研究观点创新性较强，具有较高理论价值；提出的破解农村普惠金融发展重点、难点问题的政策措施建立在坚实的实践基础上，对政策制定具有较高的参考价值。相信本书的出版将会为推动农村普惠金融改革发展作出新贡献。

是为序。

2017 年 9 月

前　言

普惠金融的服务对象是弱势群体，决定了农村是普惠金融发展的主战场，决定了深化农村金融改革的主要任务是促进发展农村普惠金融。弱势群体长期面临着金融服务供给不足，决定了发展农村普惠金融的重点在于深化供给侧结构性改革，向弱势群体提供成本适度、能有效满足其需求的普惠金融产品，以提高农村普惠金融发展水平，促进农村经济社会发展，推动全面建成小康社会。正是基于此，本书以深化农村普惠金融供给侧结构性改革为研究对象。基本内容由三大部分构成：以农村普惠金融供给侧结构性改革为纲，以农村信用社和农村合作金融两大重要主体的改革发展为支点。

第一部分，农村普惠金融供给侧结构性改革论纲，包括演变历程、内涵辨析、发展机制、政策措施。以农村普惠金融供给侧结构性改革为主线和统领，以普惠金融国内外发展实践为逻辑起点，深入研究农村普惠金融的内涵与特征，包括普惠金融的服务对象，产品特征，商业可持续原则，与农村金融、扶贫金融、金融供给侧结构性改革的关系等。立足于弱势群体承受高价格的金融产品能力较弱，强调应坚持微利原则以薄利方式合理确定普惠金融产品价格，为弱势群体获得普惠金融产品创造价格条件，强调提高金融机构以低成本、高准确性搜寻更多信用水平较高弱势群体的能力，扩展服务对象群体数量，而且弱势群体呈现的长尾化特征，也使实现普惠金融产品多销具有坚实基础，从而确保了以薄利多销方式能够实现普惠金融商业化可持续发展。

但需要明确的是，由于获得普惠金融产品需要一定的成本承受能力，决定了农村普惠金融和扶贫金融均是有服务边界的，不可能将所有弱势群体无条件纳入其服务对象范围，不能期待通过发展农村普惠金融和扶贫金融解决弱势群体尤其是贫困人口脱贫致富的全部资金问题。对于服务边界之外的极端贫困人口脱贫资金需求，需要建立社会救济等方式的资金支持机制。

结合中国农村普惠金融发展现实和面临的特殊金融生态环境，提出深化农村普惠金融供给侧结构性改革的政策措施。一是以低成本、高准确性方式获得弱势群体人格化信用信息。具体为：发展小微型金融机构，以发挥其扎根农村、贴近农民的地缘、人缘优势，及时了解普惠金融需求变化，降低人格化信用信息搜寻成本、提高准确性；鼓励电商进农村，活跃农村经济，壮大普惠金融需求，同时借助电商积累的大数据，研判农民的人格化信用信息，通过发展电商与互联网金融有机融合，降低获取农民人格化信用信息成本和普惠金融服务成本；发展农村资金互助业务，发挥熟人社会作用，以低成本方式准确获得弱势群体人格化信用信息，充分了解其普惠金融需求。二是开展土地承包经营权和宅基地使用权抵押贷款试点，丰富合格抵（质）押品范围，弥补农民非人格化信用信息（合格抵押品）不足。三是发展农业保险和融资性担保机制，降低发展农村普惠金融面临的高风险。四是发挥地方政府作用，通过加强金融生态环境建设、健全信息共享机制、引导社会资本参与主导融资担保机制建设等，为农村普惠金融发展创造良好环境。

第二部分，发挥农村信用社（农村商业银行、农村合作银行，下同）比较优势和普惠金融服务主力军作用。农村弱势群体的普惠金融需求呈现小额、分散、信用化特征，需要发挥农村信用社地缘、人缘、血缘的优势，贴近农民开展普惠金融服务，不仅可以降低搜寻农民人格化信用信息成本、提高准确性，而且能够及时了解农民的普惠金融需求，增强金融产品供给的针对性、有效性，实现普惠金融产品供给与需求的良好对接。因此，本部分重点研究中国农村信用社改革发展面临的问题，提出发挥农村信用社普惠金融主力军作用的政策措施。

一是对 2003 年开始的农村信用社改革进行全景式回顾、评价和展望。2003 年以来，农村信用社改革围绕深化产权制度和管理体制展开，以推动增强农村金融服务功能。目前，改革取得重要的阶段性成果，产权制度改革稳步推进，新型管理体制初步建立，农村金融服务功能有所增强，但仍存在产权关系不清晰、内部人控制问题严重、省级联社履职行政化色彩浓厚、省级政府金融风险处置责任虚置、金融创新动力不足等问题，提出引进战略投资者完善法人治理结构、构建分工合理、相互制衡的履职组织架构提高管理效率、建立以省级政府为出资主体的金融风险处置基金强化责任约束、构建适度竞争的农村金融市场促进金融创新等政策措施，以推动真正全面实现农村信用社改革目标。

二是对农村信用社改革发展进行计量模型实证分析，以量化方式准确评价农村信用社改革实效、存在问题，指出进一步深化改革的方向。在国内首次运用三阶段 DEA 模型的 BCC 分析法和 Malmquist 指数分析法，在考虑非期望产出指标，并剔除外部环境因素影响的条件下，对 2007—2012 年 115 家县域法人样本农村信用社改革绩效进行了实证分析。研究表明，农村信用社的总体绩效、商业绩效、涉农服务绩效均总体呈现逐年改善态势。绩效改善程度高低的总体顺序为商业绩效、总体绩效、涉农服务绩效。农村商业银行的改革绩效总体高于农村信用社。同时也发现 20% ~30% 机构的改革绩效出现下降，涉农服务绩效以及农村信用社的此类问题较为严重。提出提升农村信用社改革绩效的政策措施：加大对涉农金融服务的政策支持力度，加快提升现代金融技术应用水平，积极推动农村信用社提高经营管理水平，合理优化农村信用社经营规模，加快推进农村信用社改制为农村商业银行，进一步健全农村信用社可持续发展机制。

三是深入研究省级联社履职行政化色彩浓厚的成因、危害，提出化解此问题的政策措施。2003 年开始农村信用社管理体制改革以来，省级政府普遍建立了省联社体制，实施对农村信用社的行政管理，不仅缺乏产权基础，违背法人治理基本规则，而且不利于实现农村信用社改革目标。2012 年召开的全国金融工作会议提出“省联社要淡出行政管理，强化服务职能”的改革方向。目前社会上的主流观点是将省联社改制为金融控股公司，以实现其淡出行政管理，这实质上是强化了省联社对农村信用社的行政管理，有损于真正实现农村信用社改革目标，不是改革创新而是历史倒退。省联社淡出行政管理的方向应是将其改制为金融服务公司，不仅有利于实现省级政府、省联社、农村信用社的互利共赢，而且更有利于强化省联社服务职能，推动实现农村信用社改革目标；当前，可优先在已经完成农村信用社改制为农村商业银行省份，进行省联社改革试点。

四是提出从更加宏观和长远发展的视野看，应致力于构建以省级政府为主体的地方金融管理体制，明确地方金融管理的边界是在省辖行政区域内依法注册成立、主要服务于当地经济发展的金融机构。省级政府作为地方金融管理主体应对地方金融机构履行依法管理职能、金融监管职能和行业管理职能，应构建省级金融办公室、省级金融监管局、省级金融服务公司的履职组织架构，形成分工合理、制衡有效的履职格局，提高履职效率。建立以省级政府为出资主体的金融风险处置基金，形成权责制衡机制，以促进省级政府正确履行管理职责，推动实现地方经济与地方金融机构的共赢发展。

第三部分，发挥农村资金互助合作熟人社会优势，破解农村普惠金融发展面临的搜寻弱势群体（农民）人格化信用信息难题。目前，农村资金互助合作多以行政村、乡镇为地域范围开展，是弱势群体内部的资金互助自治行为，具有典型的熟人社会特征，这为社员间彼此了解对方人格化信用信息、金融服务需求创造了良好环境，也有利于对赖账不还者的低成本惩罚，从而使资金互助服务呈现低成本、低风险特征，能够为更多弱势群体提供可负担成本的普惠金融服务。通过鼓励金融机构提供批发资金，壮大农村资金互助的资金实力，使更多农民享受到普惠金融服务。中国的农村资金互助组织长期以来以 20 世纪 50 年代建立的农村信用社为代表，但其改革发展目前正在丢弃资金互助合作特征走上股份制农村商业银行道路。随着我国农村经济蓬勃发展，特别是 2007 年《农民专业合作社法》实施，推动农民专业合作社蓬勃发展、广大农民市场地位显著提升，发展生产积极性空前高涨，资金需求日益旺盛，催生了各类资金互助组织的自发快速发展，形成了立足农民自身解决农业生产融资困难的格局。这种市场内生成长起来的农村资金互助合作组织是中国真正意义的合作金融，是中国合作金融的发展方向。

因此，本部分在追溯中国农村资金互助组织发展历程的基础上，探究农村信用社逐步背离合作金融原则的深层次原因，为后续改革发展提供历史借鉴；重点分析当前中国农村合作金融（主要是资金互助合作）改革发展的十大论争，提出相关理论和政策主张。

一是中国农村合作金融的演变与发展。通过对 20 世纪 50 年代以来的中国农村合作金融演变与发展历程进行研究，发现其具有三个阶段性特征，分别是政府主导型、市场内生成长型、资金互助业务型。由于政府在不同的历史时期面临不同的历史任务，推动农村信用社发展的动因也就各有差异，从而使其发展呈现不同的阶段性变化，但均离不开政府主导的基本特征。2007 年《农民专业合作社法》实施，推动各类农民合作社快速发展，资金需求日益旺盛，催生了各类资金互助组织的自发快速发展，形成了立足农民自身以市场化方式解决农业生产融资困难的市场内生成长型资金互助合作组织。2015 年 1 月，山东省启动我国新一轮农村合作金融试点，主要内容是在农民专业合作社内部开展信用互助（实质为资金互助）业务，掀开了我国农村合作金融的资金互助业务型发展新篇章；目前已被确定为发展方向。总体看，中国新型农村合作金融虽然蓬勃发展、亮点纷呈、呈现多样性、多元化，但仍处于发展的初级阶段，应加大引导规范力度，促进加快发展。

二是探究中国农村信用社“去合作化”成因。在分析中国农村信用社“去合作化”的演变与发展历程的基础上，探究其“去合作化”的成因，表明政府积极主导推动，并将农村信用社作为实现特定目标的重要工具，是其走上“去合作化”道路的重要原因。当前，规范发展中国新型农村合作金融组织应认真吸取农村信用社改革的经验教训，坚持规范发展合作金融、政府推动创造环境，明确中国农村合作金融处于发展的初级阶段。

三是分析中国农村合作金融发展的主要论争，提出有关理论和政策主张。虽然农村资金互助组织对缓解农民融资难、融资贵问题发挥了积极作用，但仍面临许多问题，甚至在个别地方成为金融风险的引爆点。因此，理论专家、实际工作者均对中国农村资金互助组织发展论争激烈，主要包括社员身份、社员与社会特定公众关系、互助资金支付利息、地域范围与资金规模、互助资金风险防范、民主管理、盈余分配、地方政府监管、精准扶贫、发展定位和基本原则等十大问题，本书对此提出了鲜明观点和具有操作性的政策措施，以拨乱反正。

目　录

第一部分　农村普惠金融供给侧结构性改革论纲

第二部分　农村普惠金融服务主力军：农村信用社改革与发展

第一部分

农村普惠金融
供给侧结构性改革论纲

第一章　导　　读

普惠金融的服务对象是弱势群体，决定了农村是普惠金融发展的主战场，决定了深化农村金融改革的主要任务是促进发展农村普惠金融。弱势群体长期面临着金融服务需求难以有效满足，决定了发展农村普惠金融的重点在于深化供给侧结构性改革。正是基于此，本书以深化农村普惠金融供给侧结构性改革为论纲展开研究。

第一节　框架结构

总论由四部分构成：

一、普惠金融发展历程

以金融排斥转向普惠金融为逻辑起点，从国际和国内两个方面分析普惠金融发展历程。金融机构经营呈现“嫌贫爱富”特点，决定了金融排斥的对象是弱势群体，这将损害弱势群体获得金融服务的基本权利，并由此造成“马太效应”，不利于实现人权平等、人类社会和谐共赢发展，因而金融排斥观念逐渐被普惠金融理念所替代。国外在20世纪70～80年代开展的小额信用贷款活动正是普惠金融理念的实践，帮助许多穷人获得贷款支持实现发展，最为典型的是孟加拉国的尤努斯博士因倡导通过小额信贷支持农村妇女脱贫致富取得巨大成功而获得2006年度诺贝尔和平奖。2005年，联合国开展小额信贷年活动，以实现千年发展目标，消除贫困人口，从而使普惠金融理念在世界各国开花结果。2008年美国次贷危机的爆发、扩散，乃至导致全球陷入金融危机、经济危机，宣告了过度发展普惠金融的失败，也让人们清晰认识到其危害，敲响了普惠金融危机的警钟。2011 年发布的《玛雅宣言》提出了检验普惠金融发展成果的量化标准及相关指标体系，提高了发展普惠金融的可操作性，为各国发展普惠金融指明了具体方向。同时，普惠金融也日益受到 G20 的高度重视，自 2010 年起，G20 每年发布促进普惠金融发展倡议，2016 年的年会更是紧扣时代脉搏，提出《数字普惠金融高级原则》。在国内，早期的普惠金融是 20 世纪 90 年代伴随小额信贷支持扶贫而发展，一些非政府组织也依靠社会捐赠支持农村弱势群体脱贫致富，呈星星之火态势。随着普惠金融理念在全球的传播，2006 年开始，国内学界开始研究引入普惠金融。2013 年党的十八届三中全会将发展普惠金融确定为国家战略，2015 年我国发布《推进普惠金融发展规划（2016—2020 年)》，开始全面实践普惠金融。

二、农村普惠金融供给侧结构性改革的内涵辨析

以普惠金融的内涵为逻辑起点，分析普惠金融的服务对象——弱势群体的内涵及其长尾化特征、普惠金融产品的初级产品特点，提出普惠金融以薄利多销方式实现商业可持续，具有商业性金融属性。笔者认为扶贫金融是普惠金融的重要组成部分，服务对象是更为贫困的弱势群体，应坚持保本微利原则，以较低的可负担成本提供金融服务，具有政策性金融属性；农村是发展普惠金融的主战场，农村金融更多表现为农村普惠金融；金融供给侧结构性改革的主要任务是发展农村普惠金融。

三、深化农村普惠金融供给侧结构性改革面临的难点及其化解机制

发展农村普惠金融面临特殊的地理环境、自然环境、人文环境、金融服务环境等，导致其服务呈现高成本、高风险特征。提出若按照收益覆盖成本和风险原则，通过单纯提高价格发展普惠金融，将会导致逆向选择，造成两者呈现悖论。有效做法是按照微利原则使价格合理覆盖成本和风险的前提下，寻找更多信用水平较高的弱势群体，并将其作为服务对象，以

薄利多销方式实现普惠金融的商业可持续发展。由于弱势群体的非人格化信用信息［合格抵（质）押品］缺失，因此发展农村普惠金融面临的难点是寻找人格化信用信息（个人道德品质、经营能力等），获得信用较高的弱势群体人数，以扩大服务对象范围。认为通过建立博弈的可置信威胁机制，可降低人格化信用信息搜寻成本、提高信用信息搜寻准确性。分析了贷款联保机制内生的重复博弈所衍生的可置信威胁机制具有的信息搜寻成本低、准确性高的功能。

四、深化农村普惠金融供给侧结构性改革的重点政策措施

首先，提出低成本、高准确性获得弱势群体人格化信用信息的政策措施。第一，发展小微型金融机构，以发挥其扎根农村、贴近农民的地缘、人缘优势，及时了解普惠金融需求变化，降低人格化信用信息搜寻成本、提高准确性。第二，发展农村资金互助业务，发挥熟人社会作用，以低成本方式准确获得弱势群体人格化信用信息，充分了解其普惠金融需求。第三，鼓励电商进农村，活跃农村经济，壮大普惠金融需求，同时借助电商积累的大数据，研判农民的人格化信用信息，通过发展电商与互联网金融有机融合，降低获取农民人格化信用信息成本和金融服务成本。其次，开展土地承包经营权和宅基地使用权抵押贷款试点，丰富合格抵押（质）品范围，缓解农民非人格化信用信息（合格抵押品）不足。再次，健全农业保险和融资性担保机制等风险缓释机制，降低发展农村普惠金融面临的高风险。最后，发挥地方政府作用，通过加强金融生态环境建设、健全信息共享机制、引导社会资本参与主导融资担保机制建设等，为农村普惠金融发展创造良好环境。

第二节　主要内容

总论主要内容和理论创新包括十二个方面：

一、全面回顾普惠金融的发展历程

以金融排斥转向普惠金融理念为逻辑起点，分析了普惠金融的发展历程。国际发展历程分为五个阶段：小额信用贷款的民间实践、小额信贷的国际化、普惠金融的危机、普惠金融走向标准化、普惠金融借助 G20 平台扬帆远航。国内发展历程分为两个阶段：小额信贷实践的星星之火、普惠金融上升为国家战略开始全面实施。

二、论证深化农村普惠金融供给侧结构性改革应坚持商业可持续发展原则

农村普惠金融的服务对象是作为弱势群体的广大农民，他们难以承受高价格的金融产品，决定了对单个农民必须以薄利方式提供金融产品；农民人数众多，决定了普惠金融服务对象十分广泛，呈现典型的长尾化特征，具有规模经济的强大基础，能够实现金融产品的多销。同时，普惠金融产品更多是初级产品，生产研发成本更低，决定了可以较低成本提供，使更多农民以可负担成本享受普惠金融服务，进一步扩大了服务对象范围，增强了规模经济特色。普惠金融的薄利多销方式保证了其商业可持续。商业可持续发展也催生了金融机构发展普惠金融的强大动力。

三、分析普惠金融、扶贫金融、农村金融的关系及服务对象差异

普惠金融和扶贫金融的服务对象均是弱势群体，但扶贫金融的服务对象是更为贫困的弱势群体，决定了扶贫金融是普惠金融的重要组成部分。农村金融的服务地域在农村，农村的弱势群体占比高，决定了农村是普惠金融的主战场，农村金融与普惠金融在经营地域、服务对象等方面具有较高的重合度。弱势群体长期面临着金融服务需求难以满足，决定了金融供给侧结构性改革的主要任务是发展普惠金融。

四、认为农村普惠金融具有商业性金融属性、扶贫金融具有政策性金融属性，且均有服务边界

农村普惠金融能够以薄利多销方式实现商业可持续发展，具有商业性金融特点，但不同于一般的商业性金融，因为盈利模式具有重大差异。扶贫金融服务对象是更为贫困的弱势群体，其可负担金融服务成本的能力更弱，决定了扶贫金融应按照保本微利原则提供更低价格的普惠金融产品，具有政策性金融属性。但无论是获得农村普惠金融服务还是扶贫金融服务都应具有一定的可负担成本能力，决定了其服务均是有边界的，两者均不能保证让所有弱势群体获得金融服务，即使是扶贫金融服务也只不过是将更多更为贫困的弱势群体纳入金融服务对象范围，因此不能期待通过发展农村普惠金融和扶贫金融完全解决贫困人口的脱贫致富的资金问题。对于边界之外的极端贫困人口，可以通过社会救济等方式推动其实现脱贫致富。

五、按照微利原则以薄利方式合理确定农村普惠金融产品价格

农村普惠金融发展面临的地理、自然、人文、服务等特殊环境，导致其服务呈现高成本、高风险特征。按照收益覆盖成本和风险的定价原则，农村普惠金融产品应实行高定价，不仅超越部分弱势群体的成本承受能力，导致其自愿退出，而且发生弱势群体的逆向选择行为损害金融机构利益，导致金融机构供给萎缩。综合上述分析说明，单纯依靠高价格作用将会造成农村普惠金融发展萎缩，同时也将损害金融机构的利益。金融机构应按照微利原则以薄利方式将农村普惠金融产品价格确定在合理水平，通过搜寻弱势群体信用信息，寻找更多信用较高的弱势群体，以扩大服务对象，发挥规模经济作用实现多销，通过薄利多销方式，确保商业可持续发展。

六、发展农村普惠金融的难点是以低成本、高准确性获得弱势群体信用信息，尤其是人格化信用信息

弱势群体普遍面临的是非人格化信用信息（合格抵押品）缺失，因而发展农村普惠金融的难点就是以低成本、高准确性获得弱势群体的人格化信用信息（个人道德品质、经营能力等），以搜寻获得信用较高的弱势群体。贷款联保机制内生成员间重复博弈产生的可置信威胁机制，成为弱势群体自组织搜寻人格化信用信息的方式，具有获得人格化信用信息成本低、准确性高的特点，成为发展农村普惠金融的重要选择。

七、发展小微型金融机构，发挥大中型金融机构资金批发功能，共同促进农村普惠金融发展

小微型金融机构具有开展农村普惠金融的比较优势，是打通普惠金融服务“最后一公里”的重要主体。这是因为小微型金融机构扎根农村、贴近农民，开展服务具有人缘、地缘优势，不仅有助于降低获得农民人格化信用信息的成本，提高准确性，而且便于及时掌握农民的普惠金融服务需求，提供有针对性的普惠金融服务。大中型金融机构的经营战略、人员结构、网点布局特征，决定了开展农村普惠金融是其劣势，但可发挥其筹集资金能力强、资金实力雄厚的优势，通过开展资金批发，弥补小微型金融机构资金实力弱的不足，优势互补、互利共赢，共同促进农村普惠金融发展。

八、发挥农村资金互助的熟人社会优势，促进农村普惠金融发展

目前，农村资金互助多以行政村、乡镇为地域范围开展，是弱势群体内部的资金互助自治行为，具有典型的熟人社会特征，这为社员间彼此了解对方人格化信用信息、金融服务需求创造了良好环境，也有利于对赖账不还者的低成本惩罚，从而使资金互助服务呈现低成本、低风险特征，能

够为更多弱势群体提供可负担成本的普惠金融服务。可通过鼓励金融机构提供批发资金，壮大农村资金互助的资金实力，使更多农民享受到普惠金融服务。

九、鼓励电商进农村，实现与互联网金融的融合发展，促进农村普惠金融转型升级

电商进农村推动了“工业品下乡、农产品进城”，活跃了农村经济，催生了普惠金融需求成长，积累了大量的商品交易和金融活动的数据信息，借助互联网的云计算、搜索引擎等现代信息技术，能够以低成本、高准确性获得弱势群体人格化信用信息，有效扩大农村普惠金融服务对象范围，也可更充分了解其金融服务需求。同时，互联网金融打破了传统普惠金融服务的时间、地域限制，极大缩短了服务时间、降低了服务成本。上述因素的共同作用，促进了农村普惠金融发展。

十、加快发展农业保险和融资性担保机制建设，有效缓释农村普惠金融风险

首先，扩大农业保险业务品种、业务规模，探索发展针对贷款农民的人身、财产安全保险、贷款保证保险等。其次，引导社会资本参与、主导政府背景的融资性担保机制建设，增强治理能力、扩大担保规模、提高担保效率。

十一、开展“两权”抵押贷款试点，缓解合格抵押品缺失

开展农村土地承包经营权和宅基地使用权试点（以下简称“两权”试点），可缓解农民贷款的合格抵押品缺失，降低对农民贷款的风险，而且发展潜力巨大，但需要解决好以下问题：首先，因“两权”试点而失去土地的农民最低生活保障，防范套取生活保障的道德风险，以维护社会稳定。其次，加快完善实施“两权”抵押贷款试点的基本制度，包括农地确权登

记、价值评估、流转处置等，这是决定此项试点成败的基础与核心，应鼓励各地结合实际积极创新探索。

十二、发挥地方政府作用，营造发展农村普惠金融的良好生态环境

首先，加强宣传教育，健全失信惩罚机制，营造农村良好信用环境。其次，建立信息共享机制，激励动态更新信息，降低信息搜寻成本，提高获得信息的准确性。最后，注重发挥政府资金的正向激励和杠杆撬动作用，引导社会资本参与、主导促进农村普惠金融发展，主要包括贷款投放、融资担保机制建立、发展农业保险、信用信息数据库建设等多个方面。

第二章　农村普惠金融供给侧结构性改革总论

普惠金融的服务对象是弱势群体，决定了农村是普惠金融发展的主战场，决定了深化农村金融改革的主要任务是促进发展农村普惠金融。弱势群体长期面临着金融服务供给不足，决定了发展农村普惠金融的重点在于深化供给侧结构性改革，向弱势群体提供成本适度、能有效满足其需求的普惠金融产品，以提高农村普惠金融发展质量，促进农村经济社会发展，推动全面建成小康社会。

第一节　普惠金融：国内外发展与实践历程

普惠金融的发展以缓解乃至消除金融排斥为逻辑起点。本节通过回顾分析普惠金融国内外发展实践历程，吸取经验教训，以史为鉴，推动普惠金融实现更好发展。

一、从金融排斥转向普惠金融

（一）金融排斥的内涵及其成因

普惠金融是相对金融排斥而言的，是针对弱势群体开展的金融服务。金融排斥是指直接或间接地排斥穷人以及弱势群体享用主流金融服务的现象。英国金融服务监管局（FSA）指出，金融排斥不仅源于金融机构从某一地区撤并营业网点，而且是指居民存在金融需求，但因市场或社会经济因素却导致其无法享受金融服务的现象。

金融排斥产生的原因：一是地域排斥。指由于农村地区经济不发达、人口密度小、农业比较收益低等因素，导致金融机构在农村地区开展金融服务的交易费用高、风险大、收益率低，难以实现利润最大化目标而造成金融机构提供金融服务积极性较低，从而使农民等弱势群体难以享受到金融服务。二是价格排斥。指贷款主体难以接受金融机构的较高贷款利率（价格）而放弃享受金融服务。三是条件排斥。指金融机构为了降低贷款风险，要求贷款主体提供贷款抵押担保品等，贷款主体因难以达到贷款条件而无法获得贷款的现象。笔者认为，上述三个方面的原因中地域排斥是主因，价格排斥、条件排斥由其派生产生。因为农村经济发展水平低下，农业是弱势产业，农民是弱势群体，导致难以承受较高贷款利率而产生价格排斥。同样，农民的财产规模小、抵押品缺失导致难以满足贷款条件而发生条件排斥。

由于在城市地区开展金融服务的比较收益高，有利于实现利润最大化的经营目标，金融机构必然选择从农村地区撤并经营网点、机构，并将在农村地区吸收的资金用于城市地区，导致了大量资金流出农村地区。农村偏远贫穷地区自然条件、经济社会环境更差，必然成为农村金融排斥重灾区。

（二）金融排斥的危害

金融排斥的直接后果是剥夺了弱势群体享受金融服务的平等权利，使其丧失了获得金融服务的资格，这是对人的基本权利的践踏。因为，从人权平等的角度看，平等获得金融服务是人的基本权利，富人和穷人都应享受平等获得金融服务的权利。而且金融排斥也会导致“马太效应”，将会使穷人更难以获得资金支持实现发展，从而变得更穷，也会使其发展权利长期处于劣势地位。

（三）普惠金融理念的提出

正是基于上述认识，普惠金融倡导享受金融服务是人的基本权利，各社会阶层和群体应机会平等地获得金融服务的理念，致力于全面消除金融排斥。普惠金融强调立足机会平等要求和商业化可持续原则，以可负担的成本为有金融服务需求的社会各阶层和群体提供适当、有效的金融服务。受金融排斥的长期影响，普惠金融的服务对象主要是弱势群体，具体包括小微企业、农民、城镇低收入人群、贫困人群和残疾人、老年人等特殊群体。

受我国二元经济结构等因素长期影响，我国金融排斥的主要对象集中于农村、农业、农民领域，突出表现为金融排斥导致的“三农”融资难、融资贵问题长期存在。因此，农村是我国普惠金融发展的主战场，应致力于深化农村金融改革，通过创新适宜“三农”特点的金融产品等金融供给侧结构性改革举措，大力发展农村普惠金融，增强金融对“三农”发展的支持力度，促进实现农民小康进而实现全面建成小康社会目标。

二、国际普惠金融发展与实践历程

（一）第一阶段：小额信用贷款的民间实践

普惠金融是在致力于消除金融排斥的基础上逐渐发展起来的。穷人的金融需求层次较低，早期主要表现为贷款需求，因为受缺乏贷款合格抵押品等因素影响，金融机构就剥夺了穷人贷款的权利，使其难以获得发展生产所需资金，从而进一步影响穷人的发展权利，使其发展陷入恶性循环，形成显著的“马太效应”。因此，普惠金融的初级形态是致力于帮助穷人获得贷款资金，以支持发展生产。穷人的经济实力弱、生产规模小、抵押品缺失，贷款需求主要是小额信用贷款。正是基于此，20 世纪七八十年代，也就是普惠金融发展的早期阶段，主要是通过创新金融产品，向穷人提供可负担成本的小额信用贷款。最具代表性的是因发展向穷人发放小额信用贷款技术获得诺贝尔和平奖的孟加拉国尤努斯博士（详见专栏 1）。

专栏1 尤努斯博士开展的小额信用贷款实践

2006年，瑞典皇家科学院诺贝尔和平奖评审委员会宣布将2006年度诺贝尔和平奖授予孟加拉国的穆罕默德·尤努斯及其创建的孟加拉乡村银行（也称格莱珉银行），以表彰他们为“缓解穷人贷款难而推动经济和社会发展所做的努力”。

1. 乔布拉村试验

尤努斯认为，造成穷人穷困的根源并非是由于懒惰或者缺乏智慧的个人问题，而是因为缺少资本。一些放贷者提供的借贷利率高达每月10%，甚至每周10%。所以不管穷人怎么努力劳作，都不可能越过生存线水平。我们所需要做的就是在他们的工作与所需的资本之间提供一个缓冲，让他们能尽快地获得收入。

正是基于上述认识，尤努斯在1976年至1979年，在乔布拉村开始了试验，以自己为担保人向穷人们提供可负担成本的小额信用贷款，这个试验成功地改变了大约500位借款穷人的生活。

2. 创建穷人的银行——格莱珉银行

1983年，尤努斯建立格莱珉银行，并迅速发展壮大。为了确保还款，银行使用“团结组”系统。这些非正式的小组一起申请贷款，由小组成员担任联合的还款保证人，并互相支持对方努力改善自己的经济状况。尤努斯创办的格莱珉银行对传统银行规则进行了彻底的颠覆。尤努斯的员工主动下到田间地头去拜访借款者，他们之间不签署借款合同，因为大多借款人都目不识丁。向客户们收取固定的单利利息，通常是每年20%，相对孟加拉商业贷款每年15%的复利，这个利率是比较低的。他们的客户都是那些没房没产的穷人，那些还不致穷困潦倒的人则被排除在外。尤努斯发现，把钱借给那些在孟加拉社会里没什么赚钱机会的妇女们，通常会给家庭带来更大的收益，这些妇女们对她们的贷款会更为小心谨慎。贷款申请人还得清楚地了解格莱珉银行的运作方式，这样他们才有资格借款。偿款通常从借款的第二周开始，尽管看上去会对借款人造成压力，但这也缓解了让借款人承担在年终偿付一大笔钱的压力。借款发放和偿付每周通过一次“中心会议”公开进行。

3. 尤努斯的成功经验

格莱珉银行的成功模式激励了许多发展中国家，甚至发达国家，如美国，进而发展出类似的成功经验。许多微型贷款计划特别偏重于贷款给女性，格莱珉银行96%以上的贷款都借给女性，她们均不同程度遭受贫穷之苦，但会比男人奉献更多的收入以供家庭所需。

（二）第二阶段：小额信贷的国际化

为了实现千年发展目标，2004 年 11 月 18 日，联合国发起了第一个全球性小额信贷宣传活动——2005 年国际小额信贷年（详见专栏 2），力图借助金融手段，根除极度贫困和饥饿，从而使小额信贷在全球范围内开展。小额信贷在强调致力于通过向穷人发放小额信用方式的贷款支持其发展生产脱贫致富的同时，明确应坚持商业化可持续原则，实现两者的互利共赢。小额信贷产品较好地切合了穷人对贷款需求的小额化、分散化、抵押品缺失等特点，决定了小额信贷基本需要采取信用方式发放，这就要求为了保证小额信贷的可持续发展，重在创新穷人可负担成本的小额化、信用化金融产品，同时采取有效措施化解穷人缺乏抵押品所产生的贷款风险，以实现互利共赢，促进穷人发展生产脱贫致富。

专栏 2　2005 年国际小额信贷年

“根除极度贫困和饥饿”被联合国列为“千年发展目标”的首位。在此背景下，联合国将小额信贷作为扶贫的有效手段和攻坚力量。2004 年 11 月 18 日，联合国发起了第一个全球性小额信贷宣传活动——2005 年“国际小额信贷年”，倡导在全球范围开展小额信贷，并提出五大目标，分别是评估并促进微型金融和小额信贷对“千年发展目标”的贡献；增加公众对微型金融和小额信贷作为发展平衡的一个至关重要方面的认识和理解；推广面向各类顾客群体的金融机构；支持对金融服务的可持续发展性评估；鼓励创新，促进和支持新的战略合作伙伴关系，以建立和扩大小额信贷和微型金融的服务领域。

小额信贷的产生改变了原来由政府发给贫困户补贴信贷的模式，引入市场机制，由金融机构按市场化方式运作。与传统的政府贴息贷款项目相比，小额信贷已显示出巨大的优势：一是高还款率，成功小额信贷项目的平均还款率在90%以上；二是高入户率，小额信贷能保证100%的贷款最终到达农户手中；三是贷款对象是弱势群体，是对现有金融服务体系的补充和完善；四是实行市场化方式运作；五是重视针对贫困妇女的金融服务。

小额信贷作为一种有效的扶贫手段已在世界上愈来愈多的国家实践。数以万计的小额信贷项目力图把金融服务推进到那些以往得不到此类服务的贫民阶层中去。

（三）第三阶段：普惠金融的危机

上述分析说明，小额信贷的主要服务对象是穷人，是弱势群体。因此，小额信贷是普惠金融的产品形态之一，更好地满足了弱势群体（穷人）最为基本的金融服务需求；小额信贷的发展壮大也就是普惠金融的开拓与发展。普惠金融的发展虽然有助于更好地满足弱势群体的金融服务需求，促进其发展生产，实现脱贫致富，但是过度发展也会导致金融危机的发生，严重损害普惠金融的社会形象和发展，甚至影响到整个金融体系稳定，引发金融海啸、金融危机乃至经济危机。2008 年美国爆发的次贷危机就是普惠金融过度发展所产生的危害的典型代表。

次贷危机的产生源于金融机构过度向城市的穷人发放贷款，以更好地满足其购买住房的金融需求。穷人的信用等级较低，导致贷款质量较差，从而将对穷人的贷款称为“次级贷款”。当美国经济处于加息周期，经济下行压力加大，首当其冲的影响对象必然是穷人，表现为穷人薪资下降、按揭贷款的利息负担上升，必然难以按时足额归还贷款本息，穷人贷款大部分成为不良贷款。由于受普惠金融思潮影响，金融机构向穷人发放的住房按揭贷款占比较高，由此造成金融机构资金链断裂，引发次贷危机，再加之次级贷款已基本被资产证券化，又进一步放大了次贷危机的影响，进而导致2008年以美国为核心的次贷危机及其扩散，使全球因此陷入金融危机乃至经济危机难以自拔，虽经过近10年的努力，但直到目前全球经济尚未完全走出危机（详见专栏3）。

专栏3 掀开普惠金融危机的面纱——美国次贷危机

次级抵押贷款（简称次级贷款）是指一些贷款机构向信用程度较差和收入不高的借款人（穷人等弱势群体）提供的住房按揭贷款。受普惠金融思潮影响，美国等国家放松购房信贷标准（不用付首期，不用收入证明，也不考虑抵押借款人的素质等），形成次级房贷市场。次级房屋信贷经过贷款机构及华尔街用财务工程方法加以估算、组合、包装，就以票据或证券产品形式，在抵押二级市场上出卖、用高息吸引其他金融机构和对冲基金购买。

但好景不长，美国的房地产市场在2006年开始转差，美联储多次加息，令次级房屋信贷的拖欠以及坏账增加，次级房屋信贷产品的价格大跌，直接造成欧美国家不少金融机构出现财务危机，甚至面临破产，牵动全球信贷出现收缩，造成连串的多米诺骨牌效应，引发全球金融海啸，导致全球经济全面陷入危机。

美国次贷危机是普惠金融的危机，是普惠金融过度发展的产物。次贷危机事件使我们认识到，发展普惠金融不应是无条件地向所有弱势群体（穷人）提供金融服务，不能打着“普惠”的招牌，就要求金融服务之光普照所有穷人而无视金融风险控制。在发展普惠金融的过程中，必须树立金融风险控制的理念，凡是能够有效控制金融风险的对象，就可以向其提供成本适度的金融服务，以确保金融机构的商业化可持续发展。一味强调普惠金融之光应无条件洒向穷人，站在道德制高点要求向穷人提供普惠金融服务，而忽视金融风险控制和商业化可持续发展只能是画饼充饥，甚至还将不利于穷人得到更多金融服务，表现为金融服务供给萎缩。因为商业化可持续永远是金融机构开展金融服务实现发展的动力源。

（四）第四阶段：普惠金融走向标准化——《玛雅宣言》

2011年9月，普惠金融联盟成员在墨西哥集体通过了《玛雅宣言》。这是由发展中国家和新兴国家作出的第一个全球性、可衡量的关于发展普惠金融的承诺。提出“加大普惠金融力度，改善25亿贫困人群的贫困状况”，旨在让普惠金融成为各国消除贫困和稳定经济的核心国策。要求各成员国依据宣言针对普惠金融的实质进展、目标等作出明确量化承诺，以此推动各国制定国家普惠金融发展战略（详见专栏4），并推进普惠金融实践。

专栏4　首次提出普惠金融量化标准——《玛雅宣言》

《玛雅宣言》首次提出了各国发展普惠金融的量化标准，以促进取得实质性进展。一是创造、推动和形成不断加强新技术以提高金融可获得性、降低金融服务成本的良好氛围。二是建立“分类差别”的监管框架，推动普惠、诚信、稳定的一体化协调发展。三是将金融消费者保护和扶持作为普惠金融的关键支柱。四是通过运用手机、大数据分析等现代通讯手段和技术，使普惠金融相关政策符合“成本—收益”分析。

（五）第五阶段：普惠金融借助G20平台扬帆远航

普惠金融理念逐步获得国际社会的广泛认可，发展普惠金融成为G20（二十国集团）的重要议题。2010年5月，G20第一次发布关于普惠金融的宣言——《G20创新普惠金融九项原则》。此后，每次G20会议都发布有关普惠金融的宣言，如《G20普惠金融行动计划》（2013年），并设立了普惠金融工作组（2013 年，中国、俄罗斯、美国共同担任工作组主席国），积极推动普惠金融发展的全球化，已取得良好成效。2016 年 9 月，在中国政府主办的 G20 会议上发布了《G20 数字普惠金融高级原则》，提出应借助互联网等现代信息技术推动普惠金融发展（详见专栏 5）。

专栏 5　G20 提出发展数字普惠金融的八项高级原则

2016 年 9 月，在中国杭州召开的 G20 会议把握普惠金融发展的时代脉搏，发布了《G20 数字普惠金融高级原则》，强调利用数字技术所带来的机遇，通过提升数字金融服务推动包容性经济增长；鼓励各国根据各自具体国情制定国家行动计划，以发挥数字技术促进普惠金融发展的巨大潜力。具体包括以下八项高级原则：

一是倡导利用数字技术推动普惠金融发展。促进数字金融服务成为推动包容性金融体系发展的重点，包括采用协调一致、可监测和可评估的国家战略和行动计划。

二是平衡好数字普惠金融发展中的创新与风险。在实现数字普惠金融的过程中，平衡好鼓励创新与识别、评估、监测和管理新风险之间的关系。

三是构建恰当的数字普惠金融法律和监管框架。针对数字普惠金融，充分参考 G20 和国际标准制定机构的相关标准和指引，构建恰当的数字普惠金融法律和监管框架。

四是扩展数字金融服务基础设施生态系统。扩展数字金融服务生态系统，包括加快金融和信息通信基础设施建设，用安全、可信和低成本的方法为所有相关地域提供数字金融服务，尤其是农村和缺乏金融服务的地区。

五是采取负责任的数字金融措施保护消费者。创立一种综合性的消费者和数据保护方法，重点关注与数字金融服务相关的具体问题。

六是重视消费者数字技术基础知识和金融知识的普及。根据数字金融服务和渠道的特性、优势及风险，鼓励开展提升消费者数字技术基础知识和金融素养的项目，并对项目开展评估。

七是促进数字金融服务的客户身份识别。通过开发客户身份识别系统，提高数字金融服务的可得性，该系统应可访问、可负担、可验证，并能适应以基于风险的方法开展客户尽职调查的各种需求和各种风险等级。

八是监测数字普惠金融进展。通过全面、可靠的数据测量评估系统来监测数字普惠金融的进展。该系统应利用新的数字数据来源，使利益相关者能够分析和监测数字金融服务的供给和需求，并能够评估核心项目和改革的影响。

三、国内普惠金融发展与实践历程

（一）第一阶段：小额信贷的星星之火

国际普惠金融理念在国内的传播初期，是致力于运用普惠金融倡导的小额信贷方式支持中国贫困人口实现脱贫，解决贫困人口的贷款难问题。这个阶段既有国家扶贫部门针对贫困人口开展的小额贷款业务，也有一些非政府组织在社会捐赠的支持下在贫困村开展的小额扶贫贷款项目。其显著特点是总体都有较强烈的公益服务性质，造成商业化可持续严重不足，导致业务逐步趋于萎缩，但上述实践如同星星之火，为普惠金融在中国的发展进行了知识储备和实践经验积累。

（二）第二阶段：普惠金融上升为国家战略，开始全面实施

2013 年召开的党的十八届三中全会首次提出“普惠金融”，强调“发展普惠金融。鼓励金融创新，丰富金融市场层次和产品”，标志着我国正式确立国家普惠金融战略。随后历年的《政府工作报告》均提出要“大力发展普惠金融”。在普惠金融上升为国家发展战略的同时，2015 年 12 月，国务院发布《推进普惠金融发展规划（2016—2020 年）》，对中国普惠金融发展

进行全面规划布局，明确普惠金融的指导思想、基本原则、总体目标等，并围绕推进主体、金融产品创新、金融基础设施建设、法律法规制度完善、激励约束机制健全等方面进行顶层制度设计，从而使普惠金融从发展战略进入到具体实践（详见专栏6）。2017 年3 月的《政府工作报告》更是将发展普惠金融作为重点工作，明确“鼓励各大中型商业银行设立普惠金融事业部，国有大型银行要率先做到”。2017 年5 月，中国银监会印发《大中型商业银行设立普惠金融事业部实施方案》，要求“各大中型商业银行要成立普惠金融事业部工作领导小组，加强统筹协调，推动普惠金融事业部相关工作有序开展，大型商业银行 2017 年内完成普惠金融事业部设立工作”。这些行动掀开了中国普惠金融大发展的新篇章。

专栏6　中国普惠金融发展规划

2015 年 12 月，国务院发布《推进普惠金融发展规划（2016—2020 年）》，对中国发展普惠金融进行了全面规划，明确了指导思想、基本原则、总体目标和重点工作等，标志着中国正式全面实施普惠金融战略。

1. 指导思想与基本原则

普惠金融是指立足机会平等要求和商业化可持续原则，以可负担的成本为有金融服务需求的社会各阶层和群体提供适当、有效的金融服务。当前我国普惠金融重点服务对象是小微企业、农民、城镇低收入人群、贫困人群和残疾人、老年人等特殊群体。

（1）指导思想。发展普惠金融应坚持借鉴国际经验与体现中国特色相结合、政府引导与市场主导相结合、完善基础金融服务与改进重点领域金融服务相结合，不断提高金融服务的覆盖率、可得性和满意度，使最广大人民群众公平分享金融改革发展的成果。

（2）基本原则。一是健全机制、持续发展。建立有利于普惠金融发展的体制机制，进一步加大对薄弱环节金融服务的政策支持，提高精准性与有效性，调节市场失灵，确保普惠金融业务持续发展和服务持续改善，实现社会效益与经济效益的有机统一。二是机会平等、惠及民生。以增进民生福祉为目的，让所有阶层和群体能够以平等的机会、合理的价格享受到符合自身需求特点的金融服务。三是市场主导、政府引导。正确处理政府与市场的关系，尊重市场规律，使市场在金融资源配置中发挥决定性作用。更好发挥政府在统筹规划、组织协调、均衡布局、政策扶持等方面的引导作用。四是防范风险、推进创新。加强风险监管，保障金融安全，维护金融稳定。坚持监管和创新并行，加快建立适应普惠金融发展要求的法制规范和监管体系，提高金融监管有效性。在有效防范风险基础上，鼓励金融机构推进金融产品和服务方式创新，适度降低服务成本。五是统筹规划、因地制宜。从促进我国经济社会发展、城乡和区域平衡出发，加强顶层设计、统筹协调，优先解决欠发达地区、薄弱环节和特殊群体的金融服务问题，鼓励各部门、各地区结合实际，积极探索，先行先试，扎实推进，做到服水土、接地气、益大众。

2. 总体目标

到 2020 年，建立与全面建成小康社会相适应的普惠金融服务和保障体系，有效提高金融服务可得性，明显增强人民群众对金融服务的获得感，显著提升金融服务满意度，满足人民群众日益增长的金融服务需求，特别是要让小微企业、农民、城镇低收入人群、贫困人群和残疾人、老年人等及时获取价格合理、便捷安全的金融服务，使我国普惠金融发展水平居于国际中上游水平。

（1）提高金融服务覆盖率。要基本实现乡乡有机构，村村有服务，乡镇一级基本实现银行物理网点和保险服务全覆盖，巩固助农取款服务村级覆盖网络，提高利用效率，推动行政村一级实现更多基础金融服务全覆盖。拓展城市社区金融服务广度和深度，显著改善城镇企业和居民金融服务的便利性。

（2）提高金融服务可得性。大幅改善对城镇低收入人群、困难人群以及农村贫困人口、创业农民、创业大中专学生、残疾劳动者等初始创业者的金融支持，完善对特殊群体的无障碍金融服务。加大对新业态、新模式、新主体的金融支持。提高小微企业和农户贷款覆盖率。提高小微企业信用保险和贷款保证保险覆盖率，力争使农业保险参保农户覆盖率提升至95%以上。

（3）提高金融服务满意度。有效提高各类金融工具的使用效率。进一步提高小微企业和农户申贷获得率和贷款满意度。提高小微企业、农户信用档案建档率。明显降低金融服务投诉率。

3. 重点工作

（1）健全多元化广覆盖的机构体系。充分调动、发挥传统金融机构和新型业态主体的积极性、能动性，引导各类型机构和组织结合自身特点，找准市场定位，完善机制建设，发挥各自优势，为所有市场主体和广大人民群众提供多层次全覆盖的金融服务。包括发挥各类银行机构的作用，规范发展各类新型机构，积极发挥保险公司保障优势。

（2）创新金融产品和服务手段。积极引导各类普惠金融服务主体借助互联网等现代信息技术手段，降低金融交易成本，延伸服务半径，拓展普惠金融服务的广度和深度。包括鼓励金融机构创新产品和服务方式，提升金融机构科技运用水平，发挥互联网促进普惠金融发展的有益作用。

（3）加快推进金融基础设施建设。金融基础设施是提高金融机构运行效率和服务质量的重要支柱和平台，有助于改善普惠金融发展环境，促进金融资源均衡分布，引导各类金融服务主体开展普惠金融服务。包括推进农村支付环境建设，建立健全普惠金融信用信息体系，建立普惠金融统计体系。

（4）完善普惠金融法律法规体系。逐步制定和完善普惠金融相关法律法规，形成系统性的法律框架，明确普惠金融服务供给、需求主体的权利义务，确保普惠金融服务有法可依、有章可循。包括加快建立发展普惠金融基本制度，确立各类普惠金融服务主体法律规范，健全普惠金融消费者权益保护法律体系。

（5）发挥政策引导和激励作用。根据薄弱领域、特殊群体金融服务需求变化趋势，调整完善管理政策，促进金融资源向普惠金融倾斜。包括完善货币信贷政策，健全金融监管差异化激励机制，发挥财税政策作用，强化地方配套支持。

(6) 加强普惠金融教育与金融消费者权益保护。结合国情深入推进金融知识普及教育，培育公众的金融风险意识，提高金融消费者维权意识和能力，引导公众关心、支持、参与普惠金融实践活动。包括加强金融知识普及教育，培育公众金融风险意识，加大金融消费者权益保护力度，强化普惠金融宣传。

第二节　农村普惠金融供给侧结构性改革的内涵辨析

明晰农村普惠金融的内涵、服务对象、产品特征、金融属性等，分析其与农村金融、扶贫金融的关系，探究金融供给侧结构性改革重点是发展农村普惠金融的机理，为深化农村普惠金融供给侧结构性改革指明方向。

一、普惠金融的内涵

目前，国内外学术界和实践层面对普惠金融的内涵认识并未取得一致，素有福利主义与制度主义之争。笔者认为，《推进普惠金融发展规划(2016—2020年)》（以下简称《规划》）对普惠金融的定义较为全面、深刻。为了更好地理解普惠金融内涵，笔者将以《规划》定义的普惠金融概念为对象展开分析。《规划》明确，普惠金融是指立足机会平等要求和商业化可持续原则，以可负担的成本为有金融服务需求的社会各阶层和群体提供适当、有效的金融服务，需要从以下几个层面深入理解普惠金融的内涵与本质。

（一）强调享受金融服务应坚持机会平等

笔者认为，机会平等应是提供普惠金融服务的重要原则，强调要坚决消除金融服务中的各种歧视，如身份歧视（是否为农民工、是否为穷人）、地域歧视等。要将享受金融服务作为任何一个社会主体的基本权利看待，要上升到人权的高度认识和开展普惠金融。人权是人天然的、基本的权利，人应该是生而平等，在享受金融服务方面的权利也应该是天然平等的，每个经济主体应该天然地具有享受金融服务的平等机会。这就决定了应该面向社会各阶层和群体公平提供金融服务，而不是只向富人或贵族提供金融服务。普惠金融强调机会平等是针对金融排斥提出的。正如前文分析，受制于地域、价格、条件等因素影响，穷人、小微企业等社会弱势群体被排斥在金融服务之外，无法享受金融服务，这是对人权平等理念的破坏，使享受金融服务成为了富人群体的特权，使金融服务蜕变为贵族服务，从而在金融服务中弥漫着对穷人等弱势群体的种种歧视。普惠金融理念的提出正是致力于消除金融排斥，使金融服务能够覆盖社会各阶层和群体，以更好地体现人生而平等的人权要求。

（二）强调开展普惠金融服务应坚持商业化可持续原则

目前，有一些人缺乏对普惠金融的全面理解和深刻认识，以为“普惠金融”就如同阳光普照大地一样，将金融服务无条件洒向所有社会群体，往往站在道德的制高点，指责金融机构无视穷人等弱势群体的金融服务需求，成为富人的专职金融服务机构，要求金融机构不计成本、甚至免费向穷人等弱势群体提供金融服务。笔者认为，普惠金融强调金融服务的机会平等，并不意味着可以无条件地向所有群体提供金融服务。这是因为，作为普惠金融服务供给方的金融机构是独立的利益主体，需要在开展普惠金融服务的过程中增进自身利益，实现发展壮大，可以说对利益最大化的追求是金融机构开展普惠金融服务强大的动力源，这就决定了开展普惠金融必须坚持商业化可持续发展原则，只有如此，普惠金融发展才具有持续的推动力，才能充分调动金融机构不断创新普惠金融产品，更好满足弱势群体金融需求，促进普惠金融发展壮大。如果一味地要求金融机构无条件地向穷人等弱势群体提供金融服务，就将难以保障金融机构的商业化可持续发展原则，金融机构将会失去开展普惠金融服务的积极性，导致普惠金融发展不断萎缩。因此，在开展普惠金融服务中应实现对弱势群体金融服务与金融机构商业化可持续发展的互利共赢。同时，以可负担成本向弱势群体提供普惠金融服务，也有利于引导弱势群体节约使用稀缺的普惠金融资源，使其发挥更大效用。

笔者认为，强调普惠金融的机会平等应与金融机构的商业化可持续发展相结合，应是在满足金融机构商业化可持续要求的基础上的机会均等，也就是说，在向富人和穷人提供金融服务的过程中，在两者均已满足金融机构商业化可持续发展的基础上，应平等地向两者提供金融服务，不应对穷人进行歧视，或者在穷人的条件（如可支付的金融产品价格）优于富人的情况下，却对穷人进行歧视，不向穷人提供金融服务反而向富人提供金融服务，就是违背机会均等的典型表现。

（三）强调提供金融产品应充分考虑弱势群体的成本承受能力

正如前文分析，金融机构在商业化可持续发展原则的推动下，为了实现利益最大化，易于向弱势群体提供高大上的高附加值的金融产品，导致产品功能多样化，但许多功能超出弱势群体的需求范围而变得无效，从而拉高金融产品的成本，超出弱势群体的成本承受能力，使其因遭受价格排斥等无法享受普惠金融服务。或者弱势群体承担较高价格享受了此金融产品，但弱势群体缺乏利用多样化功能的条件无法使用造成浪费，也会变相加大弱势群体享受金融服务成本，影响弱势群体获得金融服务的积极性，也不利于推动普惠金融发展。

当然，也要坚决反对强调无条件降低金融产品价格开展普惠金融的观点。这种观点的实质是将金融资源当做财政资金使用，会严重损害金融机构的商业化可持续发展原则，导致金融机构丧失主动开展普惠金融服务的积极性，从而使普惠金融发展日益走向萎缩。因此，应在坚持金融机构商业化可持续发展的基础上，以弱势群体可负担的成本提供能有效满足其需求的普惠金融产品。这也说明，如果商业化可持续原则与可负担成本发生冲突，无法满足商业化可持续原则要求，就需要外部力量的介入帮助，如财政补贴等方式，提高弱势群体的可负担成本水平，以达到维护商业化可持续原则的要求。如果缺乏外部力量介入帮助，金融机构应有权拒绝对这部分弱势群体提供金融服务，对其的金融服务需求可通过社会救济等方式予以支持满足。

上述分析说明，普惠金融服务是有边界的，弱势群体的可负担成本必须能够满足金融机构的商业化可持续原则要求。当然，这也要求金融机构应提供适合弱势群体需求的性价比较高的普惠金融产品，不应为了自身利益最大化，有意提供功能过剩的金融产品，拉高弱势群体获得金融服务的成本，甚至因此超过弱势群体可负担成本水平而使其被迫退出，从而将其排斥在金融服务之外。这将在一定程度上违背两者的互利共赢，最终损害的也将是金融机构的利益。

二、普惠金融的服务对象

（一）服务对象是弱势群体

虽然从普惠金融发展目标角度，强调普惠金融的服务对象是社会各阶层和群体，力求使金融服务能够覆盖全社会所有成员，包括富人和穷人等所有群体，但正如前文分析表明，受地域、价格、条件等的影响，金融服务更多向富人倾斜，形成了金融排斥穷人等弱势群体的格局。

形成上述格局，主要是受到金融机构开展金融服务的商业化可持续原则的影响。由于多种原因，穷人等弱势群体经济活动的收益水平较低，难以覆盖金融服务的成本，或者即使能够覆盖对其的金融服务成本，但利润空间较小，与向富人提供金融服务的收益相比，缺乏比较优势，在金融资源有限的情况下，金融机构将更多金融资源用于满足富人的金融需求，从而将穷人等弱势群体排斥在金融服务之外。

我国经济长期以来呈现二元结构特征，造成城乡经济社会发展水平严重不平衡，农村经济发达程度低于城市，形成了农业是弱势产业、农民是弱势群体的格局，导致从地域上看，金融排斥主要发生在农村地区，从而使农村地区的金融服务供给落后于城市。由此决定了我国发展普惠金融的主战场在农村，普惠金融更多地表现为农村普惠金融，主要是致力于通过发展普惠金融改善农民等弱势群体的金融服务。

当然，城市经济虽然相较农村经济发达，但城市地区的各社会阶层发展水平也存在差异，特别是在我国收入分配差距处于较高水平的情况下就更进一步强化了上述问题，从而也导致了即使在城市地区也存在被排斥在金融服务之外的群体，如残疾人、低收入人群、老年人、小微企业等特殊群体。这说明，虽然农村是普惠金融发展的主战场，但在城市也有普惠金融发展的空间，只不过与农村相比，发展空间较小而已。

综合上述分析，在我国当前的经济社会发展状态下，普惠金融服务对象的弱势群体具体应主要包括小微企业、农民、城镇低收入人群、贫困人群和残疾人、老年人等特殊群体。正是基于上述认识，笔者认为，普惠金融所服务对象的特殊群体主要分布在农村，发展农村普惠金融应成为普惠金融研究与实践的重点和主要内容。

（二）服务对象具有长尾化特征

多国经济发展规律表明，一个国家的财富分配呈现显著的“二八规律”，即百分之二十的人掌握着百分之八十的社会财富，百分之八十的人只拥有百分之二十的社会财富。可以将前者称为富人、后者称为穷人或弱势群体。近年来，我国收入分配差距较大，表现为基尼系数在国际上处于较高水平，2012—2016 年基尼系数数值稳定在 0.46 ~ 0.47，由此表明我国的收入分配呈现更大差距，即穷人或弱势群体占比较国际水平更高。

“二八规律”在金融方面的表现就是传统上金融机构以拥有整个社会财富百分之八十的富人为服务对象，也就是说金融机构的服务对象是整个社会的富人群体，这种现象被通俗地称为“金融嫌贫爱富”，这是因为以富人为服务对象更有利于实现金融机构的商业化可持续发展。我国社会收入分配的差距过大，导致传统金融机构更加趋向于以富人群体等少数社会群体为服务对象，绝大多数的穷人等弱势群体被排斥在金融服务之外。

普惠金融以消除金融排斥为目标，寻求让穷人等弱势群体平等获得金融服务的途径。由此将会使占我国人口绝大多数的穷人等弱势群体成为普惠金融的服务对象，决定了普惠金融服务对象必将人数众多，呈现服务对象长尾化特征。服务对象的长尾化特征将会使发展普惠金融具有典型的规模经济特色，从而进一步降低普惠金融服务成本，向更多的穷人等弱势群体提供可负担成本的金融服务，推动扩展金融服务对象，将更多穷人等弱势群体纳入普惠金融服务范围，由此形成良性互动循环，相互促进，从而使普惠金融服务对象的长尾化特征更加鲜明。但需要注意的是，提供普惠金融产品是有成本的，要坚持商业化可持续发展原则，而不是以免费方式提供公益性金融服务，这就决定了在获得普惠金融产品成本约束下，总有一部分极端贫穷的穷人因为负担不起普惠金融产品成本而无法获得普惠金融产品。

因此，虽然普惠金融服务对象呈现长尾化特征，而且与降低普惠金融产品成本良性互动循环，不断扩展普惠金融服务对象的长尾，让更多的穷人等弱势群体获得普惠金融服务，但也不能穷尽所有穷人，也就正如前文所分析的，普惠金融不是“普惠”之光洒向人间大地，只是相对金融排斥而言，向更多穷人等弱势群体提供金融服务，是金融服务的帕累托改进而不是最优，即使大力发展普惠金融，依然会有少数极端贫穷的穷人等弱势群体被排斥在金融服务之外。对于极端贫穷的穷人，应采取社会救济等方式支持其生存发展。普惠金融比金融排斥向前迈进了一大步，但并未全面、彻底消除金融排斥。

三、普惠金融的产品特征

（一）普惠金融产品绝大多数是初级产品

正如前文分析，富人处于社会财富分配的高级层面，而且财富数量巨大，必然对金融产品需求呈现多样化，需要的是更多高端化金融产品，如实现投资的价值增值、资产合理配置维护流动性稳定、对冲投资风险实现稳健投资等，需要发展资本市场、衍生金融产品、资产证券化等高收益高风险的投资品。由于向富人提供更多更好的满足其需要的高端金融产品，有利于实现利润最大化目标，必然推动金融机构不断创新金融产品，体现为金融产品的高大上，以获得金融产品的高收益，也必然要负担更高的使用成本，但较高的成本对富人而言在其可承受范围。也就是说，传统上金融机构提供的金融产品更多地是为了满足富人的金融服务需求，需要负担较高的成本。而较高的负担成本所演化的高价格也正是产生金融排斥的重要因素，也是将穷人等弱势群体拒之于金融服务之外的重要原因。

普惠金融致力于满足穷人等弱势群体的金融服务需求。由于穷人等弱势群体长期被传统金融机构排斥在金融服务之外，在大力发展普惠金融过程中，穷人等弱势群体对金融服务的需求、金融知识有一个逐步增长、学习的过程，而且穷人等弱势群体运用资产的能力弱、资产规模小，也决定了相对于富人而言，穷人等弱势群体更多需要的是初级金融产品，如存款、贷款、汇兑、支付等金融产品。

穷人等弱势群体金融产品需求的初级化、低端化特征，决定了普惠金融产品的供给方向，决定了普惠金融应按照穷人等弱势群体的金融产品需求特征创新、发展普惠金融产品。普惠金融产品创新不应追求金融产品的高大上，否则将脱离穷人等弱势群体的金融需求，既不利于更好地满足穷人等弱势群体的金融需求，提高普惠金融发展水平，也会造成创新、提供金融产品的金融机构难以获得应有收益，有效覆盖创新成本，甚至形成亏损。因此，发展普惠金融不需要运用高端技术，创新发展高大上的金融产品，而是需要深入研究穷人等弱势群体的金融需求，紧跟其金融需求变化，提供符合其需要的金融产品。当然，随着普惠金融的深化发展，穷人等弱势群体的金融素养提高，穷人等弱势群体对普惠金融产品的需求也将会升级换代，如从存款、贷款需求升级为理财、基金等投资需求，但这些产品相对于不断发展的富人金融服务需求，依然是动态发展中的初级产品。

（二）普惠金融产品具有风险控制难度大的特征

发展普惠金融，天然决定了其服务对象是穷人等弱势群体，尤其是我国普惠金融的主战场在农村，重点是发展农村普惠金融，必然会造成普惠金融产品呈现高风险特征。主要原因：一是当前我国农业发展状态是否良好的决定因素是自然环境，尤其是天气等自然灾害，而且我国还是自然灾害的多发、频发地区。农民发展农业所遭受的自然灾害风险自然会通过获得的普惠金融产品风险呈现出来，从而使普惠金融产品具有较高风险。如农业遭受自然灾害影响农民收成，必然会造成农民难以按期足额偿还贷款的本息，形成不良贷款，甚至是损失类贷款，导致金融机构只能通过核销贷款的方式全额承担贷款本息损失。二是作为普惠金融服务对象的穷人（农民）等弱势群体是低收入人群，基本无财富积累，拥有较少的资产甚至缺乏可供抵押的合格资产。抵押品缺失使防范普惠金融产品风险的基本物质屏障不存在，从而导致判断穷人（农民）等弱势群体信用状况的“硬信息”缺失，无法通过抵押担保方式化解普惠金融产品高风险。三是普惠金融服务对象的穷人（农民）居住较为分散、金融服务需求规模较小等因素，导致金融机构搜寻其个人道德品质、经营能力与状况、社会关系等“软信息”面临较高成本，缺乏搜寻“软信息”的利益激励，而且金融机构因为地理距离等原因也难以深入了解贷款对象的穷人（农民）的信用状况，决定了金融机构更多地是在对穷人（农民）等弱势群体信用状况不了解的情况下提供普惠金融产品，也必然会造成普惠金融面临较高风险。

（三）普惠金融产品具有成本适度特征

上述分析表明，普惠金融产品呈现高风险特征。为了实现商业化可持续发展，所提供的普惠金融产品定价应体现收益覆盖风险的原则，实行较高的价格，这将导致穷人等弱势群体应以较高价格获得普惠金融服务，从而产生价格排斥，表现为穷人等弱势群体因为难以承受普惠金融产品的高价格而被迫退出普惠金融服务。这就要求以可负担的成本向穷人等弱势群体提供普惠金融服务，即普惠金融产品的成本应是适度的，应充分考虑穷人等弱势群体的承受能力，这在发展我国农村普惠金融过程中尤为重要，因为农业是弱势产业、农民是弱势群体，这就决定了农业生产的收益低，农民难以承受普惠金融产品的高价格，农民需要成本适度的普惠金融产品。

上述分析说明，普惠金融的成本适度要求与提供普惠金融产品所追求的商业化可持续发展原则是冲突的。但笔者认为，正是基于以下几方面的原因，使普惠金融产品所要求的成本适度特征具有现实可行性，能够较好地满足商业化可持续发展要求。一是普惠金融服务对象的长尾化特征，决定了普惠金融具有规模巨大的消费者群体，提供普惠金融产品具有十分典型的规模经济特征，巨大规模的普惠金融消费群体使普惠金融产品成本下降具有了坚实的市场基础，从而使金融机构提供成本适度的普惠金融产品成为现实。二是普惠金融产品具有的初级产品特征，决定了普惠金融产品基本是市场上比较成熟的金融产品，不是前沿高端的创新性产品，不存在研发、创新问题，不需要投入高额研发、创新成本，从而在一定程度上也降低了普惠金融产品成本，有利于实现商业化可持续发展，导致金融机构也更愿意向穷人等弱势群体提供成本适度的普惠金融产品。

四、普惠金融具有商业性金融属性

在实践中，人们通常根据盈利目标的差异，来界定金融属性，将金融划分为商业性金融、政策性金融、合作性金融。商业性金融以利润最大化为目标，政策性金融、合作性金融以保本微利为目标。按照上述划分金融属性的标准，笔者认为普惠金融具有商业性金融属性。主要有以下几个方面原因。

（一）普惠金融通过薄利多销方式实现商业化可持续发展

一是以薄利方式向单个消费者提供普惠金融产品。正如前文分析，普惠金融的服务对象是弱势群体，只能以可负担的成本享受金融服务，决定了所提供的普惠金融产品不能实行高定价，否则将迫使普惠金融消费者自动退出形成金融排斥。由此决定了普惠金融产品的定价水平只能根据其消费者的承受能力确定，将价格定在能够覆盖金融服务成本的较低水平，导致金融机构只能对单个普惠金融消费者以薄利（保本微利）方式提供普惠金融产品。二是普惠金融产品具有多销的特征。普惠金融的消费群体具有典型的长尾化特征，决定了其消费者群体十分庞大，从而保证了金融机构能够营销众多的普惠金融消费者。可以说，普惠金融市场的潜在需求十分巨大，有多大的普惠金融产品供给，就有多大与其相适应的需求，金融机构所能够提供的普惠金融产品数量决定着市场供求均衡的水平，这说明普惠金融的多销具有良好的市场基础。通俗地说就是普惠金融产品不愁卖。三是普惠金融服务对象的长尾化特征也决定了开展普惠金融具有十分显著的规模经济特征，随着普惠金融产品供给数量的增加，边际成本、平均成本不断下降，金融机构降低普惠金融产品市场价格成为现实，能够提供可负担成本的普惠金融产品。四是薄利多销方式成为实现普惠金融商业化可持续发展的重要保障。普惠金融产品薄利和多销的有机结合，保证了普惠金融能够实现商业化可持续发展，保障了其能够实现利润最大化目标，增强了金融机构供给普惠金融产品的主观能动性，使其有动力、有能力向弱势群体提供可负担成本的普惠金融产品。

（二）普惠金融具有商业性金融属性

上述分析表明，普惠金融能够通过薄利多销方式实现商业化可持续发展，实现利润最大化目标，符合商业性金融的特征。由此笔者认为普惠金融具有商业性金融属性。

目前，有观点认为，普惠金融的服务对象是弱势群体，理应得到全社会的支持帮助，而且其承受金融产品高价格的能力较弱，应对其实行低价格，因此普惠金融应坚持微利经营原则，甚至强调金融机构应履行更多社会责任，从帮助弱势群体发展的角度出发，以低于普惠金融产品成本的价格向其提供金融服务，从而认为普惠金融具有社会救济特征。

笔者认为上述观点值得商榷。笔者并不否认金融机构应该承担相应社会责任，向弱势群体提供优质普惠金融产品，但如果一味强调并人为放大金融机构的社会责任，就会将履行社会责任从自觉自愿、有限行为演变为强迫、强制、无节制行为，这将违背市场自由精神，也超越了金融机构的社会责任范围。一旦超过金融机构的社会责任范围，就进入了政府的履职边界，实质上就是让金融机构承担政府应该履行的社会职责，这将损害普惠金融所倡导和强调的商业化可持续发展原则，也就超越了普惠金融的行为边界。

普惠金融对弱势群体的金融支持充分体现在对单个金融消费者的薄利营销，这是典型的保本微利经营，但不能因此就认为普惠金融应该坚持保本微利经营原则，是政策性金融。因为普惠金融在进行薄利营销的同时，还具有典型的多销特征。通过多销实现了在对单个金融消费者薄利营销基础上的利润最大化。从最终经营成果看，普惠金融实现了利润最大化目标，而这正是商业性金融的典型特征，由此可以认为普惠金融具有商业性金融属性。当然，普惠金融具有商业性金融属性并不是意味着应该将普惠金融与一般的商业性金融完全等同，因为两者实现利润最大化目标的路径有重大差异，普惠金融更加强调通过薄利多销方式实现利润最大化。

五、普惠金融与农村金融的关系

（一）两者在服务的地域范围方面较为趋同

农村金融是在农村地区开展的金融服务，普惠金融是以弱势群体为服务对象。两者关注金融问题立足的角度存在差异。正如前文分析，受二元经济结构的长期影响，我国城乡经济发展长期不平衡，形成了城市经济、金融基础设施等优于农村的格局，弱势群体更多分布在农村地区，受农村地域、金融产品价格、获得金融产品条件等因素的影响，农村地区的弱势群体更多地被排斥在金融服务之外。由此导致农村地区成为以向弱势群体提供金融服务为使命的普惠金融的主战场，决定了农村金融和普惠金融在服务地域方面呈现较大的趋同性，因此可以说普惠金融更多地是农村的普惠金融，普惠金融与农村金融基本是等同的，但普惠金融所力求服务的弱势群体在城市地区也有分布，因而普惠金融与农村金融还是有差异的，两者并不完全等同。

（二）两者在服务对象方面具有较大的趋同

虽然受二元经济结构等因素影响，弱势群体主要分布在农村，决定了农村金融服务的主要对象是弱势群体，从而与普惠金融在服务对象方面具有较大的趋同性，但在农村并不全部都是弱势群体，也有少数是富人等强势群体，决定了农村金融的服务对象中既有弱势群体也有强势群体，只不过弱势群体是主体，占极高比例，从而使普惠金融与农村金融在服务对象方面又呈现差异，只不过差异较小而已。

综合上述分析，普惠金融与农村金融在服务的地域范围和对象方面具有较大趋同，导致了实践中人们将农村金融和普惠金融在一定程度上等同起来，但实质上两者还是有差异的，并不能完全等同，因为农村金融是以经营地域范围界定的，农村金融的经营地域范围为农村地区；普惠金融是以服务对象界定的，是针对弱势群体开展的金融服务；因两者关注金融服务的角度不同而使其呈现差异。

六、普惠金融与扶贫金融的关系

（一）两者的服务对象都是弱势群体，但贫弱程度存在差异

扶贫金融是为支持贫困人口脱贫致富而对其开展的金融服务。贫困人口自然是弱势群体。从这个角度看，普惠金融与扶贫金融的服务对象是相同的，均是弱势群体，可以说扶贫金融就是普惠金融。但需要考虑弱势群体也是分层的，贫困人口虽然是弱势群体，但更多的是更加贫困的弱势群体。如果将弱势群体分为好、中、差三个层次，贫困人口更多的是较差层次的弱势群体，扶贫金融的服务对象就是较差层次的弱势群体。普惠金融提供金融服务是有价格要求的，而不是无条件向所有弱势群体免费提供金

融服务，只有能够负担得起金融产品成本的弱势群体，才能享受普惠金融的相应金融服务。因此，对于贫困人口而言，受收入水平低等因素影响，难以承担一些普惠金融产品成本，自然就应被排斥在普惠金融服务的范围之外。也就是说，从弱势群体分层角度考虑，普惠金融服务更多的是弱势群体中的高、中端客户，扶贫金融的服务对象更多的是弱势群体中的低端客户。

所以，从严格意义上讲，普惠金融与扶贫金融本质上是不同的金融形式，不应将两者混为一谈，否则更容易将弱势群体的高中端客户纳入扶贫金融服务范围，使其享受更低价格的金融服务，而且在享受金融服务中高中端的弱势群体竞争力更强，将会使扶贫金融资源更加向其倾斜，严重影响较差弱势群体（贫困人口）享受本已十分稀缺的扶贫金融资源，影响扶贫金融的政策效果，也就是扶贫金融本应支持较差弱势群体（贫困人口）但实际支持的却是高中端弱势群体。当然，将两者混淆也容易导致要求普惠金融以较差弱势群体（贫困人口）为对象开展金融服务，超越其服务对象范围而跨入扶贫金融边界，损害普惠金融的商业化可持续发展原则，最终造成金融机构提供普惠金融服务的积极性、能动性较差，从而导致对弱势群体（贫困人口）的金融服务严重萎缩。

（二）两者坚持的经营原则不一致

扶贫金融和普惠金融服务对象的差异，决定了两者应坚持不同的经营原则。扶贫金融坚持保本微利经营原则，更多强调的是履行社会责任；普惠金融坚持商业化可持续发展原则，更多强调的是实现利润最大化。主要原因如前文所述，贫困人口承担金融产品成本的能力较弱，难以承受一些普惠金融产品的较高价格，而较高价格正是普惠金融保证薄利以实现利润最大化的重要手段，从而使普惠金融将贫困人口排斥在其金融服务范围之外。扶贫金融的使命就是金融支持贫困人口脱贫致富，决定了其可以从政府或社会各界获得一定的支持，努力降低贫困人口获取金融产品的价格，以确保贫困人口能够获得较低价格的金融服务产品，也就是能够承担起享受金融服务的成本，而且又可以保障扶贫金融机构能够实现财务可持续，以确保其能够持续提供扶贫金融服务，支持贫困人口脱贫攻坚。从利润层面看就是确保扶贫金融能够实现保本微利经营。

当然，需要认识到，扶贫金融不是政府救济，不能要求其无条件免费向贫困人口提供金融服务，也就是享受扶贫金融服务的贫困人口需要负担一定成本，因此对于无力承担金融产品极低成本的极度贫困人口，扶贫金融也会将其排斥在金融服务范围之外，对于这部分极度贫困人口需要通过社会救济等方式予以兜底解决。这说明，扶贫金融支持的是普惠金融服务对象之外的更加贫困的弱势群体，但并不能囊括全部的贫困弱势群体（贫困人口），对于极度贫困人口，需要通过社会救济等方式予以帮助脱贫致富。

因此，我们不能寄希望于借助扶贫金融全面完成消除贫困的任务。因为扶贫金融也是金融，享受金融服务是有条件和门槛的，需要遵循有借有还的金融基本规律，开展金融服务的下限是坚持保本微利经营。对于经过各方努力仍无法达到扶贫金融基本条件的极度贫困人口，是不应该通过扶贫金融支持这部分贫困人口实现脱贫致富的，否则，就是将扶贫金融当做社会救济使用，必然损害扶贫金融保本微利经营的低水平可持续发展，造成扶贫金融供给萎缩，最终也将损害其支持贫困人口实现脱贫致富目标，影响贫困人口难以脱贫致富。

（三）两者的金融属性和获得政策支持力度不同

综合上述分析，扶贫金融坚持保本微利经营，服务对象是弱势群体中的低端客户；普惠金融坚持商业化可持续发展原则，服务对象是弱势群体中的高中端客户。因此，从金融属性角度看，扶贫金融具有政策性金融属性，普惠金融具有商业性金融属性。从政策扶持角度看，扶贫金融的政策性金融属性，决定了提供的扶贫金融服务具有一定的公共产品特性，扶贫金融机构履行了更多的社会责任，必将也应该获得更多的政策支持，这是因为通过政策支持将会进一步降低极度贫困人口获得金融服务的成本，以便其能够获得扶贫金融支持更好实现脱贫致富，从而推动更好完成政府帮助极度贫困人口脱贫致富的任务。与扶贫金融不同，普惠金融的服务对象是弱势群体的高中端客户，承担金融产品较高价格的能力较强，无需更多政策支持也能获得金融支持实现发展壮大，政府自然就不应将更多稀缺的社会资源用于支持普惠金融发展。当然，与服务于社会群体中富人的真正意义的商业性金融相比，鉴于普惠金融服务对象是弱势群体，政府自然应该适当对普惠金融予以政策支持。

（四）应遵循金融规律开展金融扶贫

上述分析说明，普惠金融和扶贫金融虽然都是针对弱势群体开展金融服务，从普惠金融拓展到扶贫金融，所支持的弱势群体范围由弱势群体的高中端客户扩展到弱势群体的低端客户，从而使弱势群体范围不断外延，更多弱势群体享受到金融服务，但金融规律决定了拓展弱势群体范围的外延是有边界的，不应将所有弱势群体纳入普惠金融乃至扶贫金融的支持对象范围。政府和社会各界的支持只能进一步拓展金融所支持的弱势群体范围，因此不能寄希望于通过普惠金融和扶贫金融支持所有弱势群体乃至贫困人口全部实现脱贫致富。因为金融扶贫是有条件的，是要支付金融产品价格的，必然会将极度贫困人口排斥在金融服务之外。因此，我们应按照金融规律开展金融扶贫，对于扶贫金融所不能及的贫困人口，应给予普惠金融和扶贫金融更多理解而不是道义谴责，并积极采取社会救济等方式支持其实现脱贫目标，而不能将完成脱贫攻坚任务全部寄托于普惠金融和扶贫金融。

七、金融供给侧结构性改革的重点是发展普惠金融

（一）弱势群体巨大的潜在金融需求亟待满足

前文分析指出，受地域、价格、条件等因素影响，金融排斥问题普遍存在，在我国二元经济结构背景下，农村的金融排斥问题更为突出、严重，

集中表现为“三农”融资难、融资贵问题长期存在。金融排斥问题的普遍存在，说明金融供求失衡严重，表现为金融供给远不能满足金融需求，特别是弱势群体巨大的潜在金融需求亟待满足。因此，从金融市场供求角度看，广泛存在的是亟待扩大金融服务供给、增强有效供给，重点是深化普惠金融的供给侧结构性改革，为弱势群体提供更多、更优质的金融服务，以更好满足弱势群体巨大的潜在金融需求，这正是普惠金融发展目标。

（二）发展普惠金融是金融供给侧结构性改革的重要内容

金融供给侧结构性改革的主要任务是通过增加有效供给，更好满足金融市场需求。当前，金融市场的潜在需求主要表现为弱势群体的金融需求。因此，需要通过发展普惠金融推动深化金融供给侧结构性改革。如前文分析指出，弱势群体受收入水平低等因素影响，承受高价格的金融产品能力弱，而且弱势群体需求的更多是初级金融产品。这就要求深化金融供给侧结构性改革，发展普惠金融应切合弱势群体金融实际需求，创新发展成本适度、符合弱势群体需要的金融产品，做到物美价廉，提高金融产品的性价比，而不是好高骛远，发展超越弱势群体实际需求和负担能力的金融产品，应首先着重于扩大普惠金融产品供给数量，以满足弱势群体对于金融服务需求的长期饥渴，在此基础上提高普惠金融产品质量。

第三节 农村普惠金融供给侧结构性改革面临的难点及其化解机制

农村普惠金融发展面临的特殊金融生态环境导致了普惠金融服务的高成本和高风险。若单纯依靠价格机制解决此问题，将导致农村普惠金融产品的高价格，容易造成其业务发展萎缩，会使弱势群体和金融机构的利益均受到损害。为了实现自身利益最大化，金融机构需要在以薄利方式合理确定金融产品价格的前提下，通过搜寻弱势群体信用信息，将信贷资源配给给更多低风险借款者。弱势群体天然存在的非人格化信用信息（“硬信息”——合格抵押品）缺失，迫使金融机构重点搜寻人格化信用信息（“软信息”），如借款者个人道德品质、经营能力、社会关系等。这就成为深化农村普惠金融供给侧结构性改革面临的难点。可发挥重复博弈内生的可置信威胁机制，以自组织方式实现人格化信用信息搜寻，并构建自我激励与惩罚机制，有效降低人格化信用信息搜寻成本、提高准确性控制贷款风险，典型代表就是贷款联保机制。

一、深化农村普惠金融供给侧结构性改革面临的难点问题

农村金融生态环境导致深化农村普惠金融供给侧结构性改革面临高成本和高风险，成为发展农村普惠金融需要解决的难点问题。

（一）地理环境

与城市人口的高聚集性相比，当前我国农村人口居住较为分散，空间距离较远，如笔者在四川等西部地区偏远农村调研时发现，大部分农村信用社的金融服务半径超过100公里，这将会促使金融服务成本大幅提高。同时，农村人口数量较少，特别是大量青壮年劳动力进城打工，留守的老弱病残人员受农业生产能力弱、规模小、金融知识匮乏等因素影响，往往对金融需求规模较小，更为分散，从而进一步推高了普惠金融服务成本。

（二）自然环境

当前，人们将农业比喻为“露天工厂”，说明农业生产更容易受到自然灾害等因素影响，造成农民收入大幅下降，因此容易导致农民无法按期足额偿还贷款，从而使自然灾害风险演变成金融风险。我国是自然灾害高发、频发地区，农业现代化进程刚刚起步，自然灾害对农民收入的影响更为严重，自然灾害风险引发的金融风险已成为发展农村普惠金融面临的主要风险。

（三）人文环境

受二元经济结构的长期影响，我国农村经济社会发展较为落后，农民受教育程度普遍较低、市场信息闭塞，对农产品市场发展前景的预测预判能力较低，导致农业生产面临较高的市场风险。同时，农村社会信用环境差、农民信用意识淡薄，赖账不还、逃废债务的现象比较突出。上述人文环境导致向农民提供普惠金融服务面临较高的市场风险和信用风险。

（四）金融服务环境

一是金融基础设施落后。农村地区是金融排斥的重灾区，金融机构长期将金融服务的重点放在城市，特别是在利润最大化目标驱使下，大量撤并农村地区经营网点，导致农村地区金融服务网点大幅减少。如在我国银行商业化改造的 20 世纪 90 年代就曾出现撤并农村地区经营网点高潮。据统计，仅四大国有商业银行就撤并农村地区网点 31000 多个，即使幸存下来的机构、网点，也大多成为吸收储蓄的窗口，不开展贷款等金融服务。另外，截至 2014 年末，我国农村地区仍有金融机构空白乡镇 1570 个。撤并农村地区金融服务机构、网点进一步扩大了开展金融服务的空间距离，增加了了解农户生产经营信息的难度，也导致了开展金融服务的成本上升。同时，由于开展农村普惠金融的比较收益低，金融机构缺乏更新换代农村地区金融服务基础设施的积极性，导致金融服务基础设施陈旧、落后，服务效率低下，也会变相提高弱势群体获得金融服务成本。二是受农业生产规模小、生产周期短等因素影响，农村普惠金融需求呈现资金需求小额化、贷款期限短期化等特点，导致金融机构对单个农户提供金融服务的成本较高。据统计，小微企业贷款的单位成本平均是大中型企业贷款的 5 ~ 10 倍，主要原因就是小微企业贷款额度较小，由此可知，开展农村普惠金融服务，向农户贷款的单位成本将会更高。三是开展农村普惠金融长期面临合格抵押品缺失问题，而且农业生产特点也决定了金融机构搜寻农户信用信息面临较大难度和较高成本，决定了开展农村普惠金融面临较高的信用风险。

综合分析发展农村普惠金融面临的金融生态环境，笔者认为农村普惠金融服务呈现高成本和高风险特点。高成本表现为经营的高成本和信用信息搜寻的高成本，高风险导源于农业生产面临的自然灾害高风险、市场环境变化的高风险和农民的信用高风险。

二、高价格难以解决深化农村普惠金融供给侧结构性改革面临的难点问题

运用高价格解决上述问题，将会导致借款者逆向选择行为，造成普惠金融发展萎缩，从而使发挥价格机制作用与发展农村普惠金融呈现悖论关系。

（一）商业化可持续发展原则对发展农村普惠金融的要求

普惠金融具有商业性金融属性，应坚持商业化可持续发展原则，以利润最大化为目标。结合农村普惠金融发展呈现的高成本和高风险问题，按照上述要求，应以收益覆盖成本和风险的方式制定农村普惠金融产品价格（利率），容易使金融机构走上以较高价格开展农村普惠金融服务之路。

（二）高价格难以发展农村普惠金融

一是农村普惠金融产品的高价格将成为金融排斥弱势群体（农民）的主要因素。广大农民（弱势群体）承受高价格的能力较弱，农村普惠金融产品的高价格将导致贷款贵、贷款难成为长期存在的突出问题。运行机理就是农村普惠金融产品的高价格超越农民的承受能力，使农民被迫放弃普惠金融服务而产生价格因素导致的金融排斥，也就是说，普惠金融产品的高价格最终将降低弱势群体对普惠金融服务的可得性和覆盖率，这与发展农村普惠金融目标背道而驰。

二是农村普惠金融产品的高价格导致逆向选择行为。发生机理表现为：金融机构按照收益覆盖成本和风险原则，以贷款经营成本和面临的风险水平加权平均确定金融产品价格。这种定价方法将会使高于平均成本和风险

水平的金融消费者能够以获得金融服务的方式从中获益，因为相对于其成本和高风险水平，金融产品的价格处于低水平，也就是金融产品的价格并未完全覆盖其成本和风险，由此导致的结果是参与金融产品交易的消费者更多的是风险高于平均风险的消费者，并通过参与交易增进自身利益，而成本和风险低于平均水平的金融消费者将自动退出金融产品消费，这种现象称为金融产品消费者的逆向选择行为，这将使金融产品供给者（金融机构）利益受损，因为金融产品价格并未完全覆盖金融风险。针对这种情况，金融产品供给者（金融机构）将会根据预期的已经升高了的金融风险加权平均水平制定新的更高金融产品价格，由此导致新的逆向选择行为，以此循环往复。逆向选择行为的存在将会导致金融产品消费者的风险水平日益升高、金融产品消费者人数愈发减少，这是与普惠金融发展目标背离的。同时，只要金融机构供给金融产品，发生交易，就会造成损失，而与此同时参与金融产品交易的金融消费者将会获益，这将会导致金融机构减少金融产品供给，普惠金融市场萎缩，这也不符合发展普惠金融的要求。而且上述逆向选择行为在以弱势群体为服务对象的普惠金融市场表现得更为强烈，最终导致农村普惠金融市场的供给和需求出现双萎缩。

三是借款者的逆向选择行为导致金融机构的信贷配给行为。为消除农村普惠金融市场逆向选择行为危害，金融机构的理性选择是按照收益（价格）覆盖成本和风险的原则，制定合理价格和与其对应的金融服务数量范围，并努力选择较低风险的金融消费者，提供金融产品，由此金融机构所选择的低风险金融消费者的金融需求数量就是其所提供的金融产品数量，以此实现供给与需求的对接，价格调节供求关系实现供求平衡的机制丧失作用，也就是说，即使金融产品消费者愿意出高价格购买更多数量的金融产品，金融机构也不一定愿意与其进行交易，因为金融机构可能认为其风险水平高于金融产品的价格，从而导致金融产品供给小于需求。金融产品的配给（供给）不是由价格机制完成的（出价高者得），而是由金融机构通过寻找风险较低的金融消费者，并按照其金融需求进行配给的，配给的规模取决于金融机构搜寻风险较低金融消费者的能力。这就说明，发展农村普惠金融的关键是提高金融机构搜寻风险较低金融消费者的能力，能力越强，金融机构提供的金融产品数量越大，就越有利于实现深化农村普惠金融供给侧结构性改革目标。

综合上述分析，按照收益覆盖成本和风险原则要求，单纯依靠高价格配置金融资源的结果就是造成金融市场萎缩，在发展农村普惠金融过程中更是如此，说明价格机制与发展农村普惠金融之间呈现悖论关系。

三、化解深化农村普惠金融供给侧结构性改革面临难点问题的机制

（一）降低农村普惠金融服务的成本

金融机构为实现商业化可持续发展，必须按照收益覆盖成本和风险的原则制定农村普惠金融产品价格。发展农村普惠金融面临的高成本和高风险决定了必须以较高价格开展农村普惠金融，这必然会形成高价格对弱势群体（农民）的金融排斥。因此，深化农村普惠金融供给侧结构性改革的首要难题就是降低普惠金融服务成本，包括金融机构降低开展农村普惠金融的经营成本和搜寻弱势群体信用信息的搜寻成本，进而降低普惠金融产品价格，弱化价格排斥作用，增强弱势群体消费普惠金融产品的能力。

（二）降低弱势群体信用风险更为重要

金融机构开展农村普惠金融面临的风险主要包括信用风险、市场风险、操作风险。信用风险反映弱势群体归还贷款的主观意愿，若发生有意赖账不还行为，就说明信用风险较高。市场风险是指弱势群体生产经营环境发生重大变化，导致其收入大幅下降，从而影响归还贷款能力而产生的贷款风险，如由于某种原因导致农产品市场供给大于需求，农产品市场价格大幅下降，农民生产严重亏损，从而无力归还贷款。操作风险是指金融机构工作人员利用内部管理制度漏洞进行违法违规活动，给金融机构可能造成资金等方面损失的风险。

在上述风险中，金融机构更应防范的是弱势群体的信用风险，因为信用风险反映了弱势群体偿还贷款的主观意愿，是影响贷款风险的第一重要因素，如果能够通过一定手段减少弱势群体主观故意赖账不还行为，就可以在很大程度上降低贷款风险；市场风险是外在因素决定的，是客观原因造成了弱势群体丧失归还贷款能力，即使弱势群体努力也将无法归还贷款。金融机构督促甚至强制弱势群体归还贷款，最终也可能是没有效果的，不仅使花费在督促归还贷款方面的支出成为损失，而且也将造成贷款本金和利息损失；操作风险是金融机构自身内部发生的风险，与弱势群体行为没有相关性，不应将其列入防范弱势群体风险范围。

（三）降低弱势群体信用风险的重要手段是搜寻信用信息

金融机构可以根据搜寻、获得的弱势群体信用信息，分析判断其信用风险的高低。弱势群体的信用信息包括人格化信用信息和非人格化信用信息，一般将前者称为“软信息”，后者称为“硬信息”。人格化信用信息通常表现为弱势群体的个人道德品质、家庭状况、社会地位、经营能力、人际关系等信息，其特点是难以定量描述，准确分析判断，是隐性信息，搜寻成本较高，但是决定贷款风险的第一重要因素，反映借款者的主观努力偿还贷款意愿；非人格化信用信息通常表现为弱势群体的家庭资产、生产设备、房屋状况、生产现金流等信息，也包括规范完整的财务报表等，其特点是能够准确定量描述，便于作为抵押品，实现信用信息显性化，具有较低的搜寻成本。

鉴于非人格化信用信息的上述特点，金融机构降低弱势群体信用风险的首要选择是搜寻获得非人格化信用信息，并以其相对应物品作为抵押品。将非人格化信用信息物品作为抵押品后，一旦弱势群体发生贷款违约问题，只要将抵押品进行处置，金融机构就可以处置收益偿还贷款本息，从而较好地维护自身利益。而且因为有了抵押品，一旦弱势群体有意赖账不还，金融机构就可通过事先设定的低抵押率，以低价变卖等方式快速处置抵押品清收不良贷款，这也将会对弱势群体利益造成损害，从而在一定程度上防范了其发生有意赖账不还信用风险的可能。也正是基于上述原因，弱势群体一旦对贷款进行了抵押，金融机构就丧失了进一步搜寻弱势群体人格化信用信息的积极性。同时，非人格化信息是显性信息，搜寻成本低，也有助于降低金融机构开展农村普惠金融的成本水平，进而降低普惠金融产品价格，弱化价格因素对弱势群体的金融排斥，扩大普惠金融需求，这既有利于普惠金融产品的供给者（金融机构），也有利于普惠金融产品需求者（弱势群体），有利于农村普惠金融发展，因而以抵押方式深化农村普惠金融供给侧结构性改革会受到弱势群体和金融机构的共同欢迎，有助于实现两者互利共赢。

但在深化农村普惠金融供给侧结构性改革过程中，弱势群体普遍面临着抵押品缺失问题，从而使金融机构搜寻弱势群体人格化信用信息以防范其信用风险就显得更为重要。信用信息搜寻的“冰山”理论（详见专栏 7）揭示，人格化信用信息搜寻难度大、准确性差，面临着较高的搜寻成本。因此，降低搜寻人格化信用信息成本，进而降低农村普惠金融产品价格，消除价格等因素产生的金融排斥，也就成为发展农村普惠金融必须克服的难题。

专栏 7　信用信息搜寻的“冰山”理论

在个人信用信息的“冰山”中，显露出来的、最上面的信用信息是“硬信息”（非人格化信用信息），如个人拥有的住房、汽车、生产设备等。隐藏在河水之下的是大量的难以发现的是“软信息”（人格化信用信息），如个人道德品质、经营能力等。相对于“硬信息”，“软信息”反映的是归还贷款的主观愿望等，是控制贷款风险的第一道防线，对于防范信用风险极为重要，但往往由于搜寻成本高，难以准确分析判断而被放弃，这就是实践中“硬信息”被作为防范贷款风险第一道防线的重要原因。

针对弱势群体的特点，深化农村普惠金融供给侧结构性改革的重点是通过搜寻“软信息”有效防范信用风险，因为弱势群体普遍缺乏“硬信息”；难点是受制于“冰山”理论影响，如何降低搜寻“软信息”成本。

（四）可置信威胁机制是降低人格化信用信息搜寻成本的自组织实施机制

可置信威胁机制是指金融机构设计的由借款者承担信用违约成本，且违约成本高于违约收益，以形成对借款者信用行为具有强约束力的自运行机制。机制设计必须满足的条件是，一旦借款者发生信用违约行为，机制就会立即自动实施，使借款者的信用违约成本高于违约收益，这样的机制设计对信用违约的借款者的威胁才是可置信的，才能发挥可置信威胁的作用，使借款者不敢轻易发生信用违约行为，从而有效防范借款者有意赖账不还的贷款风险。

可置信威胁机制是自动触发机制，一旦触发条件出现，就会按照自组织机制运行，充分发挥信用风险防范作用。因此，金融机构就没有必要搜寻借款者更多的信用信息，而且无须亲自执行信用违约惩罚机制，从而不仅降低了信用信息搜寻成本和实施信用违约行为惩罚成本，降低了普惠金融产品价格，而且有利于发展信用贷款，同时也提高了信用风险的控制水平。因此，应在发展农村普惠金融中设计大量的可置信威胁机制。

贷款联保机制是较为典型的可置信威胁机制。在形成过程中，贷款联保成员会借助相互贴近的优势（成员为同乡同村居住，或在产业链的上下游长期经济往来），互相准确、低成本地搜寻对方的人格化信用信息，只有彼此认为具有较高信用的成员才会组成贷款联保小组，不仅使信用信息搜寻成本由贷款联保成员承担，而且保证了贷款成员彼此均具有较高信用水平，前者有利于降低普惠金融产品成本，后者有利于防范贷款风险。贷款联保机制中每个成员对其他成员的贷款风险均承担连带责任，一旦贷款发生风险，其他成员将要为借款成员的贷款承担共同还款义务。为了自身利益，其他成员将有动力积极搜寻出高信用等级的借款成员，并督促借款成员想方设法归还贷款，或者在其无力归还贷款时代为归还。因为连带责任机制将会使其他成员承担借款成员未按时归还贷款所产生的信用违约成本，而且违约成本大于违约收益。当然，借款成员贷款信用违约也要承受较高成本，不会轻易发生贷款信用违约。因为其他联保成员可借助其他手段对借款成员贷款信用违约行为进行惩罚，如使贷款信用违约的借款成员承受更多的面子成本，借助可置信威胁机制内生的重复博弈，通过损害贷款违约成员的长期利益而使其承受较高的贷款信用违约成本。上述分析说明，金融机构建立贷款联保机制，转嫁了对借款成员的信用信息搜寻成本和信用违约处置成本，有效降低了贷款风险，同时发挥了贷款联保成员相互贴近搜寻人格化信用信息准确性高、搜寻信息成本低的优势，有助于降低农村普惠金融产品价格，也有利于有效控制借款成员信用违约进而信用风险，从而扩大普惠金融产品需求，实现了普惠金融更高水平的供求平衡，实现了双方的互利共赢，促进了农村普惠金融发展。

与贷款联保机制相比，贷款的抵押机制是较为初级的可置信威胁机制。因为通过设置抵押品，虽然降低了金融机构搜寻借款者信用信息成本，而一旦发生贷款信用违约，金融机构仍需及时处置抵押品，处置效率、处置价值的高低都将会影响贷款最终信用风险高低，而且金融机构进行抵押品处置，也会由此给自身带来相关成本。

综合上述分析，针对弱势群体非人格化信用信息缺失的特点，深化农村普惠金融供给侧结构性改革的难点是降低人格化信用信息搜寻成本、有效控制信用风险，这就需要结合弱势群体实际，设计差异化的可置信威胁机制，构建降低人格化信用信息搜寻成本，防范贷款风险的自组织实施机制。

第四节　深化农村普惠金融供给侧结构性改革的重点政策措施

结合上述分析，为有效解决农村普惠金融供给侧结构性改革面临的高成本和高风险难题，应重点从发展小微型金融机构、农村互联网金融、农村合作金融、建立金融风险缓释机制、开展“两权”抵押贷款试点、发挥政府引导作用等方面，采取具有较强针对性、操作性的政策措施。

一、小微型金融机构是发展农村普惠金融重要供给主体

（一）小微型金融机构具有更好满足弱势群体金融需求的比较优势

受制于弱势群体经济实力弱、生产经营规模小等因素影响，弱势群体的普惠金融需求呈现小额化特征。按照市场分层理论，农村普惠金融市场上存在着大、中、小规模的金融需求，与之对应的是应由大、中、小型金融机构提供相应层次的金融服务，这是因为金融市场的竞争，促使各类金融机构经营呈现差异化的比较优势，小微型金融机构的市场竞争优势就是提供小额化的金融服务，更好满足弱势群体小额化的贷款需求。因此，从金融市场分层理论角度看，小微型金融机构的比较优势是向弱势群体提供金融服务，更好满足其小额化的金融需求，这也是立足于商业化可持续发展原则，小微型金融机构的必然选择。

（二）小微型金融机构具有搜寻弱势群体人格化信用信息的比较优势

弱势群体的非人格化信用信息（“硬信息”）短缺，要有效防范弱势群体信用风险，就需要更多关注于搜寻其人格化信用信息（“软信息”）。金融市场的激烈竞争，催生了小微型金融机构具有扎根农村、贴近弱势群体的特点，形成了点多面广的机构网点分布格局，可以发挥其人缘、地缘、血缘优势，近距离观察、了解弱势群体，从而以较低成本、准确搜寻其真实的人格化信用信息，为有效防范弱势群体信用风险提供良好的信用信息保障。同时可以发挥其扎根农村、贴近弱势群体所产生的人缘、地缘、血缘优势，充分了解弱势群体金融需求及变化趋势，创新发展符合弱势群体金融需求的产品，向弱势群体提供优质高效的农村普惠金融产品，提高农村普惠金融供给针对性。

（三）小微型金融机构是发展农村普惠金融的重要主体

综合上述分析，从金融市场分层的竞争优势、准确和低成本搜寻人格化信用信息、有效对接农村普惠金融需求等方面看，小微型金融机构在促进发展农村普惠金融方面具有强大的比较优势，致力于发展农村普惠金融有利于实现其商业化可持续发展，实现普惠金融更高水平的供求平衡，因而是发展农村普惠金融的重要主体。这种比较优势集中体现为小微型金融机构有效化解了发展农村普惠金融的难点问题——降低弱势群体人格化信用信息搜寻成本，利用搜寻的准确丰富的人格化信用信息控制普惠金融风险。

（四）大中型金融机构应发挥资金批发功能，促进农村普惠金融发展

目前，有观点认为，应调动所有金融机构促进发展农村普惠金融积极性，特别是要求大中型金融机构积极参与发展普惠金融，甚至要求其设立发展农村普惠金融的专营机构。笔者认为，大中型金融机构虽然具有强大的资金技术实力，具有发展农村普惠金融强大、坚实的资金技术基础，但大中型金融机构天然与农村弱势群体具有较大的物理、心理距离，机构网点没有深入广大农村，特别是在农村弱势群体聚集地的村镇，难以搜寻到弱势群体准确丰富的人格化信用信息，也缺乏与农村弱势群体打交道的经验，对弱势群体的生活习惯、性格特点、生产、生活规律等不熟悉，开展小额化贷款的技术、人才储备不足，因而与小微型金融机构相比，大中型金融机构直接参与发展农村普惠金融具有天然劣势。因此，笔者认为，应扬大中型金融机构之长，蔽其之短，推动大中型与小微型金融机构在促进发展农村普惠金融中的优势互补，实现合作共赢，共同推动农村普惠金融发展。具体表现为：充分发挥大中型金融机构的强大资金优势，由其以批发资金形式向小微型金融机构提供低成本资金，增强小微型金融机构发展农村普惠金融的资金实力，有效缓解小微型金融机构的资金短缺障碍，降

低筹资成本；在此基础上，充分发挥小微型金融机构促进发展农村普惠金融的比较优势，打通普惠金融服务“最后一公里”，以较低价格向弱势群体提供更有针对性的普惠金融产品，有效降低普惠金融风险，促进深化农村普惠金融供给侧结构性改革。

二、发挥农村合作金融助推农村普惠金融发展积极作用

（一）新型农村合作金融的运行特点

近年来，我国农村合作经济、农民合作社蓬勃发展，产生的强大金融需求孕育催生了新型农村合作金融。目前，农村合作金融大多以行政村、镇为经营地域范围，通过农民的资金互助自治方式，按照封闭运行原则，发放小额信用贷款，用于满足农民生产、生活的小额化短期资金需求。农村合作金融的服务对象是作为弱势群体的农民，与农村普惠金融服务对象相一致，决定了农村合作金融是农村普惠金融的一种特色形式。

目前，有观点认为，农村合作金融是以农民为核心的弱势群体互帮互助、共同管理的抱团取暖式金融组织形式，互助资金来自于农民穷人，服务于农民穷人，应采取“一人一票”式民主管理方式决策互助资金运行。笔者从多次实地调研深刻认识到，农村合作金融只有走强弱合作，才能实现更好发展。从合作的主体看，合作可以分为强强合作、强弱合作、弱弱合作三种形式。强强合作的每一方均具有较强的经济实力，一般无须借助资金互助合作就可独立解决社会融资需求，没有开展资金互助合作的必要。弱弱合作的每一方都是经济上的弱者，更加缺乏发展生产的资金，最有动力借助资金互助合作获取发展生产所需资金，实现共同发展，但是存在两个突出问题难以化解：一是合作双方均是资金需求者，难以取得良好的资金合作效果，因为参与资金互助合作的社员生产周期趋同，由此导致资金需求趋同，即使进行了资金合作，也面临资金供给弱小，且长期供给小于资金需求的问题。二是开展资金互助合作需要面对的核心问题是资金发放、回收的金融风险控制，要求具有较高的金融风险控制能力，而作为资金互

助合作的弱者，往往缺乏上述能力，这将严重影响弱弱合作的资金互助业务可持续发展。强弱合作可以有效化解弱弱合作的缺陷，既有利于形成强者对弱者的资金供给，更好满足弱者资金需求，又有利于发挥强者经营管理能力优势，通过合作引导弱者发展生产，有效控制资金互助金融风险，促进资金互助可持续发展。但强弱合作因为强弱之间经济不平等难以实现古典式资金互助“一人一票”式的民主管理，更多是强者对弱者的经济领导，强者借助合作促进弱者发展的同时实现自身的发展壮大，或者说强者加入资金互助合作的动力就是借助合作实现自身发展壮大，客观后果是带动了弱者的发展，而且与弱弱合作相比，也会给弱者更多的资金互助等方面的帮助，更有利于促进弱者发展。基于上述分析，笔者认为，农村合作金融的强弱合作更有生命力，从更加有利于促进弱者发展的角度出发，应支持、鼓励强弱合作的农村合作金融发展壮大。

目前，有观点认为，强弱合作中的强势方应严格按照“一人一票”式的民主管理原则参与农村合作金融治理，实现强弱各方的平等治理，以更好维护弱势方利益。笔者认为，这种古典式的农村合作金融治理模式是以强调强势方更多履行帮扶弱势方社会责任，更多呈现奉献精神为前提的，已不适应当前我国农村合作金融发展以市场经济为基础的社会环境。必须正视农村合作金融中强弱合作的现实，应以实现互助自治、合作共赢为原则，以充分尊重、促进强、弱各方利益最大的方式，发挥利益带动、利益合作的作用，更多让资金的提供者而不是资金需求者主导农村合作金融治理与运行，以此促进农村合作金融发展。过分强调维护弱势方利益，强调强势方更多奉献，是不尊重资本权力的体现，是不符合市场经济本质要求的，强者与弱者之间是利益合作关系，不应强求强者对弱者更多的帮扶奉献，否则最终可能会导致农村合作金融的萎缩，由此损害的更多是弱势方利益。当然，为了更好地实现资金互助目标，维护弱势方利益，也需要对强势方行为进行适当约束，以破解强势方对资金互助治理的控制。

（二）农村合作金融是助推农村普惠金融发展的重要手段

农村合作金融的典型特征是在以熟人社会为基础的行政村、镇范围开展资金互助合作，决定了资金互助合作具有以下几个显著特点：一是开展资金互助的社员彼此之间较为熟悉、了解。因为社员彼此祖祖辈辈长期居住生活在同一个行政村、镇，或者在产业链的上下游，经常进行业务往来，能够充分准确掌握各自的个人道德品质、经营能力、家庭状况等人格化信用信息，搜寻各自人格化信用信息的成本可以低至为零，有利于降低资金互助金融产品的价格，而且准确真实的人格化信用信息为有效防范互助资金风险奠定了坚实基础。二是熟人社会建立了防范社员发生有意赖账不还贷款信用风险的惩罚机制。熟人社会内生了社员之间的重复博弈，一旦某个社员借用互助资金赖账不还，其他社员就会将此消息扩散，从而使其承受较大的面子成本，影响赖账不还社员生活的多个方面，以体现较高的违约惩罚成本，如发生的婚丧嫁娶，难以获得其他社员的帮助等，或者其他社员以后永远不与其进行资金借贷往来（中断重复博弈），通过使其遭受长期资金往来收益损失的方式而对其实施惩罚。这表明，农村合作金融的熟人社会构建了社员信用风险的自惩罚机制，以较低惩罚成本就可有效控制社员贷款的信用风险。三是社员之间彼此十分熟悉了解，共同参与治理，主导农村合作金融决策和运行，决定了农村合作金融机构能够充分掌握社员的资金需求动态，及时创新发展符合社员需求的金融产品，有效对接社员的资金需求，提高金融产品供给的针对性、有效性，提高金融服务的质量。

综合上述分析，农村合作金融可以信用方式向农民社员提供小额化贷款，而且熟人社会衍生的农民社员信用信息搜寻和贷款信用风险防范的极低甚至零成本，决定了可以向农民社员提供更加符合其需求的较低价格的金融产品，更好实现促进发展农村普惠金融目标。因此，应积极鼓励发展农村合作金融（详见专栏8），使其成为助推农村普惠金融发展的重要手段。

专栏8　积极开展农民合作社信用互助合作试点

1. 发展农村合作金融的有关政策

2014 年以来的中央 1 号文件均明确提出了发展农村合作金融的政策要求，并已于 2015 年经国务院批准，在山东省开展农民合作社内部信用互助合作业务试点。

2014 年中央 1 号文件提出，发展新型农村合作金融组织，并明确了具体的政策要求，是对当前发展农村合作金融最完整的政策表述。强调在管理民主、运行规范、带动力强的农民合作社和供销合作社基础上，培育发展农村合作金融，不断丰富农村地区金融机构类型。坚持社员制、封闭性原则，在不对外吸储放贷、不支付固定回报的前提下，推动社区性农村资金互助组织发展。完善地方农村金融管理体制，明确地方政府对新型农村合作金融监管职责，鼓励地方建立风险补偿基金，有效防范金融风险。适时制定农村合作金融发展管理办法。

2. 山东省开展农村合作金融试点

(1) 试点目标。为贯彻落实2014 年中央1 号文件精神，2015 年1 月，山东省启动农村合作金融试点工作，是我国目前唯一经国务院批准开展试点的省份，目的是为全国提供可复制、可推广的经验。目标是到 2017 年年底，力争初步建立起与山东农村经济相适应、运行规范、监管有力、成效明显的新型农村合作金融框架，使之成为正规金融服务体系的有益补充，更好满足农民金融需求，促进山东农业农村经济发展。

(2) 试点的主要内容。一是在组织结构上，只在内部增设部门而不设独立法人组织。在农民合作社内部开展资金互助业务，通过设立内部信用互助部的方式，专户管理、独立核算、自负盈亏开展资金互助活动。二是在准入试点上，制订了较严格的准入条件。合格的自然人和法人。如具有农民合作社社员资格 1 年以上，户口或注册地在行政村或乡（镇）等；全体社员出示自愿承担试点风险的承诺书。地域限制。原则上为农民合作社注册地所在行政村，一般不得超过乡（镇）。集中度限制。单个社员的资金存放额不得超过同期用于开展资金互助资金总额的 10%；单个社员借用资金额度不超过互助资金总额的 5%。总规模限制。互助资金总额原则上不超过 500 万元，可适当扩大规模，但不超过 1000 万元。三是在运营管理上，设计一套管理办法。在资金来源上，社员出资的互助资金以自愿承诺出借为依据，一旦社员产生融资需求，出资人就应按照承诺金额提供资金。在资金运用上，强调小额短期贷款。主要用于满足社员参与农民合作社生产经营的流动性资金需求，期限以半年为主，一般不超过一年。强调评议小组评议。社员借用资金，由管理人员和社员代表组成的资金发放评议小组评议确定。贷款方式分两部分。社员在存放资金的额度内借款的，采取信用放贷；超过存放资金额度外的借款，采用担保或抵押贷款。四是在风险管理上，建立较严密的互助资金风险防范机制。试点的农民合作社不得对外吸收存款、不得对外发放贷款，互助资金只能来源于社员，向社员发放贷款。限制营业场所设立。试点的农民合作社只允许设立1处固定经营场所，不得对外设立营业柜台，不得设立分支机构，禁止大额现金交易，禁止现金在办公场所过夜。采取社员自愿承诺出借互助资金和建立合作托管银行的方式，有效规避建立互助资金池，并加强互助资金风险管理。试点的农民合作社要采取招标方式择优选择1家合作托管银行；互助资金吸收和发放以及结算均通过合作托管银行账户转账处理；托管银行为试点提供业务指导、风险预警、财务辅导等服务；农民合作社可通过向合作托管银行借款获得季节性、临时性的外源性融资。五是在外部监管上，建立健全监管体制机制。明确各县（市）政府是辖内试点监督管理和风险处置的第一责任人，有义务及时识别、预警和化解风险。县（市）地方金融监管局具体负责辖内试点的资格认定、日常监管、市场退出和风险防范，以及相关政策制定等工作。建立严格的准入制度。实行资格认定管理。取得“农民合作社信用互助业务试点资格认定书”后，方可开展试点。建立现场和非现场监管相结合的日常监管制度。建立信息披露和社会监督机制。建立风险事项报告及应急处置制度。建立规范的市场退出制度。

（三）推动发展农村合作金融应解决好的重大问题

当前，受“三农”经济发展影响，“三农”自身资金积累严重不足，难以实现资金的自我供求平衡，而且“三农”的高风险、低收益特性又加剧了农村资金外流，双重因素的共同作用导致长期以来农村资金处于供不应求、供求严重失衡的状态。另外，农村合作金融自身资金需求呈现趋同特征，也会加剧资金供给小于需求的失衡问题。由此决定了长期、持续、稳定的资金来源是影响农村合作金融健康可持续发展的重要因素，甚至是严重制约因素。笔者认为，可通过建立正规金融机构特别是政策性金融机构的市场化资金批发机制，持续、稳定地向农村合作金融供给资金，以此促进农村合作金融发展，推动农村普惠金融发展。

三、互联网等现代信息技术推动农村普惠金融发展转型升级

（一）电商进农村是推动农村普惠金融发展的强大驱动力

近年来，我国许多互联网电商企业积极进军农村，大力发展农村电商。著名的阿里巴巴、京东等电商企业已经开始实施农村电商发展战略。农村电商发展的典型特征是促进“工业品下乡、农产品进城”。“工业品下乡”丰富了农村商品市场，增强了便利性，提高了广大农民的消费水平和质量，促进了城乡统筹发展，降低了农民购买生产资料、日常生活用品的价格。“农产品进城”有效解决了小农生产对接大市场难题，开拓发展了农产品市场，弱化了农产品销售的季节性、周期性影响，提高了广大农民的生产经营收入，为其过上富裕生活提供了坚实的市场基础。农村电商大发展推动农业生产发展、提高农民收入，使农村普惠金融发展的物质基础日益坚实，无论是“工业品下乡”还是“农产品进城”都激发了广大农民的金融服务需求，不仅使农村普惠金融需求呈现多样化，而且需求规模迅速膨胀壮大，为农村普惠金融发展开拓了广阔的市场空间。

无论是“工业品下乡”还是“农产品进城”都留下了农民购买工业品、销售农产品等大量的农资、农产品、日常生活用品等的商品交易信息和金融活动信息，这些信息能够准确反映农民的生产、生活情况，为分析判断农民等弱势群体信用状况提供了强大的信息数据源，而且由于信息是在

"工业品下乡、农产品进城"的商品交易过程中自然形成的，借助现代信息技术可以大量、廉价提取、汇总，极大地降低了金融机构开展农村普惠金融的信息搜寻成本。从上述商品交易中获得的信用信息转变成了信用资本，广大农民等弱势群体可以借助这些信用资本以无抵押、无担保的信用方式从金融机构获得大量的农村普惠金融产品，从而推动普惠金融需求发展。金融机构也可借助这些信用信息有效控制普惠金融风险，扩大普惠金融产品供给，从而实现农村普惠金融更高水平的供求平衡，促进农村普惠金融更大发展（详见专栏9）。

专栏9　农村电商蓬勃发展推动互联网金融茁壮成长

——阿里巴巴"千县万村"计划与京东"3F"战略

2015年以来，电子商务领先企业开始在农村发力，农村电子商务迎来大发展，推动互联网金融迅速壮大。

阿里巴巴启动"千县万村"计划，大力推广农村淘宝，并配合其支付宝"千县万亿"计划，让农民可以在手机上方便地获取挂号、缴纳水电费等各种公共服务。推出"旺农贷"，以淘宝村为基础，通过线下调查与线上大数据（商品交易累积的信用信息）相结合，向农户提供信用贷款，最高额度为50万元，期限为6个月、12个月、24个月三个档次，贷款流程时间为3~5天。截至2015年末，"旺农贷"业务已覆盖全国17个省（自治区、直辖市）65个县（市）的1000个村庄。

京东通过实施"3F"战略推动电子商务进农村。"3F"战略是指工业品进农村战略、农村金融战略、生鲜电商战略。主要是通过建设县级服务中心，招募乡村推广员，上线特产馆等措施发展农村电商，促进农村金融发展。截至2015年末，京东县级服务中心已开业近600家，招募近10万名乡村推广员，覆盖10万个重点行政村。2015年9月18日，发布"京农贷"产品，根据农户在农资采购、农业生产以及农产品加工销售等环节大量的商品交易信息，分析判断农户信用状况，开展普惠金融服务，解决其融资难问题，该产品不需要任何抵押即可申请，并提供惠农贷款专享低息，最快当天就可获得资金。此外，京东农村金融还设立扶贫基金，联合国家扶贫办，面向全国832个国家级贫困县，为建档立卡从事种养业的贫困户提供无抵押、无担保、低息小额贷款，并为贷款农户提供农产品销售渠道解决方案。

同时，认真研究农村电商积累的大量商品交易信息及其产生的金融交易信息，也可从中探究农民等弱势群体的普惠金融需求变化趋势，从而为金融机构创新发展农村普惠金融产品指明方向，以更加有效对接弱势群体的普惠金融需求，从而使其享受更高质量的普惠金融服务，推动农村普惠金融发展再上新台阶。

（二）互联网等现代信息技术极大降低了人格化信用信息搜寻成本

农村电商大发展积累了弱势群体大量的商品交易信息及其衍生的金融活动信息，这些信息可以充分反映其信用状况。农村电商发展的基础是互联网等现代信息技术，借助于互联网的搜索引擎、云计算、大数据等手段，可以对农民等弱势群体商品交易积累的海量数据进行快速处理，以极低的信息搜寻成本建立起互联网金融信息库，为全面、准确地低成本获得农民等弱势群体的人格化信用信息提供有力保障，进而以此为基础降低普惠金融产品成本和价格，促进农村普惠金融需求发展。

（三）互联网等现代信息技术极大降低了普惠金融服务的经营成本

以互联网等现代信息技术开展金融活动，能够使传统金融的物理网点虚拟化，根据特定区域特征对金融服务进行细化分割，有效解决了传统金融物理网点布局等带来的高成本，克服了农村居民居住分散、经济密度低，金融服务受众少、物理网点服务半径短等所产生的高成本问题，大幅降低了金融服务经营成本，而且能够根据特定区域特征对金融服务进行细化分割，创新发展更具针对性的农村普惠金融产品，更好满足弱势群体的差异化金融需求。同时突破了传统金融服务的时间、空间限制，只要互联网可以达及的地方，都有随时享受互联网金融的机会，延长了服务时间，扩展了服务空间，实现了更高效的资金放贷等金融服务，有效满足了农业播种、施肥、病虫害防治等对资金需求的及时性，大幅降低了获得普惠金融服务的时间成本。据了解，互联网金融从接受申请、实地调查、发放贷款等金融服务全程大约只需要 72 小时，远高于传统金融 15 ~ 30 天的贷款发放效率，而且充分实现了弱势群体获得金融服务的机会平等。

互联网金融极大扩展了服务时间和空间，迅速扩大了农村普惠金融的受众群体，带来了明显的规模经济效应，使扩展金融服务产生的边际成本低至零水平，从而拉低平均成本。这些因素的共同作用，进一步降低了农村普惠金融经营成本。

（四）互联网等现代信息技术引导社会资金参与发展农村普惠金融

互联网金融借助现代信息技术将农民等弱势群体的普惠金融需求信息和人格化信用信息扩散到全社会，为社会资金准确判断农民等弱势群体信用风险进而控制资金放贷等金融风险提供了有力信息保障，为社会资金借助 P2P 网贷平台、众筹平台等方式流向农民等弱势群体指明了方向，已引导社会资金广泛参与发展农村普惠金融，有效提升了农村普惠金融供给能力，促进了农村普惠金融发展。以互联网等现代信息技术为支撑的农村普惠金融已成为金融发展的蓝海，蕴藏着巨大的市场潜力，是社会资本投资的黄金领域。近年来，互联网金融在农村飞速发展，引导社会资金积极参与促进农村普惠金融大发展，以翼农贷为代表的互联网金融就是此方面的典型例证（详见专栏 10）。

专栏 10　农村普惠互联网金融发展的典范

——“翼农贷”

“翼农贷”创立于 2007 年，开创了同城 O2O 互联网金融模式，典型特色是线上线下联动，以线下实地调研强化金融风险控制。

为了弥补线上仅依据网上交易大数据获得农民等弱势群体信用信息进

行金融风险控制的不足，“翼农贷”采取了招募合作商的方法，将合作商建设成为“翼农贷”在当地的运营中心，运营中心负责人主要负责对借款者资金需求的真实性等线下信息进行核实，并承担一定风险，以此激励合作商认真工作，充分发挥其线下实地调研优势，以更加有效控制金融风险。

目前，“翼农贷”已经开发了翼农贷、翼企贷、翼商贷三款面向农村的信用贷款产品。截至2015年末，“翼农贷”已在全国200多个城市设立运营中心，覆盖1000多个县（市），向农村提供资金支持100多亿元，是中国领先的“三农”互联网金融提供商，为引导社会资金参与发展农村普惠金融作出了有益尝试。

四、加快构建金融风险缓释机制降低农村普惠金融风险

农村普惠金融面临的金融生态环境决定了发展农村普惠金融天然具有高风险，按照收益覆盖成本和风险的定价（利率）原则，应对农村普惠金融产品实行较高定价，从而容易对农民等弱势群体形成价格排斥，不利于发展农村普惠金融，但依靠农民等弱势群体自身努力又难以有效降低农村普惠金融服务的高风险，笔者认为在通过构建外部的金融风险缓释机制，以帮助有效解决此问题，降低农村普惠金融服务风险进而降低其金融服务定价，提升农村普惠金融需求，扩大供给，促进农村普惠金融大发展。

（一）大力发展农业保险，有效转嫁弱势群体金融风险

当前，农业是受自然灾害影响最为严重的产业。我国自然灾害高发、频发，农业生产面临的自然灾害风险也就更为严重，同时农民预判农产品市场发展方向能力弱，所面临的市场风险也较高，但农民是弱势群体，依靠自身力量难以有效化解这些风险，需要通过大力发展农业保险，事前将自然灾害和市场波动对农民生产收入产生的风险转嫁保险公司承担，从而解决农业自然灾害和市场波动通过影响农民收入所传递产生的金融风险。

而且农民通过购买农业保险也锁定了应对金融风险的成本，形成了稳定的成本支出，便于按照成本收益原则进行生产经营决策，以实现经营收益最大化。当前，需要重点做好以下工作：

一是扩大农业保险品种范围，创新发展针对弱势群体的普惠保险产品。笔者通过多次实地调研发现，当前的农业保险业务品种主要集中在小麦、水稻、玉米等少数主要粮食作物，缺乏对农村种粮大户、新型农业经营主体、农民合作社等的生产设施、大型农机具等及农产品市场价格波动开展的农业保险，目前这些主体是发展农村经济的领头羊、引路人，对广大农民等弱势群体发展经济具有较强的带动作用，应尽快发展适合这些主体保险需求的农业保险业务品种，以促进其发展壮大。同时，应结合农民等弱势群体发展生产、脱贫致富的实际，积极创新针对其需求的普惠保险产品，如开展产业扶贫、资产收益扶贫等新型农业保险，有效降低脱贫攻坚经营风险所带来的金融风险。

二是创新发展针对性强，与普惠金融产品相关程度高的保险品种，直接降低对农民等弱势群体开展农村普惠金融服务的风险。如针对贷款可开办贷款保证保险，一旦出现贷款本息不能按期偿还风险，将由保险公司代投保人承担贷款本息偿还责任，以降低贷款风险进而降低贷款定价（利率）。针对借款人开展人身安全、家庭财产、重大疾病等保险，一旦借款人出现不安全问题，如借款人因交通事故意外死亡，保险公司赔偿的人身安全保险收益应优先用于偿还借款人的贷款本息，以此降低借款人贷款风险进而降低贷款定价（利率）。

（二）加快构建融资担保机制，增信提高弱势群体信用等级

面对农民等弱势群体信用等级较低问题，可通过建立融资担保机制，采取外部增信方式，帮助农民等弱势群体提高信用等级，达到获得农村普惠金融信用水平要求，进一步提高扩大农村普惠金融需求，促进农村普惠金融发展。

一是鼓励社会资本参与融资担保机制建设。目前，有观点认为，农村

普惠金融具有公共产品特征，应由政府全额出资建立融资担保机制，以此促进农村普惠金融发展。实践中大多也是按照此思路组建的融资担保机构。笔者认为，政府全额出资组建的融资担保机构虽然有利于降低农民等弱势群体的融资担保成本，但运行效率低下，而且政府财力有限导致此类融资担保机构数量较少、资金规模较小，难以满足农民等弱势群体的融资担保需求。而且此类融资担保机构所呈现的名义上的低价格实质上通过税收等形式转嫁给其他社会群体，加之该机构的低效率，从全社会的角度看，低价格实质上可能演变成高成本、高价格。为了解决上述问题，可考虑引入社会资本壮大融资担保机构的资金规模，扩大机构数量，提高融资担保实力，通过发挥规模经济优势，降低融资担保成本和价格。而且也有利于改善融资担保机构的治理结构，提高治理效率，强化市场竞争，降低融资担保成本和价格，为促进农村普惠金融发展提供有力的融资担保支持。

二是构建融资担保损失分担机制。融资担保机制的建立有效化解了金融机构开展农村普惠金融服务的风险，但容易导致金融机构放松对农民等弱势群体的贷款风险管理，并将贷款风险全部转嫁融资担保机构，而且也会使借款人产生放松贷款风险管理的道德风险行为，最终将严重损害融资担保机构利益，从而使融资担保机构提高融资担保价格，甚至融资担保规模萎缩，形成损害融资担保机构、弱势群体、金融机构利益的格局。对此，笔者认为，应建立融资担保损失分担机制，对于发生的贷款损失，应由融资担保机构、借款的弱势群体、金融机构三方划分合理的分担比例，共同承担化解贷款损失责任，以利于调动三方防范贷款风险的积极性，实现三方在贷款风险防范方面的优势互补、合作共赢，有效控制贷款风险，促进农村普惠金融发展。

五、积极开展“两权”抵押试点扩大抵押品范围

（一）开展“两权”抵押试点解决农民等弱势群体贷款抵押品缺失

农民等弱势群体天然面临贷款抵押品缺失，已成为其被金融排斥的重

要原因，笔者在多次的实地调研中对此感受也十分深刻。从当前农村经济发展现状看，解决农民等弱势群体抵押品缺失的有效途径是将承包土地经营权和宅基地使用权（简称“两权”）纳入合格抵押品范围，而且“两权”抵押价值巨大，可有效满足农民等弱势群体的抵押品需求。据测算，我国农村可流转的土地价值约 100 万亿元，其中耕地 40 万亿元，林地 20 万亿元，宅基地 40 万亿元。基于此考虑，2015 年，我国启动“两权”抵押贷款试点（详见专栏 11），以释放农村土地价值，缓解农民等弱势群体合格抵押品严重不足问题，为促进农村普惠金融发展创造良好政策环境。

专栏 11　积极推动“两权”抵押贷款试点

2015 年 8 月，国务院印发《关于开展农村承包土地的经营权和农民住房财产权抵押贷款试点的指导意见》（国发〔2015〕45 号，以下简称《指导意见》），正式启动“两权”抵押贷款试点工作。在各省级政府自愿申报的基础上，确定农村承包土地的经营权抵押贷款试点 232 个县级行政区，农民住房财产权抵押贷款试点 59 个县级行政区，其中有 13 个县级行政区重叠，剔除此因素，两项试点共计 278 个县级行政区，占全国县域行政区域的 9.7%。上述试点工作在 2017 年 12 月 31 日前完成，近日明确再延长一年。

《指导意见》要求，试点应坚持“依法有序、自主自愿、稳妥推进、风险可控”的原则，坚持土地公有制性质不改变、耕地红线不突破、农民利益不受损的底线。要切实尊重农民意愿，“两权”抵押贷款由农户等农业经营主体自愿申请，确保农民群众成为真正的知情者、参与者和受益者。同时，推动地方政府建立完善抵押品处置和风险补偿机制，在保障农户基本居住权、承包权、优先受让权和土地持续生产能力的前提下，创新探索出农民住房财产权有效处置和农村承包土地的经营权有效流转的不同经验，平衡好农民合法权益与金融机构正当利益的关系。

按照国务院的统一部署，2016 年 3 月，中国人民银行会同相关部门联合印发《农村承包土地的经营权抵押贷款试点暂行办法》和《农民住房财产权抵押贷款试点暂行办法》，从贷款对象、贷款管理、风险补偿、配套支持措施、试点监测评估等方面，对金融机构、试点地区和相关部门推进落实“两权”抵押贷款试点提出了明确的政策要求。在贷款的用途方面，要求借款人获得的“两权”抵押贷款应主要用于农业生产经营等贷款人认可的合法用途；在抵押品的认证方面，要求用于抵押的承包土地没有权属争议，且不能超过农民承包土地的剩余年限；在防范衍生风险方面，要求明确借款人要有其他长期稳定居住场所，并获得集体经济组织书面同意，金融机构处置抵押品时要采取多种方式，并保证农民基本居住权。

与此同时，应鼓励金融机构积极进行普惠金融抵押品创新，结合农村实际，拓宽合格抵押品范围，有效降低开展农村普惠金融风险。如可发展农产品收益保证贷款，以农产品的未来收益作为抵押品；发展保单保证贷款，通过鼓励农民购买农业保险，以保单作为质押发放贷款等。

（二）推进“两权”抵押贷款试点应做好的主要重点工作

一是做好失地农民基本生存权的社会保障工作。农村承包土地的经营权承载着保障农民基本生活稳定的功能、农民住房财产权承载着农民基本生活安居的功能。开展“两权”抵押贷款试点的直接后果就是少数贷款的农民因为经营失败等而无力偿还贷款而失去承包土地的经营权和住房财产权（简称失地农民），这将威胁失地农民基本的生存权，甚至因此衍生为社会不稳定因素。如何保障这些失地农民最基本的生存权，就成为试点能否顺利推进，进一步扩大试点范围乃至全面推开的关键因素。为此，需要政府建立对失地农民的社会保障制度，如完善社会救济制度、建立失地农民风险保障基金等，既要保障失地农民的基本生活，又要激励贷款农民努力经营，防范有意套取社会救济等的道德风险行为，从而淡化农地的社会保障功能，为推动“两权”抵押贷款试点顺利进行，乃至扩大试点范围保驾护航。

二是加快完善实施“两权”抵押贷款试点的基本制度。确保试点实施进展顺利的基本制度包括农地确权登记、价值评估、流转处置等，是决定此项试点成败的基础与核心，应鼓励各地结合实际创新探索，加快完善。运用现代信息技术，明确承包土地的权利主体、具体位置、地块面积等权利属性，降低农地确权登记成本，为土地流转提供明晰的产权界定。加强土地价值评估管理，加快制定流转土地价值评估技术规范，加大评估人才技术培训，增强流转土地价值评估的客观公正性，合理确定土地抵押品价值，提高土地抵押功能。搭建农地流转平台，明确流转流程，完善流转服务体系，强化市场化流转，确保农地流转各方利益得到有效保护。

六、发挥政府推动农村普惠金融发展的重要作用

（一）加强基础制度建设，营造农村普惠金融发展的良好金融生态环境

一是加强对农民等弱势群体的普惠金融教育。结合农民生产生活实际，采取农民喜闻乐见的宣传形式，如电影、戏剧、小品等，深入田间地头，全面宣传普惠金融理念、作用与功能、获取途径等内容，使普惠金融理念等深深扎根农民等弱势群体心里，为发挥普惠金融促进改善农民生产生活奠定良好的思想认识基础。特别是要教育弱势群体深刻认识金融运行规律，明确贷款与财政支持资金、社会救济、捐赠的区别与联系，要培养农民的契约意识，严格遵守贷款合同约定，按期足额偿还贷款本息。可采取将普惠金融知识融入中小学相关课程的方式，抓好年轻一代的普惠金融理念教育。二是营造诚实守信的信用环境。通过开展信用户、信用村镇评选活动，教育农民等弱势群体树立诚信光荣、失信可耻的观念，建立失信黑名单制度，加大对逃废债务、套取政策支持等恶性失信行为的惩处力度。特别是加大对国家公职人员因抵押、担保等产生的赖账不还行为的惩罚力度，加大新闻媒体曝光频次，以向社会彰显政府惩戒失信行为、人员的决心和态度，引导社会各界诚实守信。

（二）加快构建信用信息整合制度，破解农村普惠金融发展的信息散乱问题

能否获得全面准确的信用信息特别是弱势群体的人格化信用信息（“软信息”），是制约农村普惠金融能否可以实现良好发展的十分重要的因素，但由于多方面原因，目前农村普惠金融发展中的“信用信息孤岛”问题仍然十分严重（详见专栏12），造成大量信用信息难以良好发挥作用甚至浪费，亟须构建信用信息整合制度，形成信用信息有效链接，提高数据信息共享水平和整体功能，破解农村普惠金融发展中的信息散乱问题。

专栏12　农村普惠金融发展中的“信用信息孤岛”及其效应

从当前的情况看，“信用信息孤岛”现象在农村普惠金融领域非常突出。主要表现为：各部门、企业等拥有各自职能范围、特征各异的静态、动态信息数据，而且在本部门、企业范围封闭运行。如税务部门拥有大量的缴税记录，其中包含小微企业、新型农业经营主体等的纳税信息；扶贫部门掌握大量贫困人口特别是建档立卡贫困农户的生产生活信息；民政部门拥有社会救济群体特别是低保户、孤寡老人、残疾人等的生活信息。金融机构特别是农村信用社拥有开展信用户、信用村镇评选，并动态调整更新的农户信息。电商企业阿里巴巴、京东等拥有农村地区客户广泛的网上商品交易、金融活动信息。

但由于受各自利益驱动，上述反映农民等弱势群体信用状况的大量信息目前尚难以实现信息共享，不仅造成了大量信息浪费，而且严重影响了农村普惠金融发展，因为如果这些人格化信用信息能够有效利用，将有助于有效控制贷款风险，破解农民等弱势群体贷款抵押品缺失问题，进而促进信用贷款大发展，推动提高农村普惠金融发展质量。

一是建立健全全国统一的信用信息数据库。笔者认为，应由政府主导建立互联互通共享的统一信用信息数据库，向社会全面开放。首先政府部

门应积极主动对社会开放自身拥有的信用信息数据，发挥好表率带头作用。其次建立企业间信用信息数据进入大数据库，健全全社会共享信用信息的激励机制，激发企业搜集、上传信用信息数据进入全国大数据库的积极性，必要时可由政府建立相应的激励基金，对企业搜集、动态更新信用信息数据的成本予以补偿。

二是提高信用信息数据质量。鉴于弱势群体的信用信息主要表现为人格化信用信息，缺乏清晰、直观的搜集标准，对收集此类信用信息的技术要求高，政府有关部门要加强对弱势群体信用信息搜集管理、指导，有针对性地完善弱势群体的信用信息评判标准，创新信用信息搜集方式、方法，切实提高所搜集的弱势群体个人道德品质、经营能力、生活习惯、社会关系等人格化信用信息质量。同时，建立定期开展信用信息搜集，动态调整更新机制，通过动态的信用信息数据校正，提高弱势群体信用信息质量。

（三）发挥政府资金的正向激励和杠杆撬动作用，鼓励社会资本主导发展农村普惠金融

普惠金融具有商业性金融属性，以商业化可持续发展原则开展普惠金融服务，具有吸纳社会资本广泛参与其中的现实条件。社会资本参与发展农村普惠金融有利于强化资金运用的激励约束，改善资金运用的治理机制和效率，克服单一政府资金运行的低效率，也能有效缓解政府资金供给不足。因此，应鼓励社会资本广泛参与发展农村普惠金融，包括贷款投放、融资担保机制建立、发展农业保险、信用信息数据库建设等多个方面。政府资金应注重发挥好正向激励和杠杆撬动作用，对促进农村普惠金融发展效果良好的社会资本加大激励支持力度，通过采取贷款贴息、资金奖励、政策优惠等方式，引导社会资本在农村普惠金融发展中发挥主体和主导作用。

第二部分

农村普惠金融服务主力军：农村信用社改革与发展

第三章　农村信用社改革全景式回顾与评价

2003 年以来，农村信用社改革围绕深化产权制度和管理体制展开，以推动增强农村金融服务功能。目前，改革取得重要的阶段性成果，产权制度改革稳步推进，新型管理体制初步建立，农村金融服务功能有所增强，但改革仍面临一些深层次的机制体制问题，严重影响农村信用社改革目标的实现。本书通过对农村信用社改革进行全景式回顾与理性思考，深入分析了改革取得的成效、存在的问题及成因，提出进一步深化改革的方向。

第一节　改革的背景及主要内容

一、改革背景

我国农村信用社自 20 世纪 50 年代初期建立以来，主要任务就是改善农村金融服务，促进县域和农村经济发展。经过多年的改革发展，农村信用社已经成为农村金融服务的主力军。据统计，改革初期的 2002 年末，农村信用社发放的农业贷款占同期全国金融机构农业贷款的比例高达 81%，绝大多数农村信用社在县域和农村金融市场的份额位列第一。

金融是现代经济的核心，建设社会主义新农村，实现农村经济社会的小康目标，离不开作为农村金融服务主力军的农村信用社的大力支持，但改革初期，农村信用社发展面临诸多问题，严重制约其可持续发展，甚至危及生存，影响其农村金融服务功能的良好持续发挥。

（一）资产质量差，历史包袱沉重

长期以来，农村信用社人员素质低下、内部管理制度不健全、经营管理粗放、贷款风险管控水平较低。另外，农村信用社承担着大量支持县域和农村经济发展的政策性金融业务，但是由此造成的政策性亏损国家并未给予充分帮助化解。上述因素的共同作用，导致农村信用社的资产质量差、历史包袱沉重、经营困难、潜在风险很大，严重危及农村信用社的生存，影响农村信用社进一步更好地开展农村金融服务，难以满足建设社会主义新农村、实现小康社会目标的金融服务需求。据统计，改革初期的2002年末，按照贷款四级分类口径统计，农村信用社的不良贷款比例高达37%、资本充足率为-9%，资不抵债额为3400多亿元，绝大多数农村信用社已处于破产的边缘，基本生存都难以维持，更无法良好开展农村金融服务。

（二）产权关系不明晰，法人治理结构不完善

改革前，农村信用社是合作制金融机构，股金全部是资格股，可以随时入股和退股，股东（农民）可以凭借随时退股权，规避农村信用社的经营风险，因而股金不是真正的股金，农民也不是真正的股东，农村信用社的产权关系不清晰，“为谁所有”并不明确。同时，农民的经济实力弱、入股金额小，导致农村信用社股权高度分散，一个县（市）农村信用社的股东人数多达十几万，加之农民股东的文化程度低、经营管理知识匮乏，导致广大农民股东既缺乏参与农村信用社经营管理的积极性，也缺乏参与经营管理的能力，“由谁管理”的问题难以有效解决。鉴于上述因素，农村信用社的经营管理权实质上掌握在作为农村信用社主要高级管理人员的内部职工股东（相对于非职工股东处于农村信用社外部而言，主要高级管理人员既是职工也是股东，处于农村信用社的内部，因而称之为内部人）手中，内部人控制问题十分严重，股东代表大会、董（理）事会、监事会（以下简称“三会”）徒有形式，农村信用社成为内部人实现其利益目标的工具，从而偏离“为农服务”的发展目标。

（三）三种职能集于同一主体，导致履职目标、职能冲突，履职效率低下

自1996年农村信用社与中国农业银行脱离行政隶属关系以来，中国人民银行受中央政府委托，同时履行对农村信用社的依法管理职能、金融监管职能、行业管理职能。2003年，中国银监会成立后，按照职责分工，中国人民银行将履行的上述对农村信用社的相关职能转交中国银监会负责。一般而言，依法管理职能的任务是，由于农村信用社是经营金融业务的企业法人，政府有关部门应按照政企分开原则，通过建立合理高效的机制，对其实施宏观、间接的管理，为其健康可持续发展创造良好环境。金融监管职能的作用表现为，由于农村信用社是存款类金融机构，开展高负债经营活动，自身金融风险易于引发系统性金融风险，政府有关部门应通过加强对其经营活动的合规性监管，促进稳健经营，以有效防范金融风险维护金融稳定。行业管理职能的目标是，有关部门应通过指导农村信用社建章立制，加强网络建设，满足其支付、结算、清算等公共服务需求，并促进自律合规经营，推动其良好发展。这是因为农村信用社自20世纪50年代初建立以来，虽然经过不断改革发展，但目前法人数量依然众多、规模小且分散于广大的农村地区，需要专业机构促进其规范发展、满足其公共需要，维护其公共利益。

上述三种职能的履职目标、手段、方式、要求存在差异，由同一履职主体同时履行上述三种职能，将会导致履职目标、职能冲突，履职效率低下。例如，金融监管职能强调农村信用社经营活动的合规性，而行业管理职能着重于促进农村信用社经营业务的发展，由于合规性要求和业务发展目标在一定程度上存在冲突，往往导致同时履行这两种职能的主体难以及时采取行动，而错失良机造成金融风险。而且，履职主体之间也缺乏相互监督、制衡机制，容易导致履职低效。

农村信用社是主要服务于县域和农村经济发展的地方性金融机构。我国地区间经济社会发展不平衡严重，城市和乡村二元经济特色鲜明，需要

促进农村信用社的差异化发展，切合当地经济社会发展现状开展农村金融服务。由中央政府全面管理农村信用社，易于造成农村信用社改革发展政策的“一刀切”，难以顾及各地经济社会发展实际，无法采取差别化的政策，更好地促进农村信用社改革发展，服务于当地经济社会发展。

二、改革的主要内容

针对前期农村信用社改革发展中存在的上述问题，自 2003 年开始的新一轮农村信用社改革的主要内容是，按照“明晰产权关系、强化约束机制、增强服务功能、国家适当扶持、地方政府负责”的总体要求，加快农村信用社产权制度和管理体制改革，把农村信用社逐步办成由农民、农村工商户和各类经济组织入股，为农民、农业和农村经济发展服务的社区性地方金融机构。改革的主要内容具体包括以下方面：

（一）以深化产权制度改革为突破口，将农村信用社改革为现代金融企业

强调改革要坚持因地制宜、分类指导原则，积极探索和分类实施股份制、股份合作制和合作制等多元化的产权制度，建立与各地经济发展、管理水平相适应的组织形式和运行机制，将农村信用社改革成为现代金融企业和真正的市场主体。

1. 在清产核资、明晰原有产权关系的基础上，妥善处理农村信用社的历史包袱。一是对于资能抵债的农村信用社，首先将其历年积累按照规定提足股金分红、应付未付利息和各类保险基金。其次按照资产风险程度提足风险准备金。最后将剩余部分用于对原有股金增值。二是对于资不抵债但难以撤销的农村信用社，首先用其历年积累冲抵历年亏损挂账，其余不足部分要落实经营责任，通过加强管理、政策扶持等多种措施逐步予以化解。三是对于资不抵债严重且支农服务需求较少的城区或城郊地区农村信用社，可按照《金融机构撤销条例》予以撤销，相关债权债务按照企业破产政策予以处理。

2. 增资扩股和规范老股金，构建民有性质产权关系，自主选择产权制度和组织形式。农村信用社可结合当地经济发展状况和自身管理水平，自主选择以资格股和投资股方式进行增资扩股、规范老股金，以明晰产权关系、增强资本实力，构建民有性质产权关系。增资扩股要真实合规，不得以贷款资金、财政性资金入股，不得吸收存款化股金，不得以实物、有价证券折价入股，必须以货币资金入股。以投资股方式吸收的股金，不得退股只可转让；以资格股方式吸收的股金，可以有条件退股。扩大入股范围，广泛吸收辖内农民、农村个体工商户和其他各类经济组织入股，适当提高入股额度，优化股权结构。农村信用社可自主选择股份制、股份合作制、合作制等多元化的产权制度和农村商业银行、农村合作银行、县（市）统一法人农村信用社和县、乡两级法人体制农村信用社等多样化的组织形式。选择实行股份制产权制度的农村信用社要改制为农村商业银行；选择实行股份合作制产权制度的农村信用社，可以根据其资产规模、不良贷款比例、资本充足率等关键性经营管理指标的水平，改制为农村合作银行、县（市）统一法人农村信用社。选择实行合作制产权制度的农村信用社可以继续保持县、乡两级法人体制农村信用社。

3. 完善法人治理结构，建立商业化可持续发展机制。农村信用社要按照现代企业制度的要求，完善股东代表大会、董（理）事会、监事会、高级管理层（以下简称“三会一层”）的组织架构，明确其各自运行规则和职责，建立决策、执行、监督相制衡，激励与约束相结合的经营机制，真正改革成为自主经营、自我约束、自我发展、自担风险的现代金融企业和市场主体。切实加强内部管理，进一步完善贷款审批、财务收支、风险控制等内控制度，提高经营管理水平，努力降低不良贷款、有效控制成本费用支出，切实增强经营风险防控能力。

（二）将农村信用社的管理交由省级政府负责，建立新型监督管理体制

按照“国家宏观调控、加强监管，省级政府依法管理、落实责任，农

村信用社自我约束、自担风险”的监督管理体制，分别确定有关方面对农村信用社的监督管理责任。

1. 省级政府全面履行对农村信用社的依法管理责任，承担其金融风险处置责任。一是省级政府督促农村信用社认真贯彻执行国家的金融方针政策，引导改进农村金融服务方式、完善服务功能、提高服务水平。二是省级政府组织辖内有关部门防范和处置农村信用社金融风险，全面承担金融风险处置责任，维护当地金融稳定。在省级政府承诺由中央财政从对其的转移支付中扣划的前提下，中央银行可以对处置农村信用社金融风险资金提供临时支持。三是省级政府可结合辖内实际情况，成立省级联社或其他形式的省级管理机构，具体承担对农村信用社的行业管理、指导、协调和服务职能，为其改革发展创造良好环境。四是省级政府对农村信用社实施依法管理，不得干预其具体经营活动，不得将农村信用社管理权下放地（市）、县（市）、乡（镇）级政府。五是省级政府帮助农村信用社清收旧贷、打击逃废债，查处各类金融案件，建立良好的金融生态信用环境。

2. 国家有关部门加强对农村信用社的监管。一是中国银监会承担对农村信用社的金融监管职能，负责农村信用社的市场准入、日常监管、市场退出等监管工作，提供金融监管信息，提出金融风险预警，并协助省级政府处置农村信用社金融风险。二是中国人民银行承担对农村信用社金融市场的监督管理，跟踪农村信用社金融风险变化，及时了解金融风险处置措施的落实情况，并在必要时向省级政府提供处置金融风险的临时资金支持，以防范农村信用社金融风险演变为系统性金融风险。

（三）促进改善农村金融服务，提升农村信用社农村金融服务主力军地位

农村信用社改革的最终目标是，增强农村金融服务功能。农村信用社要立足社区，面向“三农”，不断改进农村金融服务方式，完善服务功能，创新金融产品，拓宽服务领域，增加服务手段，充分发挥地缘、人缘、血缘和网点优势，切实提高农村金融服务水平，提升农村金融服务主力军地位。

（四）国家出台多项扶持政策，调动农村信用社深化改革积极性

为推动农村信用社改革顺利开展，国家出台财政、税收、金融等一系列政策，支持农村信用社化解历史包袱，调动其深化改革的积极性。一是中央财政对亏损法人农村信用社 1994—1997 年开办保值储蓄多支付的保值贴补息给予补贴。经核实确认，补贴额度共计为 89 亿元。二是改革试点期间，对农村信用社的营业税减至 3% 征收，免征西部地区农村信用社的企业所得税，对其他地区农村信用社的企业所得税按其纳税额减半征收。三是对改革试点农村信用社实施金融支持政策，主要是采取专项中央银行票据（以下简称专项票据）和专项借款方式，建立资金支持与农村信用社改革成效挂钩的正向激励机制，帮助农村信用社化解历史包袱，促进建立商业化可持续发展机制，增强农村金融服务功能。经核实确认，中国人民银行安排的资金支持额度共计为 1700 多亿元。

第二节　改革取得的重要阶段性成果

一、产权关系有所明晰，产权制度和组织形式呈现多元化

（一）清产核资，厘清原有产权关系

改革初期，通过清产核资，农村信用社对原有产权关系进行了清理整顿，明晰了原有产权关系。具体表现为：厘清了农村信用社和原有股东间的关系，明确了股东的出资额；对农村信用社的历年积累进行了处置，就资能抵债农村信用社而言，在用历年积累充实各项拨备的基础上，对原有股金进行了增值和分红；就资不抵债农村信用社而言，利用历年积累冲抵历年亏损挂账，其余部分留待后续进一步化解。在对原有股金进行规范整顿的基础上，在征询原有股东同意的前提下，按照有关规定将规范的股金

等额转为新股金，否则予以清退。

（二）增资扩股，构建民有性质的产权关系

开展了广泛的增资扩股，严格增资扩股行为，并借助专项票据的发行兑付考核，激励农村信用社有效提高了增资扩股的真实合规性，确保了增资扩股后的股金全部来源于农民、农村工商户和各类经济组织，杜绝了财政性资金入股、存款化股金、贷款化股金，保证了入股资金全部为货币资金，全部股金为民有性质的资金，产权关系有所明晰，构建了农村信用社是民有性质地方金融机构的产权基础。对此，有人可能会质疑，为支持农村信用社深化改革，中央政府和地方政府（包括省级政府及其以下各级政府）对农村信用社进行了巨额资金支持，应在农村信用社的股金中拥有一定比例，因而不能认为农村信用社是纯粹的民有性质金融机构，应为混合所有制性质的金融机构。笔者认为，这种认识存在误区：一是中央政府给予农村信用社的资金支持，是对农村信用社长期经营政策性业务造成的政策性亏损的补偿，是对农村信用社的债务清偿，正因为如此，中央政府将以专项票据方式对农村信用社的资金支持用于冲抵其历年亏损挂账和置换不良贷款，并未作为中央政府入股农村信用社的资金。政策性业务主要表现为，农村信用社是农村金融服务的主力军，长期所承担的农村金融业务中有部分业务属于政策性业务。二是省级政府及其以下各级政府给予农村信用社的资金支持，体现的是对作为农村金融服务主力军的农村信用社为促进地方经济社会发展所做贡献的奖励，以及支持农村信用社深化改革，因而在实践中更多地表现为将优质资产捐赠农村信用社，并置换其不良贷款和历年亏损挂账，或用于建立农村信用社改革发展基金，帮助经营财务状况较差的农村信用社加大深化改革力度。

（三）产权制度和组织形式实现多样化

在增资扩股、壮大资本实力、构建民有性质产权关系的过程中，农村信用社结合当地经济社会发展和自身经营管理水平，自主选择产权制度和

组织形式，实现了产权制度多元化、组织形式多样化，较好地体现了因地制宜、分类指导原则。从改革实践看，截至2016年末，全国农村信用社中，组建农村商业银行1114家、农村合作银行40家、县（市）统一法人农村信用社1054家，这些多样化的组织形式对应着多元化的产权制度；从地区分布看，东部经济发达地区的农村信用社大多数选择股份制的农村商业银行，中西部经济欠发达地区农村信用社大多数选择股份合作制的县（市）统一法人和农村合作银行，经济特别不发达的少数地区农村信用社选择合作制的县乡两级法人体制农村信用社。

二、“三会一层”的法人治理组织架构基本建立，并初步运行

目前，在专项票据发行兑付考核和兑付后续监测考核的推动下，绝大多数农村信用社按照有关要求已基本建立了“三会一层”的法人治理组织架构并初步运行，制定了“三会一层”的运行程序、规则和激励约束制度，健全了信息披露制度和对主要高级管理人员的专项审计和离任审计制度。部分农村信用社在完善法人治理方面进行了有益探索，取得了初步成效。其中，股东投票权的确定最为典型，表现为实行股份合作制的农村信用社，要求股东在持有资格股的基础上，可以持有投资股；无论股东持有多大数量的资格股，均按照一人一票的原则，确定股东的投票权，但对于股东持有的投资股，按照一定数量标准折算为一个投票权的方法，确定股东因为持有投资股而获得的投票权，将两者加总，即为股东所获得的总投票权，并以此参与法人治理。建立健全并实施了不良贷款责任追究、成本费用控制、有利于可持续发展的利润分配、能上能下的劳动用工等制度，内控管理制度不断完善，激励约束机制得到增强。

三、新型监督管理体制初步建立，省级联社开始履行行业管理职能

目前，农村信用社改革已经在全国范围全面开展，表明全国所有省级

政府已经全面承担了对辖内农村信用社的管理职责和金融风险处置责任。省级政府组建了履行管理职责的具体机构，主要有三种形式：北京、上海、天津、重庆四个直辖市组建了以直辖市为法人单位的农村商业银行；宁夏、海南将省会城市农村信用社和省级联社合并改制为农村商业银行；其他省份组建了省级联社。在省级政府领导下，省级联社开始发挥作用，取得了积极成效，可概括为“三个一”：一方利益代表，代表农村信用社的利益，并通过加强与各有关部门、银行同业的沟通协调，促进改善农村信用社的外部经营环境；一个平台，主要是技术平台和网络平台，通过集中全省力量开发综合业务、信息与结算系统等，解决了单个农村信用社技术开发力量和资金实力不足，也不符合规模经济的问题；一级组织，作为省级政府的派出机构，省级联社通过建章立制、业务指导、人员培训、帮助清收不良贷款，对促进农村信用社健全内控机制、防范业务风险发挥了重要作用。

四、商业化可持续发展能力有所增强，农村金融服务主力军地位显著提升

（一）历史包袱得到有效化解，商业化可持续发展能力有所提高

中央政府采取财政、税收、专项票据和专项借款等一系列扶持政策，截至2016年末，累计对农村信用社安排化解历史包袱的资金支持额度约为2660亿元，所占全国农村信用社2002年末实际资不抵债数额的比例超过80%。随着各项扶持政策基本落实到位，农村信用社历史包袱得到有效化解、资产质量明显改善，商业化可持续发展能力有所增强。按照贷款五级分类口径统计，2016年末，全国农村信用社资本充足率为12.1%，与2007年末相比，提高12.2个百分点；不良贷款余额和比例分别为5018亿元、3.8%，与2007年末相比，分别下降1578亿元、17.2个百分点。全国农村信用社自2004年实现首次轧差盈利以来，截至2016年末累计实现盈利16171亿元，消化历年亏损挂账1201亿元，与2002年末相比，降幅达到91.4%。

（二）涉农金融服务有效改善，农村金融服务主力军地位显著提升

2016 年末，全国农村信用社各项存贷款余额分别为 21.4 万亿元、13.4 万亿元。贷款市场份额为 12.6%，与 2002 年末相比，提高 2 个百分点。涉农贷款余额 8.2 万亿元，占其同期各项贷款的 61%。

第三节　改革取得的成功经验

近年来，农村信用社改革取得了重要的阶段性成果，这得益于改革中的一些良好做法。

一、赋予省级政府和农村信用社参与改革的自主权

我国地区间经济社会发展水平差异大，赋予省级政府和农村信用社参与改革的自主权，有助于作为改革主体的省级政府和农村信用社选择符合当地经济社会发展实际和自身经营管理水平的改革方式，因地制宜地参与和深化改革，提升改革的积极性和主动性，促进改革目标的全面真正实现。

（一）省级政府参与农村信用社改革的自主权。有关政策规定，省级政府可结合辖内农村信用社实际，自主选择是否参与农村信用社改革试点，以及中国人民银行对农村信用社的资金支持方式。由于省级政府贴近于农村信用社，对农村信用社的经营财务状况和管理水平比较了解，在中央政府出台的财政、税收、金融等政策已经明确的前提下，省级政府能够比较准确地评估参与农村信用社改革试点取得的收益和付出的成本，当参与改革的收益大于成本时，自主决定参与改革。这就保证了省级政府一旦参与改革，将会积极主动地推进改革，从而避免了“一刀切”方式下，强制所有省级政府参与改革，导致个别省级政府因参与改革的成本大于改革收益产生消极应对甚至抵制行为，最终影响改革目标的全面实现。同时，也有利于省级政府切合当地实际，推进农村信用社改革。

（二）农村信用社参与改革的自主权。有关政策规定，农村信用社可结合自身实际，自主选择产权制度、组织形式以及资金支持方式。可供选择的产权制度包括股份制、股份合作制和合作制；组织形式包括农村商业银行、农村合作银行、县（市）统一法人农村信用社、县、乡两级法人体制农村信用社；资金支持方式包括专项票据和专项借款。达到上述每种产权制度、组织形式和资金支持方式组合的考核标准的收益和成本是有差异的，选择组建股份制的农村商业银行和专项票据方式组合所获得的收益和承担的成本均最高，净收益也最大，而选择合作制的县、乡两级法人体制农村信用社和专项借款方式组合所获得的收益、付出的成本以及净收益则最小。农村信用社的经营财务状况、管理水平存在较大的地区差异，设置多样化的产权制度、组织形式和资金支持方式，并赋予其自主权，有助于各类经营财务状况和管理水平的农村信用社按照成本收益原则，选择净收益最大的产权制度、组织形式和资金支持方式，保证了农村信用社能够全面参与改革，均有积极性、主动性深化改革，从而避免了因为“一刀切”政策，不利于实现净收益最大化而产生的部分农村信用社消极抵制行为，推动全面真正实现改革目标。

二、促进建立农村信用社商业化可持续发展机制

（一）按照现代企业制度要求，推动农村信用社建立商业化可持续发展机制。有关政策明确规定，要按照现代金融企业制度的要求，将农村信用社改革成为真正的市场主体。为了实现上述目标，强调通过清产核资规范老股金、增资扩股扩大资本规模，明晰产权关系，构建民有性质的产权关系，营造真正意义的股东，在一定程度上解决了农村信用社“为谁所有”问题。在此基础上，按照现代金融企业制度的要求，建立“三会一层”的法人治理组织架构，并有效运行，构建决策、执行、监督相制衡，激励与约束相结合的经营机制，解决了农村信用社“由谁管理”的问题。同时，由于农村信用社的股东主体是农民、农村工商户和各类经济组织，在法人治理结构运行中发挥着重要作用，解决了农村信用社“对谁负责”的问题。

而且由于股东能够参与农村信用社的经营管理决策，有利于将农村信用社的经营目标定位于改善农村金融服务，解决了农村信用社“为谁服务”的问题。但需要强调的是，上述问题的有效解决是遵循现代金融企业制度的要求而实施的，是在将农村信用社改革成为真正的市场主体过程中实现的，体现了农村信用社的商业化可持续发展与改善农村金融服务的有机统一，并通过两者的互动良性循环，促进实现农村信用社增强农村金融服务功能和建立商业化可持续发展机制的共赢，从而使农村金融服务能够持续得到改善，而如果过于强调农村信用社开展涉农金融服务，可能会危及其可持续发展导致难以生存，由此造成农村金融服务主体缺失，农村金融服务也将难以为继。这表明，对于符合商业化可持续发展要求的涉农贷款，农村信用社有积极性给予较好满足。

（二）内部人控制强化了农村信用社的商业化可持续发展目标。在实践中，农民作为股东主体的缺陷导致了农村信用社法人治理呈现严重的内部人控制特征。作为内部人的主要高级管理人员既是农村信用社的股东又是职工，决定了其利益目标与农村信用社的商业化可持续发展程度、与利润最大化的实现程度紧密相关，而不是追求改善农村金融服务，因此，在内部人主导农村信用社法人治理运行的情况下，农村信用社的经营目标必然定位于利润最大化，追求商业化可持续发展。

即使在经济发达地区，农民股东的文化素质较高、参与经营管理的能力较强，在法人治理中发挥较大作用而在一定程度上能够有效遏制内部人控制的情况下，由于“三会”成员中资格股股东和投资股股东的利益冲突（资格股股东倾向于将农村信用社经营目标定位于改善农村金融服务，投资股股东追求股金价值的更大增值），以及投资股股东的强势地位（因为与资格股股东相比，投资股股东经营能力较强、更容易进入“三会”，因而在“三会”中的比例更高），投资股股东将会对资格股股东的投票行为进行引导，再加之，内部人与投资股股东的利益目标更为趋近，也会强化对资格股股东投票行为的影响，最终将农村信用社的经营目标定位于利润最大化。

笔者认为，目前实践中所存在的“农民贷款难、贷款贵”问题，实际上反映的是这部分贷款不具备有效需求贷款的条件，甚至部分是政策性金融应予支持的范围，而不应认为是农村信用社经营目标定位于商业化可持续发展所致。例如农民对信用贷款的需求，在目前农村信用社具有较强垄断色彩和较低风险防控水平的背景下，其中绝大部分就难以达到有效需求贷款的条件而被拒绝。如何破解这一问题，后文将予以论述。当然，对于其中的政策性金融需求，要通过加大财政政策等政策扶持力度予以解决。

三、调动地方政府深化农村信用社改革的积极性

农村信用社改革的主要内容之一是将农村信用社的管理交由省级政府负责，由省级政府全面承担对农村信用社的管理和金融风险处置责任，明确农村信用社是社区性地方金融机构，主要任务是服务县域和农村经济发展。管理职权的下放和金融风险处置责任的明晰，构建了权责对称的约束机制，将对调动地方政府推动农村信用社改革的积极性发挥重要作用。一是促使省级政府创新管理方式方法，提高管理水平，采取有效措施推动农村信用社深化改革、帮助化解历史包袱，实现商业化可持续发展，以减轻自身所承担的金融风险处置责任。二是注重实现农村信用社商业化可持续发展与促进当地经济社会的共赢发展。只有如此，才能增强农村信用社的可持续发展能力，有效控制其金融风险，降低省级政府承担的金融风险处置责任。三是省级政府和农村信用社形成了利益共同体，特别是在资金支持政策实施过程中更是如此，两者的共同目标就是尽快获得中央银行的资金支持，省级政府加大对农村信用社政策扶持的同时，积极推动其深化改革，而且利用行政资源，调动辖内地方政府支持农村信用社改革的积极性，例如鼓励地方政府以优质资产置换农村信用社不良贷款、帮助清收不良资产等，促进农村信用社尽快达到中央银行的资金支持条件，实现改革目标，获得资金支持。正是由于在改革过程中，充分调动了省级政府支持农村信用社改革的积极性，推动省级政府利用其强大的行政资源和经济资源，促进农村信用社的改革发展，才为真正全面实现农村信用社改革目标创造了良好条件。

省级政府是农村信用社的管理主体，承担金融风险处置责任，因而将会运用其行政资源，在调动地（市）、县（市）级政府支持农村信用社改革积极性的同时，有效防范地（市）、县（市）级政府对农村信用社的行政干预，这有利于农村信用社尽快成长为真正的市场主体，自主开展经营管理活动，防止地方政府不当干预所产生的金融风险。

四、建立资金支持的正向激励机制

为提高农村信用社深化改革的积极性，中央政府出台了财政、税收、金融等一系列扶持政策，其中中国人民银行负责制定和组织实施的资金支持政策力度最大，并且建立了农村信用社改革成效与资金支持挂钩的正向激励机制，对促进实现农村信用社改革目标发挥了重要的主导作用。

（一）强调分类激励，细化激励对象，促进全面参与改革，提高激励效率。资金支持政策不仅设置专项票据和专项借款两种资金支持方式，而且结合农村商业银行、农村合作银行、县（市）统一法人农村信用社、县、乡两级法人体制农村信用社等组织形式，分别提出专项票据发行和兑付标准，实质上是将农村信用社分为五类，分类予以激励，有利于农村信用社结合自身经营财务状况和管理水平，选择合适的资金支持方式和组织形式，以细化激励对象，使农村信用社广泛参与改革，从而增强全面参与改革的积极性，提高政策激励效率，避免了单一激励政策所产生的“一刀切”问题，具体表现为：一是部分经营财务状况较差的农村信用社因难以达到单一激励政策考核标准而缺乏参与改革的积极性。即使部分经营状况较差的农村信用社参与了改革，但为了达到单一激励政策考核标准获得资金支持而弄虚作假，最终也将影响改革目标的真正实现。二是部分经营财务状况较好的农村信用社通过较少努力就可轻易达到单一激励政策考核标准，没有充分调动其深化改革的积极性，未能有效提高改革效率。

（二）强调持续、全面激励，促进真正实现改革目标。一是坚持持续激励。资金支持政策分别设置专项票据的发行、兑付标准，而且兑付标准高于发行标准，推动农村信用社经过改革达到专项票据发行条件，获得专项票据发行后仍需持续加大深化改革力度，达到专项票据兑付标准，再上新台阶，促进持续深化改革，以实现改革目标。同时，获得专项票据发行兑付后，继续实施按季动态监测考核、专项票据兑付后续监测考核，对考核发现的问题，督促及时整改到位，又进一步强化了持续激励。通过持续激励，使农村信用社初期所建立的商业化可持续发展机制逐步固化，以“弄假成真”方式推动真正实现改革目标。二是坚持全面激励。按照改革目标要求，专项票据发行、兑付考核要对农村信用社改革成效实施全面考核，重点考核增资扩股的真实合规性，促进真正明晰产权关系；推动“三会一层”法人治理组织架构的建立及有效运行，建立商业化可持续发展机制；内控制度的建立及实施情况，特别是贷款风险防控制度、成本费用控制制度、劳动用工制度等，督促全面加强内部管理；地方政府各项扶持政策落实到位，以及省级联社履行行业管理情况，为农村信用社改革发展创造良好的环境。通过对农村信用社改革成效的全面、全方位考核，促进改革目标的真正全面实现。

（三）强调推动逐步深化改革，实施正向激励机制。鉴于改革的艰巨性、复杂性，大部分农村信用社难以短期内真正全面实现改革目标，资金支持政策提出按照由易到难、循序渐进的原则，推动农村信用社通过加强内部管理、强化信息披露、完善法人治理结构的“三步走”战略，逐步实现改革目标。同时，资金支持政策强调农村信用社改革成效与资金支持挂钩，农村信用社达到专项票据发行、兑付考核标准的时间越短，获得专项票据发行、兑付的速度将越快，以体现正向激励。正向激励机制的实施将激发农村信用社增强深化改革的积极性，推动加快实现改革目标。

第四节　改革面临的问题

以前文所述的农村信用社改革的主要内容和目标为标准，结合当前农村信用社改革发展现状，分析进一步深化改革面临的问题。

一、股东主体是农民，法人治理仍呈现严重的内部人控制特征

（一）股东主体是农民，股金的真实性差。按照有关规定，农村信用社是社区性地方金融机构，因而改革初期的政策设计，要求增资扩股只能在其所开展经营活动的行政区域内进行，受农村信用社服务对象和范围的限制，增资扩股的地域范围更多地局限于县域和农村地区。当前，我国农村经济组织形式的主体是家庭联产承包责任制，农民是县域和农村地区的主要生产者和经营者，必然是增资扩股的主体。以家庭为单位的生产组织经营规模小、资金实力弱，决定了单个农民的入股金额小，为了完成增资扩股任务，往往需要吸收县域内的广大农民入股，使股东人数达到十几万人之多，从而导致股权高度分散。同时，改革初期，农村信用社的经营财务状况普遍较差，亏损金额大，历史包袱沉重，缺乏对农民入股的吸引力，部分农村信用社为了完成增资扩股任务，往往以存款化股金、贷款化股金方式吸收股金，导致股金的真实合规性差，入股的广大农民并不是真正意义的股东，农村信用社“为谁所有”的问题并未得到较好解决。

（二）法人治理有形无神，内部人控制仍然十分严重。农村信用社股东主体是农民，股权高度分散的现状，一方面造成作为股东的农民缺乏行使股东权力的积极性，另一方面作为股东的农民文化程度低、参与农村信用社经营管理的能力差，造成广大农民股东缺乏行使股东权力的能力。另外，股金的真实合规性差，部分股东并非真正意义上的股东，又导致股东参与农村信用社经营管理的积极性进一步弱化。因此，虽然农村信用社基本建立了“三会一层”的法人治理组织架构，并明确了各自运行规则和激励约束机制，但由于作为股东主体的农民缺乏行使股东权力的积极性和能力，导致“三会一层”的法人治理组织架构的运行徒有形式。农村信用社法人治理结构运行中的上述问题，使作为内部人的主要高级管理人员控制了农村信用社的经营管理活动，从而使法人治理结构呈现严重的内部人控制特征，而且与改革前相比，程度并未有所减弱。

（三）产权制度和组织形式改革呈现“一刀切”倾向。虽然改革前期，通过赋予农村信用社产权制度和组织形式的自主选择权，在一定程度上实现了产权制度的多元化和组织形式的多样化，但2012年以来，中国银监会提出，要加快农村信用社的股份制改造，明确在3～5年内逐步将资格股转为投资股，与之相适应提出组织形式的改革方向是组建农村商业银行。上述政策指导在实践中更多表现为行政推动，制定明确的改制时间表和机构数量规划，而且层层加码，愈演愈烈，严重违背了农村信用社改革要坚持因地制宜、分类指导的原则，没有充分考虑我国地区经济社会发展的不平衡和农村信用社经营管理水平的差异，在一定程度上脱离了农村信用社改革发展的自身规律，拔苗助长的色彩十分浓厚。

二、省级联社履职行政化色彩浓厚，农村信用社基本成为其分支机构

（一）省级联社对农村信用社实行行政管理。一是行政任命主要高级管理人员。在实践中表现为，省级联社按照处级、科级干部的选拔标准和组织程序，对拟任农村信用社主要高级管理人员进行考核合格后，推荐给农村信用社的“三会”，由其以等额投票方式，选举产生主要高级管理人员。这说明农村信用社“三会”的选举选聘仅仅成为主要高级管理人员产生的法律工具，主要高级管理人员实质上由省级联社行政任命产生。二是行政干预日常经营活动。省级联社名义上对农村信用社的贷款业务、费用支出等经营活动进行咨询指导，实质上借着咨询指导干预其具体经营活动，因为如果省级联社的咨询建议结果是不予通过，农村信用社就要按照其意见停止办理相关经营业务等。

省级联社对农村信用社的行政管理导源于以下几方面的原因：一是省级政府谋求借助农村信用社拥有的金融资源促进地方经济发展。目前，省级政府的利益目标日渐明晰，提高GDP在全国的排名成为其追求的重要目标，在“弱财政、强金融”格局下，利用农村信用社的金融资源就成为促进地方经济发展的重要措施。与依法管理相比，行政管理调动农村信用社

金融资源的作用更显著，而且在管理方式、手段上貌似依法管理，易于借助依法管理之名，实施行政管理。上述因素的共同作用，导致作为省级政府管理农村信用社平台的省级联社为实现省级政府的经济目标，更易于对农村信用社实施行政管理，而且所实施的行政管理在一定程度上也得到了省级政府的默许，从而背离了有关政策所规定的省级政府对农村信用社实施依法管理的方向。二是省级联社延续了省级政府对其采取的管理方法。按照有关规定，省级联社是辖内农村信用社自愿入股组建的合作制地方法人金融机构，主要职能是向农村信用社提供公共服务，省级联社的主要高级管理人员理应由农村信用社选举产生，但是农村信用社的选举仅仅成为法律程序，因为省级政府按照厅级干部的选拔标准和组织程序确定省级联社主要高级管理人员后，推荐给农村信用社以等额投票方式选举选聘，因而实质上省级政府对省级联社实施的是行政管理。省级政府在缺乏产权基础条件下对省级联社行政管理的方式，必然延续到省级联社对农村信用社的管理。因为省级联社与农村信用社之间也缺乏产权联结纽带，省级联社并不是农村信用社的股东。相反，农村信用社是省级联社的股东，省级联社对农村信用社的管理形成了“仆人”选聘“主人”的逆向法人治理。三是农村信用社的经营管理水平较低，自我管理能力较弱。依法管理是引导式管理，要求管理对象具有较高的自我管理水平，具有较强的自律能力，因而是建立在农村信用社具有较高自我管理水平基础上的。行政管理是强制式管理，通过外在干预促使管理对象逐步改善经营管理，因而适用于自我管理水平较低的农村信用社。改革初期，绝大多数农村信用社经营粗放、管理薄弱，省级联社对其实施行政管理，符合当时农村信用社经营管理水平状况，有利于推动农村信用社改革发展。但需要注意的是，经过10余年的改革发展，农村信用社的自我管理能力普遍有了较大幅度的提高，省级联社就应该适应形势的变化，逐渐淡出行政管理，进一步强化服务职能。特别是对于已经改制为农村商业银行的农村信用社，更应该大幅减少直接干预，按照市场化方式实施管理，促进其尽快成长为真正的市场主体。

（二）省级联社对农村信用社实施隐性金融监管并由此强化了行政管

理。从前文所述的改革主要内容分析，省级政府要全面承担农村信用社金融风险处置责任，就应拥有金融监管职权，以动态掌握农村信用社金融风险变化情况，便于及时处置金融风险，降低处置成本。但按照有关政策规定，中央政府授权中国银监会履行农村信用社金融监管职能。这样的职能配置，造成省级政府有责无权，难以及时、动态、真实、准确地获得农村信用社金融风险信息。具体原因：一是中国银监会履行对农村信用社金融监管职能时，存在有权无责的问题，导致履职动力不足，金融监管效率不高，难以准确掌握农村信用社金融风险信息。二是金融风险信息传递渠道不畅。实践中，具体负责实施金融监管的是中国银监会省级局，与其沟通农村信用社金融风险信息的是省级联社，省级联社是地方法人金融机构，也是中国银监会省级局的金融监管对象，两者之间的地位不平等，直接影响省级联社及时准确从中国银监会省级局获得农村信用社金融风险信息。省级联社是省级政府管理农村信用社的平台，协助省级政府处置农村信用社的金融风险。为了降低金融风险处置责任和成本，省级政府通过考核督促省级联社发挥好管理平台作用。正是基于上述因素的共同作用，省级联社也对农村信用社实施全面的金融监管，相对于中国银监会省级局正规合法的金融监管而言，省级联社的金融监管可以称之为隐性金融监管。省级联社的金融监管不仅保证了及时准确地获得农村信用社的金融风险信息，而且还掌握了其具体的经营活动，发现了经营管理中存在的问题，又为进一步行政干预农村信用社提供了依据和理由，从而强化了省级联社对农村信用社的行政管理。同时，也应看到，省级联社的隐性金融监管与中国银监会省级局的金融监管存在着诸多雷同，不仅导致金融监管资源浪费，而且造成重复监管，增加农村信用社接受金融监管的成本。

（三）三种职能集中于省级联社，导致管理体制向改革前复归。按照前文分析，新型农村信用社管理体制的框架是，省级政府履行依法管理职能，承担金融风险处置责任，并委托省级联社履行行业管理职能，同时中国银监会履行金融监管职能。但从实际运行效果看，省级联社对农村信用社实施行政管理和隐性金融监管，同时履行行业管理职能，因而，实际上形成了在省级政府统一领导下，由省级联社全面履行对农村信用社的行政管理职能、金融监管职能、行业管理职能的监督管理格局，省级联社成为了农村信用社实际的管理主体。改革前，对农村信用社的依法管理职能、金融监管职能和行业管理职能由中央政府全面统一履行，中央政府是农村信用社的管理主体。上述分析说明，改革前后的差异仅在于管理主体不同，改革前是中央政府，改革后是省级政府，事实上是省级联社，相同的是上述三种职能均由同一主体履行。鉴于三种职能的履职目标、履职方式、手段存在差异，由同一主体履行上述职能，将会造成履职目标、方式、手段的冲突和矛盾，导致履职主体顾此失彼，难以有效实现履职目标，而且也缺乏履职主体间的制衡机制，造成履职主体履职行为不规范，最终导致履职效率低下，不利于实现农村信用社改革目标。从这一角度分析，可以说改革后的农村信用社管理体制已向改革前复归，改革并未取得实质性进展，省级政府对农村信用社的管理呈现典型的政企不分特征。

（四）省级联社成为独立的利益主体，提高农村信用社法人层级的动机强烈。目前，由于省级联社因对农村信用社实施行政管理，背离了将农村信用社改革成为真正市场主体的方向，而备受社会各界质疑，部分观点认为省级联社是农村信用社改革中的过渡性机构，导致省级联社的去留与否存有相当大悬念，直接威胁到省级联社工作人员的工作稳定性，特别是主要高级管理人员的职级、职位；部分观点认为应剥离省级联社承担的隐性金融监管职能、行政管理职能，由省级联社专职履行行业管理职能，这将会直接削弱省级联社权力，也必然会影响其利益。面对上述问题，省级联社维护自身利益的有效方式，就是做实做大做强，最好的措施就是建立以省（自治区、直辖市）为单位的统一法人，使自己成为农村信用社的总行，从而直接解决对农村信用社实施行政管理缺乏产权基础的问题，或者将省级联社改制为农村商业银行，并由其控股农村信用社，通过发挥控股股东作用，以间接方式构建实施行政管理的产权基础。以上述方式改革省级联社，实质上是将农村信用社以县（市）为法人提升为以省（自治区、直辖市）为法人，在有效维护省级联社利益的同时，增强了农村信用社抗击金融风险的能力，也减轻了省级政府承担的金融风险处置责任。基于上述原因，由于部分省级联社的游说，上述改革思路也得到了部分省级政府的认可，形成了自下而上要求按照上述思路改革省级联社的巨大压力。

笔者认为，上述改革思路背离了农村信用社的改革目标——增强农村金融服务功能。当前，我国农村金融需求呈现小额分散的特征，需要小型金融机构为其服务。以县（市）为法人单位的农村信用社规模比较小、决策链条短，能够发挥其人缘、地缘、血缘优势，利用其网点优势，贴近农民开展金融服务，有利于改善农村金融服务。若按照上述思路改革省级联社，将会延长农村信用社开展农村金融服务的决策链条，经营决策重心上移，由于作为总行的省级联社与广大农民的距离较远，难以及时充分了解农村金融需求的新变化，而且开展大额非农贷款，也将会导致农村资金外流，最终造成农村金融服务进一步弱化。正是基于上述原因，省级联社改革的上述思路受到了较大阻碍，但随之又出现了一种新的现象，部分省份开始组建以地（市）为单位的农村商业银行。笔者认为，这种改革思路与省级联社改革思路在本质上都是提高农村信用社法人层级，最终结果也是会弱化农村金融服务，需要高度关注。

三、金融风险处置责任虚置，金融管理权责不对称

按照新型农村信用社管理体制的要求，省级政府应全面承担农村信用社的金融风险处置责任，因而应建立金融风险处置基金，形成稳定的资金来源，以便能够及时有效处置金融风险，降低处置成本，减轻处置责任。但从目前的实践看，省级政府基本未建立农村信用社金融风险处置基金，这易于形成依赖于中央银行临时资金支持处置金融风险的格局，导致金融风险处置责任虚置，并转嫁中央政府。金融风险具有传染速度快、危害性大的特点，一旦金融风险爆发，无论是省级政府还是中央政府均想尽快予以处置，但这需要在短期内筹措大量资金。在省级政府未建立金融风险处置基金的情况下，按照现行政策规定，获得大量处置金融风险资金最为有效的途径就是取得中央银行的资金支持，而中央银行迫于金融风险的危害

性，担心其演变为系统性金融风险也会倾向于对省级政府给予资金支持，这样就易于使中央银行对省级政府处置金融风险的临时资金支持演变为省级政府常规、稳定的资金来源。其后果：一是省级政府承担的金融风险处置责任虚置。由于可以从中央银行获得处置金融风险的资金支持，导致省级政府缺乏建立金融风险处置基金的积极性，而且省级政府借助金融风险的传染性胁迫中央银行给予资金支持后，又以各种理由予以拖延甚至请求中央政府减免，从而将农村信用社金融风险处置责任转嫁给中央政府（中央银行），造成省级政府承担的金融风险处置责任虚置。许多实践案例已经证明了省级政府将处置金融风险责任转嫁中央政府是客观事实，特别是经济欠发达的省份，以财政收入多用于工资性的刚性财政支出难以压缩，缺乏偿还资金为由，胁迫中央政府减免借款资金。二是省级政府承担的农村信用社管理职权缺乏责任约束，造成权责不对称。有关政策规定，省级政府全面承担农村信用社的管理和金融风险处置责任，其中的管理职权与金融风险处置责任是对称的，通过金融风险处置责任对行使管理职权形成约束，体现了权责对称原则。但按照前文分析，目前省级政府承担的农村信用社金融风险处置责任是虚置的，从而使省级政府在拥有对农村信用社金融管理职权的同时，缺乏承担金融风险处置责任的约束，造成了有权无责，其危害是巨大的。具体表现为，在目前“弱财政、强金融”的格局下，省级政府因为缺乏金融风险处置责任约束，就会易于借助对农村信用社的管理职权干预其经营管理活动，强制农村信用社运用所拥有的金融资源支持地方经济发展，而较少关注其中隐含的金融风险，从而易于造成农村信用社金融风险高发，严重影响金融稳定。因为，由于省级政府能够将金融风险处置责任转嫁中央政府，省级政府就不会过于关注农村信用社的金融风险，更多关心如何利用其金融资源推动地方经济发展。

四、金融创新动力不足，贷款难、贷款贵问题仍较为突出

从实践看，近年来，农村信用社的金融创新力度不断加大，金融产品

种类明显增多，金融服务有所改善，但主要仍是采取抵押、担保方式发放贷款，说明农村信用社金融创新动力仍然不足，没有充分运用其地缘、血缘、人缘的独特优势，加大对农户的信用甄别，筛选出信用等级较高的农户发放信用贷款，导致农民贷款难问题依然严重，因为农民贷款的抵押品缺乏，不符合抵押贷款条件，造成对信用贷款的大量需求无法有效满足。同时，贷款利率较高，绝大部分贷款利率是在贷款基准利率基础上上浮60%～80%，甚至部分贷款的利率上浮到顶，贷款利率远高于其他农村金融机构。笔者认为，造成上述问题的主要原因是，农村信用社的市场份额高，垄断色彩浓厚，一方面导致其能够获得较大的垄断利润，生存压力较小，创新金融产品，特别是发放信用贷款的动力不足；另一方面造成在贷款定价中处于优势地位，从而拉高了贷款利率水平。

第五节　进一步深化改革的方向

按照农村信用社改革的总体要求和目标，结合上述分析的当前改革发展中存在的问题，笔者认为，进一步深化农村信用社改革应重点解决好以下几方面问题。

一、坚持股份制为主导的改革方向，积极引进战略投资者

（一）坚持股份制为主导的改革方向，尊重农村信用社的自主选择。目前，有一种观点认为，农村信用社改革的最终目标是增强农村金融服务功能，服务的对象是广大的农民，就应该按照合作制的要求，改革农村信用社的产权关系，坚持民主管理，发挥农民股东在法人治理结构运行中的主导作用，以促使农村信用社将经营目标定位于改善农村金融服务，更好地实现改革目标。笔者认为，上述观点没有充分考虑农民股东的经济实力和参与农村信用社经营管理的能力，由于在实践中组建的是以县（市）为单位的统一法人，脱离了合作制企业的小规模特征，单个法人农村信用社的

股东人数达十几万之众，股东主体是农民，股权高度分散，必然导致农民股东缺乏行使股东权力的积极性和能力，法人治理呈现典型的内部人控制特征，背离合作制企业法人治理的民主管理方式和互助互惠目标。同时，从本轮农村信用社产权制度改革政策分析，当时也设计了股份制、股份合作制、合作制的产权制度，由农村信用社自主选择，但从实践看，绝大多数农村信用社选择了股份合作制，设置了资格股和投资股，法人治理结构也正如前文所分析的，呈现投资股股东主导的格局，股份制的色彩十分明显。而且，从国际合作制发展趋势看，合作制也呈现由“一人一票”式的民主管理走向按照社员入股金额确定投票权的股份制式决策和管理方式，并且由古典合作制强调的为社员服务转向商业化经营。综合上述分析，笔者认为，我国农村信用社改革应坚持股份制为主导的方向，但考虑到我国区域经济发展不平衡、农村信用社经营管理能力差异大，可赋予农村信用社产权制度改革的自主选择权，但对选择股份合作制、合作制的农村信用社要严格规范，促进发展。

目前，还有一种观点认为，按照股份制将农村信用社改制为农村商业银行，将会偏离改善农村金融服务的目标，不符合农村信用社改革方向。笔者认为，农村信用社改制为农村商业银行后，经营范围仍然在县域和农村，开展农村金融服务仍然是其比较优势，而且农村商业银行只有坚持商业化经营，才能不断发展壮大，才能确保开展农村金融服务的能力和实力不断增长，因而农村商业银行的商业化经营目标与改善农村金融服务目标是有机统一的。如果为了改善农村金融服务，一味强调不顾成本、不顾亏损地开展金融服务，将本应该由政策性金融承担的业务转由商业性金融承担，必然难以保证农村商业银行的商业可持续，将会导致其萎缩，由此将造成所开展的金融服务呈现逐步衰减态势，最终将不利于实现改善农村金融服务的改革目标。对于难以实现商业化可持续发展的农村金融服务项目，应纳入政策性金融的服务对象和范围，在财政政策等政策的支持下实现可持续发展。

（二）推动积极引进战略投资者，加快健全商业化可持续发展机制。受我国当前农村经济社会发展水平和农民经济实力的影响，即使大力推进农村信用社的股份制改造，在短期内也难以改变股东主体是农民，股权高度分散，法人治理结构有形无神的状况。因此，要积极推动农村信用社引进战略投资者，提高战略投资者的持股比例，进一步优化股权结构，提高股权集中度，发挥战略投资者在法人治理结构运行中的主导作用，健全决策、执行、监督相制衡、激励与约束相结合的经营机制，促进农村信用社实现商业化可持续发展。

引进战略投资者要注意以下问题：一是注重引进民营资本战略投资者，特别是具有较高经营管理能力和战略发展眼光的民营资本，切实发挥其在法人治理结构运行中的主导作用，有效解决农村信用社“为谁所有”“由谁管理”“为谁负责”的问题，要坚决防止地方财政性资金入股、杜绝地方国有企业资本入股，防范地方政府借助股权干预农村信用社的经营活动，造成政企不分格局。二是优先鼓励经营财务状况较好的农村信用社引进战略投资者。目前，虽然经过改革，农村信用社经营财务状况比改革之初有了较大幅度的提高，但仍然是我国金融领域最为薄弱的环节，如果全面开放引进战略投资者，可能会导致个别地区将引进战略投资者作为化解经营财务状况较差农村信用社历史包袱的手段而偏离引进战略投资者的目标，引进质量较差的战略投资者，不能真正发挥战略投资者促进实现改革目标的作用。三是将引进战略投资者和化解历史包袱有机结合。从当前改革实践看，农村信用社的发展前景光明，经营财务状况较好的农村信用社对战略投资者具有较强的吸引力，可借助引进战略投资者的有利时机，采取竞价溢价方式吸收股金，以取得最高的股金发行价格，并将溢价部分用于购买不良资产等，以有效化解历史包袱。四是处理好引进战略投资者与省级联社淡出行政管理的关系。引进战略投资者后，战略投资者将在法人治理结构运行中发挥主导作用，农村信用社的法人主体地位将显著提高，自我发展管理能力明显提升，这将在一定程度上要求省级联社改进对其的管理方式，重点放在为其改革发展创造良好市场环境。这说明，引进战略投资者后，农村信用社将会在一定程度上脱离省级联社的行政管理，削弱省级联社的行政权力，从而会使引进战略投资者工作受到省级联社的阻碍，因为目前省级联社是农村信用社引进战略投资者的重要决策主体，对此应予以高度重视。综合上述分析，笔者认为，应强调省级联社对农村信用社实施分类管理，对自我管理能力较强的农村信用社，特别是引进战略投资者的农村信用社要逐步淡出行政管理，同时，要采取有效措施，消除省级联社对农村信用社引进战略投资者的干预与阻碍。

二、将农村信用社的管理全面交由省级政府负责，构建职责分工明确、相互合作的监督管理组织架构

前文分析表明，中央政府虽然将农村信用社的管理交由省级政府负责，并明确省级政府全面承担其金融风险处置责任，但并未将农村信用社的金融监管职能予以下放而是由中国银监会履行，从而使省级政府仅获得了对农村信用社的部分管理权，缺乏及时动态掌握农村信用社金融风险信息的手段，却要全面承担金融风险处置责任，造成了权责不对称，从而导致了省级联社成为事实上的农村信用社管理主体，同时履行行政管理职能、隐性金融监管职能、行业管理职能，造成管理体制向改革前复归。因此，进一步深化农村信用社管理体制改革，应强调将农村信用社的管理全面交由省级政府负责，使省级政府获得农村信用社的金融监管权，能够动态掌握金融风险信息，构建权责对称的管理体制，并在省级政府统一领导下，建构分工合理、权责明晰的组织架构，分别履行对农村信用社的依法管理职能、金融监管职能、行业管理职能，形成相互合作、相互制衡、高效运行的农村信用社新型管理体制。

（一）建构分工合理、权责清晰的金融管理组织架构。一是省级金融办公室履行依法管理职能。从目前的改革实践看，省级政府基本都组建了省级金融办公室，并赋予其沟通协调职能，对促进辖内金融发展发挥了积极作用。按照上述改革思路，并结合当前省级金融办公室履职情况，笔者认为，应进一步完善省级金融办公室职能，赋予对农村信用社的依法管理职能，主要任务是：督促农村信用社认真执行国家的金融法规、方针政策，

指导其依法合规开展经营活动；结合当地经济发展规划和产业布局，制定辖内金融业发展规划和地方性金融法规，坚持政企分开原则，指导农村信用社积极开展农村金融服务，促进地方经济发展；协调、组织有关部门，帮助农村信用社开展清收旧贷、打击逃废债、构建信用体系等活动，维护地方金融稳定，为其改革发展创造良好的金融生态环境。

二是省级金融监管局履行金融监管职能。按照上述思路改革后，省级政府将获得对农村信用社的金融监管权，应组建隶属于自己的金融监管局，从事对农村信用社的市场准入、日常监管和市场退出等金融监管工作，促进合规经营，动态掌握其金融风险信息。具体设想为：将目前中国银监会省级局中履行对农村信用社金融监管职能的人员直接划归新成立的省级金融监管局，继续从事农村信用社监管，不仅有利于保持农村信用社金融监管工作的连续性和监管质量不降低，而且充分利用了原有监管资源，合理安排了相关人员，保持了监管人员的稳定性。另外，也可考虑将省级联社负责对农村信用社隐性金融监管的相关人员划归省级金融监管局。需要强调的是，为了保证金融监管的质量和效率、监管规则的统一，省级金融监管局应在金融监管业务方面接受中国银监会的指导。省级金融监管局成立后，中国银监会农村信用社监管部门的主要职责就是加强对省级金融监管局的业务指导与咨询，不再代表中央政府履行对全国农村信用社的金融监管职能。

三是将省级联社改制为金融服务公司履行行业管理职能。按照上述思路改革后，省级联社目前所承担的对农村信用社行政管理职能、隐性金融监管职能将被剥离，专职履行对农村信用社的行业管理职能，可考虑将省联社改制为金融服务公司。主要任务是向农村信用社提供公共服务，进一步完善资金结算、清算系统，指导建章立制，发挥利益代言人作用等。改制为金融服务公司的省级联社作为履行行业管理职能的法人机构，与农村信用社是平等的市场主体关系，可以采取市场化方式为其提供多种服务，而且也可按照市场化原则向辖内其他由省级政府管理的金融机构或类金融机构提供公共金融服务。

（二）履职机构相互合作，共同创造良好发展环境。一是形成各部门分工协作，共同营造良好发展环境的格局。构建省级金融办公室、省级金融监管局、省级金融服务公司依次履行依法管理职能、金融监管职能、行业管理职能的管理体制后，将有利于避免前文所述由省级联社同时履行上述三种职能所产生的因履职目标、方式、手段相冲突导致的履职低效甚至无效问题，能够形成职责明晰、各负其责、相互合作的履职格局，促使每个履职机构充分发挥作用，提高履职效率，形成履职合力，为农村信用社改革发展共同创造良好环境。二是省级联社淡出行政管理，增强农村信用社法人的独立性。按照上述思路改革后，省级联社改制为金融服务公司，履行的行政管理职能、隐性金融监管职能将被予以剥离，由省级金融办公室、省级银监局分别承担，省级联社专职履行行业管理职能，为农村信用社改革发展提供公共服务，丧失了行政干预农村信用社经营管理活动的手段和条件，有利于实现省级联社淡出行政管理的目标，推动农村信用社逐步成长为真正的市场主体。三是有利于农村信用社经营管理重心下沉，增强农村金融服务功能。省级联社淡出对农村信用社的行政管理后，将会逐渐丧失提高农村信用社法人层级的动力、手段，这有利于农村信用社保持县（市）法人地位的总体稳定，缩短经营决策链条，将经营管理活动的重心下沉，发挥其人缘、地缘、血缘优势，结合农村金融需求的新变化，不断创新农村金融服务产品，改善农村金融服务。

三、加快建立金融风险处置基金，将省级政府承担的农村信用社金融风险处置责任落到实处

前文分析表明，省级政府承担的金融风险处置责任虚置，是因为处置农村信用社金融风险缺乏稳定的资金来源。为此，笔者认为，强化省级政府承担的金融风险处置责任的有效方法是，建立以省级政府为出资主体的金融风险处置基金。具体作用表现为：一是省级政府切实承担金融风险处置责任，有效避免了前文分析的省级政府将农村信用社金融风险处置责任转嫁中央政府的问题，通过出资责任约束省级政府正确行使对农村信用社

的管理职能，构建权责对称的管理体制。二是省级政府能够及时、有效地控制金融风险，防止其蔓延传染造成更大的经济损失，降低处置金融风险的成本。金融风险呈现传染速度快、危害大的特点，如果省级政府未建立稳定的处置资金，一旦金融风险发生，才开始筹措处置资金就容易延误处置的最佳时机，导致处置金融风险的高成本，甚至使局部的、区域性金融风险转变为全局性、系统性金融风险，招致更大的损失。因此，建立金融风险处置基金有利于及时防控金融风险，降低省级政府承担的处置成本，减轻处置责任，必然会得到省级政府的大力支持和积极推动。

（一）金融风险处置基金的资金来源。农村信用社金融风险的产生、演变与发展既与省级政府未正确履行管理职责有关，也导源于农村信用社经营管理的不规范。因此，农村信用社金融风险处置基金应由省级政府和农村信用社共同出资建立。在充分评估农村信用社金融风险的基础上，合理确定金融风险处置基金的资金规模，以有效覆盖农村信用社金融风险，具体可以拨备覆盖率达到100%为原则确定。考虑到有关政策规定省级政府全面承担农村信用社的金融风险处置责任，因而省级政府应成为金融风险处置基金的出资主体。省级政府和农村信用社分别承担的具体出资比例应结合辖内农村信用社的经营财务状况合理规划，确定为7:3或6:4，农村信用社总体经营财务状况越好，经营实力越强，承担的出资比例可以越低。

省级政府应承担的金融风险处置资金可以按照中央财政对省级政府财政的转移支付或税收返还的增量的一定比例扣划。因为增量部分尚未纳入省级政府正常的财政收入预算，未作为常规的财政支出资金来源，从其中扣划不会影响到省级政府正常的财政支出活动，既有利于减轻省级政府的财政支出压力，也能够筹措到足额的金融风险处置资金。具体扣划比例可结合辖内农村信用社金融风险程度和省级政府的财政支出能力共同确定，金融风险较大，扣划的年份较短，扣划的比例就应该越高。

农村信用社应承担的金融风险处置资金可以按照其所有者权益科目项下一般风险准备金的一定比例扣划。一般风险准备金是利润分配的结果，是农村信用社处理金融风险的重要资金来源。选择将一般风险准备金作为金融风险处置基金的资金来源而不是贷款损失准备金，是因为贷款损失准备金是经营成本的组成部分，若以贷款损失准备金作为资金来源，将提高农村信用社的经营成本。单个农村信用社承担的金融风险处置基金出资额度应根据其金融风险程度确定，以建立正向激励机制，即金融风险越高的农村信用社，承担的出资额度应该越大，从而推动农村信用社努力提高金融风险管控水平，降低金融风险。

（二）金融风险处置基金的管理及保值增值。金融风险处置基金是预防性资金，平时多处于闲置状态，一旦发生金融风险就需要立即投入使用。因此，金融风险处置基金的管理要坚持快速足额调动，及时投入使用的原则。如果建立的金融风险处置基金由省级政府管理，因为省级财政支出压力较大或其他方面的特殊情况，可能会导致其将平时闲置的应急性金融风险处置基金挪作他用，而金融风险发生后却难以及时筹措资金的问题，不利于防范农村信用社金融风险，危害金融稳定。中国人民银行履行维护金融稳定的职责，帮助省级政府及时有效地处置农村信用社金融风险也属于其职责范围，因此，可将省级政府建立的金融风险处置基金交由中国人民银行代为管理，有利于确保处置基金资金的稳定性，以及在需要时及时足额到位。

中国人民银行可按照省级政府意愿，将代为管理的金融风险处置基金投资购买有价证券，以实现其保值增值，但为了保证金融风险处置基金能够及时快速调动，应主要投资于国债等高流动性的有价证券，以保证处置金融风险需要资金时，所购买的有价证券能够快速变现，及时用于金融风险处置。

（三）金融风险处置基金的退出。建立以省级政府为出资主体的农村信用社金融风险处置基金，是省级政府作为农村信用社管理主体，全面承担其金融风险处置责任的本质要求。随着我国金融改革的深化，将会逐步建立健全存款保险制度，农村信用社也将被纳入存款保险范围，以存款保险的方式筹措处置农村信用社金融风险的资金，而且存款保险公司也将参与农村信用社金融风险的处置，成为重要的金融风险处置主体，金融风险处置基金的历史使命也就逐步完成而退出历史舞台，省级政府也将不再对处置农村信用社金融风险所需的资金承担责任。上述分析说明，农村信用社加入存款保险制度后，已经建立的金融风险处置基金将面临退出的问题。笔者认为，金融风险处置基金可按以下方式退出：一是可将处置基金中省级政府出资的部分改变用途，用于建立农村信用社改革发展基金，支持进一步深化改革，特别是鼓励其创新农村金融产品和提高信息化、电子化水平，提升农村金融服务水平，增强可持续发展能力。或者将省级政府出资部分用于帮助农村信用社缴纳存款保险资金，以减轻其在此方面的财务压力。主要理由是，虽然农村信用社加入了存款保险制度，但省级政府仍然是农村信用社的管理主体，对其改革发展负责，而且农村信用社是社区性地方金融机构，为地方经济发展服务，因此省级政府有责任支持农村信用社改革发展，将处置基金中自己的出资部分用于推动农村信用社深化改革也应是其职责所在和利益驱动。二是将处置基金中的农村信用社出资部分直接转为其缴纳的存款保险资金，不足部分按有关规定予以补足，以减轻其缴纳存款保险资金所带来的财务压力。

我国存款保险制度已于 2015 年 5 月 1 日正式开始运行，农村信用社被纳入存款保险范围，所建立的农村信用社金融风险处置基金理应按照前文所述方式退出，但由于农村信用社属于地方法人金融机构，按照本书第六章提出的地方金融管理体制构想，省级政府将作为农村信用社管理主体，因此所建立的金融风险处置基金应予以延续，笔者更赞成此种做法。

四、构建适度竞争的农村金融市场，促进提升农村金融服务水平

（一）完善农村金融机构的市场准入和退出机制，增强市场竞争压力。适度放宽农村金融市场准入标准，按照投资主体多元化的原则，鼓励国内外各类社会资本通过入股、重组、兼并等方式进入农村金融市场，构建真正的农村金融竞争主体，尽快打破农村信用社的市场垄断，营造适度竞争的市场环境，发挥市场竞争对改善农村金融服务的推动作用。同时，建立健全对农村信用社的金融风险评价和预警机制，及时准确掌握其金融风险

变化情况，根据农村信用社金融风险程度，对其采取逐步升级的校正措施，直至实施市场退出，充分发挥市场的优胜劣汰功能。当然，在推动建立农村信用社市场退出机制的同时，要采取引入新型农村金融机构等有效措施，防止出现金融服务空白点，处理好市场退出与确保当地农村金融服务水平不降低问题。通过上述措施，增强农村金融市场的竞争压力，促进农村信用社改善经营管理，降低贷款利率水平，有效解决农民贷款贵的问题。

需要高度关注的是，目前各地大力发展农村金融机构的积极性十分高涨，虽然有助于尽快提升农村金融市场的竞争程度，打破农村信用社的市场垄断格局，促使其不断创新金融产品，更好满足农村金融服务需求，但是也需要高度警惕因农村金融机构过快发展，机构数量、服务能力超过当地金融的承载力，形成机构间的恶性竞争，甚至威胁到机构生存问题，这在导致金融资源大量浪费的同时，因为机构的可持续发展能力不足，影响其开展持续的农村金融服务，最终将不利于持续提升农村金融服务水平。因此，在构建适度竞争农村金融市场的过程中，要充分考虑当地经济社会发展对金融供给的承载力，制定好农村金融发展规划，有效控制金融机构数量和业务能力的合理增长，避免盲目发展，防止造成恶性竞争。

（二）发挥市场竞争作用，促进金融创新。采取上述措施后，农村金融市场的竞争程度将显著提升，市场的优胜劣汰功能明显增强，将促使农村信用社通过创新农村金融产品在竞争中取胜，当前亟须开展的工作，就是发挥农村信用社的地缘、人缘、血缘优势，有效甄别农民的信用水平，大力开展信用贷款等，以更好地满足广大农民的贷款需求，而不是将工作重心放在发展抵押、担保、保证贷款上，因为广大农民最缺乏的就是贷款的抵押、担保物和保证人。同时，从目前实践看，农村信用社对农民开展的抵押、担保及保证贷款已经基本达到饱和，而信用贷款的供给缺口较大，将会成为其业务的新增长点和金融产品创新方向，也会成为解决农民贷款难的新突破口。

（三）推广微型信贷技术，利用现代信息技术。从目前农村金融需求的现状看，小额分散是重要特征。因此，一方面应鼓励农村信用社积极引进、创新并大力推广微型信贷技术，特别是创新微型信用贷款技术，降低涉农信贷产品的营销与管理成本，促进信用贷款发展。另一方面，通过在农村地区合理布局 ATM 机、POS 机等存取款设备，有效利用现代信息技术，提高使用信贷产品的便利性，降低使用成本。同时，建立激励与约束对称的贷款风险控制机制，提高激励程度，防止因激励不足造成贷款营销人员惜贷，以促进扩大涉农信贷投放。

第四章　中国农村信用社改革绩效评价

——基于三阶段 DEA 模型 BCC 和 Malmquist 指数分析法的实证研究

2003 年 6 月开始，新一轮农村信用社改革在全国范围内逐步展开。目前，农村信用社改革已历时十余年，取得了重要成果，但已有的研究成果多侧重于对改革绩效进行定性分析描述，笔者分别采用三阶段 DEA 模型的 BCC 分析法和 Malmquist 指数分析方法，首次对 2007 年以来的农村信用社改革绩效进行定量实证分析，以提高改革绩效评价的科学性和精准性，增强政策措施的针对性和有效性。

第一节　农村信用社改革绩效研究进展

目前，数据包络分析（Data Envelopment Analysis，DEA）模型[①]已成为评价经济主体效率最常用的模型之一，被国内外学者广泛应用于商业银行绩效评价。

一、研究进展及创新

近年来，国内部分学者开始运用 DEA 模型的 BCC 分析法和 Malmquist 指数分析法，对部分地区不同时期的农村信用社（包括农村商业银行、农

① DEA 模型是建立在相对效率理念基础上，运用数学规划理论评价具有多种投入、多种产出的决策单元效率的方法。

村合作银行，下同）可持续发展方面的改革绩效进行了定量实证分析，但笔者认为仍需要在以下几方面加以改进，这也就成为本书的创新之处。

（一）合理确定研究期间和研究样本。目前，国内部分学者运用 DEA 模型的 BCC 分析法和 Malmquist 指数分析法对部分地区不同时期的农村信用社改革绩效进行了实证研究，但由于研究期间和对象的选择缺乏科学性，使其研究结论难以全面反映农村信用社的改革绩效。例如，褚保金等运用一阶段 DEA 模型的 BCC 分析法研究了 1998—2003 年江苏省苏北地区 14 家农村信用社商业绩效。王俊芹等运用一阶段 DEA 模型的 BCC 分析法分析了 1997—2008 年河北省农村信用社商业绩效及其影响因素。谢志忠等运用一阶段 DEA 模型的 BCC 分析法论证了 2005—2009 年福建省九个地（市）农村信用社商业绩效的变化趋势。盛煜运用一阶段 DEA 模型的 Malmquist 指数分析法研究了 2009—2010 年江苏省 8 家农村商业银行商业绩效；中国人民银行宿迁市中心支行课题组运用一阶段 DEA 模型的 Malmquist 指数分析法研究了 2001—2008 年辖内 31 家农村信用社的商业绩效。笔者认为，按照我国新一轮农村信用社改革实践，选择以 2007 年作为研究起点较为合理，由于数据收集影响，笔者选择 2007—2012 年作为研究期间，并从全国范围选取研究样本，以保证研究结论能够全面、真实地反映农村信用社改革绩效。主要理由：一是 2006 年末海南省农村信用社改革正式启动，标志着农村信用社改革工作自 2007 年在全国范围内全面展开。二是中央银行的专项票据发行工作在 2007 年初基本结束，兑付考核工作全面启动，资金支持政策的“花钱买机制”功能开始深度发挥作用。三是全国农村信用社从 2007 年开始实施贷款五级分类和涉农贷款统计制度，以 2007 年为研究起点，有利于保持统计数据口径一致，研究结论年度间可比。四是按照随机抽样原则，在东、中、西部和东北地区选取县域农村信用社作为研究样本，并保持不同产权组织形式①、地区研究样本数量分布基本均衡，增强代表性。

---

① 产权组织形式包括农村商业银行、农村合作银行、农村信用社，由于农村合作银行是过渡形式，数量较少，而且经营财务状况处于两者之间，因此主要选择农村商业银行和农村信用社作为研究样本。

（二）科学选择投入指标、产出指标。投入指标、产出指标的选择是运用 DEA 模型评价商业银行绩效的前提和关键，但这方面却是国内外学者分歧最大之处。Berger，A. N. and D. B. Humphrey（1997）及 Cooper，W. W.，L. M. Seiford and J. Zhu（2004）的研究也证实了这一点。主要是因为指标的选择基于经验判断和逻辑分析，缺乏定量研究和统计验证。国内研究农村信用社商业绩效的代表性成果的投入指标、产出指标选取的巨大差异也支持了上述结论，如表 1 所示①。目前只有孙倩等运用回归方程和 t 检验等定量方法，对陕西省涉农地区农村信用社绩效评价的指标选择进行了研究。鉴于此，本书将运用计量经济模型，优选投入指标、产出指标，以消除指标选取的主观随意性，增强统计验证说服力，提高科学性。同时，表 1 也展示了所选取的指标均是绝对数。考虑到全国各地农村信用社经营财务状况差距较大，会对改革绩效评价产生不良影响，本书将所选取的研究样本投入指标、产出指标绝对数，通过求解单位资产相应额度等方法转化为相对数据，以提高绩效评价效果。

表 1　代表性研究成果中投入指标、产出指标差异的比较分析

序号	研究者	投入指标	产出指标
1	褚保金等	固定资产净值、非利息支出、可贷资金	贷款、非利息收入
2	王俊芹等	财政支农资金、存款	贷款、贷存比、农村居民人均纯收入
3	谢志忠等	在职职工人数、存款余额	营业收入、贷款
4	盛煜	固定资产净值、利息支出、营业支出	净利润
5	黄勇	固定资产净值、经营成本、职工人数	存款、贷款、营业收入
6	黄强	职工人数、固定资产净值、可贷资金	正常贷款、非信贷资产、贷款质量

（三）引入非期望产出指标分析绩效评价结果。农村信用社发放贷款的过程中，必然伴随不良贷款的产生。贷款增加得越多，越有利于促进提高改革绩效，而不良贷款的增加将会导致改革绩效下降，因而可将贷款称为期望产出，不良贷款称为非期望产出。将非期望产出作为产出指标纳入分析，更有利于分析贴近实际，提高绩效评价结果的准确性。目前，国内仅

① 可参考褚保金等、王俊芹等、谢志忠等、盛煜、黄勇、黄强等的论文。

有褚保金等研究农村信用社商业绩效时，将不良贷款作为非期望产出纳入分析。考虑到农村信用社改革的最终目标是改善农村金融服务，本书将借鉴褚保金等的做法，引入不良贷款比例、涉农不良贷款比例作为非期望产出指标，提高绩效评价的真实准确性。

（四）运用三阶段 DEA 模型评价改革绩效。目前，从笔者所能搜集到的运用 DEA 模型研究农村信用社改革绩效的文献看，采用的都是一阶段 DEA 模型。一阶段 DEA 模型的缺点是未剔除外部环境因素对绩效评价的影响，评价结果的准确性较差。我国各地经济发展水平差距大，市场化程度差异明显，农村信用社改革进程不平衡，改制、重组、兼并等尚在进行之中等，更凸显了外部环境因素对绩效评价的影响。目前，国内外学者已经大量运用三阶段 DEA 模型评价商业银行经营效率，其中第二阶段最具特色，是运用随机前沿面方法（ stochastic frontier approach ，SFA），通过消除外部环境因素影响，将不同商业银行置于统一计量分析起点，提高绩效评价的准确性。本书将借鉴上述研究成果，运用三阶段 DEA 模型开展农村信用社改革绩效评价。

从目前运用 DEA 模型研究中国农村信用社改革绩效的文献中，绝大部分学者单独运用 DEA 模型 BCC 和 Malmquist 指数分析法分析法①中的一种分析法。DEA 模型 BCC 分析法只适用于采取截面数据横向比较改革绩效，是一种静态分析法。DEA 模型 Malmquist 指数分析法运用的是面板数据，并辅以距离函数的概念，能够对改革绩效进行纵向比较分析，是动态分析法，克服了上述不足，具体表现为对反映改革绩效的全要素生产率指数进行动态比较分析，而且能够对全要素生产率指数进一步分解，分析影响其变动的深层次原因。鉴于此，笔者同时运用 DEA 模型的 BCC 和 Malmquist 指数分析法研究农村信用社改革绩效，特别是运用 DEA 模型的 Malmquist 指数分析法描述农村信用社改革绩效的动态变化，提高农村信用社改革绩效评价的准确性。

（五）从总体绩效、商业绩效、涉农服务绩效三个层面和不同的产权组

① 国内此方面的代表性研究成果可参考褚保金等、王俊芹等、谢志忠等、黄勇等的论文。

织形式角度分别评价改革绩效。农村信用社改革目标是增强可持续发展能力，改善农村金融服务，但目前绝大多数研究成果仅开展了农村信用社商业绩效评价，只有孙倩等对农村信用社农村金融服务成效进行了评价，说明缺乏对农村信用社改革绩效的全面评价。本书将从总体绩效、商业绩效、涉农服务绩效三个层面评价①农村信用社改革绩效，提高评价结果的全面性，并比较其间的差异，说明绩效变化情况。另外，目前国内学者或将不同产权组织形式的样本合并分析绩效，或单独分析某类产权组织形式样本的绩效，难以比较其间绩效差异。本书从全部研究样本、不同产权组织形式样本的角度分别分析其绩效，便于比较绩效差异，弥补了上述分析的不足。

二、研究框架

（一）综述研究文献，分析存在问题，提出创新点，前文已对此进行了分析。

（二）研究思路与方法设计。一是建立优选农村信用社改革绩效评价的投入指标、产出指标的计量经济模型。二是研究 DEA 模型的 BCC 分析法和 Malmquist 指数分析法的功能。三是分析三阶段 DEA 模型的运行机理。四是论证引入非期望产出指标的方法和开展敏感性分析的方法。

（三）研究样本及其指标选择。一是介绍研究样本选择的方法、原则及样本构成。二是运用计量经济模型，优选农村信用社的投入指标、产出指标。

（四）实证分析农村信用社改革绩效。分别运用三阶段 DEA 模型的 BCC 分析法和 Malmquist 指数分析法，开展总体绩效、商业绩效和涉农服务

① 对农村信用社改革绩效的全面评价应从商业绩效、涉农绩效和总体绩效三个层面分别进行。商业绩效反映增强可持续发展能力的成效。涉农服务绩效反映改善农村金融服务的成效。总体绩效反映农村信用社改革的总体成效，是商业绩效和涉农服务绩效的综合。开展上述三方面绩效评价，既可以从整体上反映农村信用社的改革绩效，又可以反映农村信用社的经营特色—农村金融服务的绩效，避免了目前绝大多数研究成果单纯分析农村信用社商业绩效而无法全面反映其改革绩效的不足。

绩效评价，并比较绩效差异和变动趋势。

（五）主要结论与政策措施。总结研究工作和创新观点，提出提升农村信用社改革绩效的政策措施。

第二节　研究思路与方法设计

一、建立优选投入指标、产出指标的计量经济模型

本书借鉴毕功兵、孙倩等①的研究方法，通过构建回归分析计量模型，采取相关性分析、显著性检验、拟合度判断等技术手段，优选投入指标和产出指标。

第一步：根据经验判断和逻辑分析，选取能够反映农村信用社可持续发展成效和农村金融服务成效的指标作为回归分析的因变量（Y_y）$y=1, 2, 3, \cdots, m$。拟定影响农村信用社改革绩效指标作为回归分析的自变量（X_x），$x=1, 2, 3, \cdots, n$；同时也是备选的投入指标和产出指标。

第二步：采用相关系数法，消除具有多重共线性的指标。运用 Eviews 软件，以组（group）的形式打开自变量指标数据，获得其相关系数，对相关系数绝对值大于 0.8② 的对应指标进行标记，然后按尽可能少的原则③删除所标记的指标，以消除具有多重共线性的指标。例如，指标 A 与 B、C、D 相关系数的绝对值均大于 0.8，但 B、C、D 之间相关系数很小，则删除指标 A。

第三步：建立因变量（Y_y）与剔除具有多重共线性指标后的自变量（X_x）的回归分析方程，使用统计软件 *Eviews* 进行回归分析。$Y_y=\alpha+\beta_x \cdot X_x+\varepsilon$

---

① 毕功兵、孙倩等曾运用构建计量模型的方法，优选投入指标、产出指标，提高了指标选择的定量化程度，有效规避了指标选择的主观判断，可参考相关论文。

② 一般认为相关系数绝对值达标的判定标准是 0.7 或 0.8，考虑到本书选取的自变量个数较多，将相关系数绝对值的判定标准确定为 0.8，以此为依据对自变量指标进行标记、删减，消除具有多重共线性的指标。

③ 此原则是为了尽可能多地保留具有较强解释能力的指标，防止其被误删除。

第四步：统计检验，包括t统计量，是显著性检验，判断自变量对因变量影响的显著性；可决系数（R^2），是拟合优度，说明回归分析的拟合效果；D－W检验用于判断是否存在序列相关性。

第五步：优选投入指标和产出指标。根据回归分析结果中指标系数的正负和期望自变量的变化趋势，确定投入指标和产出指标。一般而言，系数为负且期望越小的指标为投入指标；系数为正且期望越大的指标为产出指标。

二、研究方法分析

（一）DEA模型的BCC分析法的功能

1. DEA模型的BCC分析法[①]。DEA模型可以分析规模收益不变（constant return to scale，CRS）和规模收益可变（variable return to scale，VRS）条件下的农村信用社改革绩效问题，分别称之为CCR和BCC分析法。规模收益不变（CRS）是指农村信用社可以通过增加投入等比例地扩大产出，即投入规模的变化不会对其效率产生影响，但在实践中由于受经济环境变化、兼并重组、改革政策、不完全竞争等因素的影响而难以实际运行。因此，从目前的研究文献看，国内学者大多运用DEA模型的BCC分析法研究规模收益可变（VRS）条件下的农村信用社改革绩效。

规模收益不变（CRS）条件下，运用DEA模型求解综合效率（TE），实质上是要解决既定产出下的投入最小化，满足下列线性规划要求（以投入为导向）：

---

① DEA模型分为投入导向模型和产出导向模型。前者是指在产出一定的情况下，使投入最小化的线性规划问题；后者是指在投入一定的情况下，使产出最大化的线性规划问题。两种模型的效率评价结果总体相同，选择模型的主要依据是分析对象对投入量还是产出量的控制能力较强。如果是前者，应选择投入导向模型；反之，应选择产出导向模型。考虑到改革以来，我国农村信用社法人地位的独立性有所提升，对投入要素的控制能力较强，同时农村信用社发放贷款的规模（即产出）受制于当地需求，取决于当地经济发展状况，因而对产出的控制力较弱，所以本书选择投入导向模型。

$$\min[\theta - \varepsilon(e^T s^- + e^T s^+)]$$

$$st \sum_{j=1}^{n} \lambda_j x_j + s^- = \theta_{x_0}$$

$$\sum_{j=1}^{n} \lambda_j y_j - s^+ = y_0$$

$$\lambda_j \geqslant 0, j = 1, \cdots, n$$

$$s^- \geqslant 0, s^+ \geqslant 0$$

x_0、y_0 为样本农村信用社的投入指标、产出指标值，λ_j 为线性组合系数，ε 为非阿基米德无穷小量，e^T 为单位行向量，θ 为农村信用社的综合效率（TE），s^-、s^+ 为松弛变量。

通过增加一个凸性假设 $\sum_{j=1}^{n} \lambda_j = 1$，CCR 分析法就转换成了 BCC 分析法（鉴于此，对 BCC 分析法不再赘述），从而得到农村信用社的纯技术效率（PTE）。由于综合效率（TE）= 纯技术效率（PTE）* 规模效率（SE），可以将 CCR 分析法和 BCC 分析法相结合，获得规模效率（SE）。纯技术效率反映剔除规模报酬影响后的农村信用社技术状况，可以理解为内部管理水平的高低。规模效率是指农村信用社投入规模变化引起的规模报酬对综合效率影响，反映其经营规模的优化程度。

3. BCC 分析法的功能。BCC 分析法结果的经济含义为：在既有的技术水平下，如果 TE =1，称为技术有效 ，表示农村信用社的投入产出处于最佳状态，现有的投入要素组合达到了效率最佳样本的投入要素组合，产出达到了最大化，绩效实现了最高。如果 TE <1，称为技术无效，表示相对于效率最佳的样本，农村信用社的投入要素存在浪费，浪费程度为（1 - TE），或减少（1 - TE）的投入要素，仍可获得既定的产出，据此可计算技术无效农村信用社投入要素的浪费数量，分析其在投入方面可挖掘的潜力。如果纯技术效率 < 规模效率，说明技术无效主因是纯技术效率低下；如果纯技术效率 > 规模效率，说明技术无效主因是规模效率低下。同时，BCC 分析法还可判断农村信用社规模报酬所处的递增、不变、递减区间，说明应扩大还是缩小经营规模。

（二）DEA 模型 Malmquist 指数分析法的功能

1. DEA 模型 Malmquist 指数分析法。目前，国内外学者广泛使用 Fare et al（1994 ，1997）提出的 DEA 模型 Malmquist 指数分析法研究商业银行经营绩效。笔者借鉴此方法评价农村信用社改革绩效，具体表达式如下：

$$M_0(\vec{x}^{t+1},\vec{y}^{t+1},\vec{x}^{t},\vec{y}^{t}) = \left[\left(\frac{D_0^t(\vec{x}^{t+1},\vec{y}^{t+1})}{D_0^t(\vec{x}^{t},\vec{y}^{t})}\right)\left(\frac{D_0^{t+1}(\vec{x}^{t+1},\vec{y}^{t+1})}{D_0^{t+1}(\vec{x}^{t},\vec{y}^{t})}\right)\right]^{1/2} \quad (1)$$

公式（1）刻画的是 $t+1$ 期投入产出组合（$\vec{x}^{t+1}$，$\vec{y}^{t+1}$）相对于 t 期投入产出组合（$\vec{x}^{t},\vec{y}^{t}$）的全要素生产率变化。其中，$D_0^t(\vec{x}^{t},\vec{y}^{t})$ 代表 t 期投入产出组合（$\vec{x}^{t},\vec{y}^{t}$）的距离函数，表达式为：

$$D_0^t(\vec{x}^{t},\vec{y}^{t}) = \inf\{\theta:(\vec{x}^{t},\vec{y}^{t}/\theta)\in S^t\} = (\sup\{\theta:(\vec{x}^{t},\theta\vec{y}^{t})\in S^t\})^{-1} \quad (2)$$

其含义是，t 期技术条件下给定投入向量 $\vec{x}^{t}$，产出向量 $\vec{y}^{t}$ 最大可能扩张倍数的倒数。它可以用如下线性规划求解。

$$[D_0^t(\vec{x}^{t},\vec{y}^{t})]^{-1} = Max_{\phi,\lambda}\phi$$

$$s.t. \quad -\phi y_i^t + \vec{y}^{t}\lambda \geqslant 0, x_i^t - \vec{x}^{t}\lambda \geqslant 0, \lambda \geqslant 0, \quad (3)$$

其他几个距离函数的表达式类似，不同的只是对应的技术条件和投入产出组合有所变化。公式（1）还可以做进一步的代数变换如下：

$$M_0(\vec{x}^{t+1},\vec{y}^{t+1},\vec{x}^{t},\vec{y}^{t}) = \left[\left(\frac{D_0^t(\vec{x}^{t+1},\vec{y}^{t+1})}{D_0^t(\vec{x}^{t},\vec{y}^{t})}\right)\left(\frac{D_0^{t+1}(\vec{x}^{t+1},\vec{y}^{t+1})}{D_0^{t+1}(\vec{x}^{t},\vec{y}^{t})}\right)\right]^{1/2} \quad (4)$$

$$= \frac{D_0^t(\vec{x}^{t+1},\vec{y}^{t+1})}{D_0^t(\vec{x}^{t},\vec{y}^{t})} \times \left[\left(\frac{D_0^t(\vec{x}^{t+1},\vec{y}^{t+1})}{D_0^{t+1}(\vec{x}^{t+1},\vec{y}^{t+1})}\right)\left(\frac{D_0^1(\vec{x}^{t},\vec{y}^{t})}{D_0^{t+1}(\vec{x}^{t},\vec{y}^{t})}\right)\right]^{1/2}$$

其中，公式（4）中第一项代表技术进步指数，第二项代表综合技术效率指数。由于综合技术效率指数是在规模收益不变（CRS）假设下计算而得的，它又可以分解为规模收益可变（VRS）假设下的纯技术效率指数和规模效率指数。求解规模收益可变（VRS）假设下的纯技术效率指数，只需在计算公式（4）中第二项所涉及的两个距离函数加上规模收益可变（VRS）所需的约束条件即可。具体表达式如下：

$$[D_0^{t,v}(\vec{x}^t, \vec{y}^t)]^{-1} = Max_{\phi^v,\lambda^v}\phi^v$$

$$s.t. \quad -\phi^v y_i^t + \vec{y}^t\lambda^v \geqslant 0, x_i^t - \vec{x}^t\lambda^v \geqslant 0, \lambda^v \geqslant 0, \sum \lambda^v = 1, \qquad (5)$$

通过上述距离函数的计算，就可求得全要素生产率的组成部分及其相互关系：

$$M_0(\vec{x}^{t+1}, \vec{y}^{t+1}, \vec{x}^t, \vec{y}^t) = TECHCH \times EFFCH = TECHCH \times PEFFCH \times SCH(6)$$

公式（6）中的M_0代表全要素生产率指数，其组成部分 *TECHCH*、*EFFCH*、*PEFFCH*、*SCH* 分别代表技术进步指数、综合技术效率指数、纯技术效率指数和规模效率指数。

2. DEA 模型 Malmquist 指数分析法的功能

上述指数表达了从 t 期到 $t+1$ 期的动态变化，具体经济含义是：全要素生产率指数（M_0）代表全要素生产率（改革绩效）的动态变化。M_0大于1，表示改革绩效上升；反之，表示下降。综合技术效率指数（EFFCH）代表管理决策正确性的动态变化。EFFCH 大于1，说明管理决策正确性提高；反之，说明下降。技术进步指数（TECHCH）代表技术进步和创新程度的动态变化。TECHCH 大于1，说明技术进步和创新程度提升；反之，说明技术进步和创新程度下降。纯技术效率指数（PEFFCH）和规模效率指数（SCH）分别说明管理水平和规模报酬的动态变化。

三、运用三阶段 DEA 模型开展绩效评价的方法

三阶段 DEA 模型的第一阶段是按照最初选取的投入指标和产出指标，运用 DEA 模型的 BCC 和 Malmquist 指数分析法评价农村信用社改革绩效，就是文前对其功能所做的分析与介绍。第二阶段最具特点，是运用 SFA 模型剔除外部环境因素（环境变量）对农村信用社改革绩效评价的影响，对最初选取的投入指标或产出指标进行调整，本书选择调整投入指标①。第三阶段是依据调整后的投入指标，按照第一阶段的方法，重新分析农村信用社改革绩效。因此，笔者对第一、三阶段的 DEA 模型 BCC 和 Malmquist 指数分析法不再赘述，重点介绍运用第二阶段 SFA 模型调整投入指标。

① 选择调整投入指标是为了与文前选择的投入导向的 DEA 模型保持一致。

运用第一阶段 DEA 模型的 BCC 分析法可获得农村信用社的投入差额值。差额值是实际投入与最佳效率下投入的差额，受环境因素、随机误差、管理因素影响。运用 SFA 模型分解差额值的方法：设有 n 个农村信用社，每个农村信用社均使用 m 种投入，有 p 个可观察环境变量对差额值产生影响，建立回归方程为：

$$S_{ik} = f^i(z_k;\beta^i) + v_{ik} + u_{ik}$$

$$i = 1,2,\cdots,m; \qquad k = 1,2,\cdots,n$$

其中，S_{ik} 表示第 k 个农村信用社第 i 项投入的差额值；$Z_k = [Z_{1k},Z_{2k},\cdots,Z_{pk}]$ 表示 p 个环境变量，β^i 为环境变量的待估参数；$f^i(z_k;\beta^i)$ 表示环境变量对投入差额值 S_{ik} 的影响方式，一般取 $f^i(z_k;\beta^i) = z_k\beta^i$。$v_{ik}+u_{ik}$ 为复合误差项，v_{ik} 表示随机干扰，并假设 $v_{ik} \sim N(0, \sigma^2{}_{vi})$；$u_{ik}$ 表示管理效率，并假设 $u_{ik} \sim N^+(\mu^i, \sigma^2_{ui})$，$v_{ik}$ 与 u_{ik} 独立不相关。

当 $r = \dfrac{\sigma^2_{ui}}{\sigma^i_{ui} + \sigma^2_{vi}}$ 趋近于 1 时，说明管理因素的影响占主导地位；当 $r = \dfrac{\sigma^2_{ui}}{\sigma^2_{ui} + \sigma^2_{vi}}$ 趋近于 0 时，说明随机误差的影响占主导地位。

利用 SFA 模型的回归结果 $(\hat{\beta}^i,\hat{\sigma}^2_{vi},\hat{\mu}^i,\hat{\sigma}^2_{ui})$ 调整农村信用社的投入指标，从而将所有农村信用社置于相同的环境条件，同时考虑随机干扰因素的影响，这样就可以测算出纯粹反映农村信用社管理水平的绩效值。调整方法：一是对处于环境较好的农村信用社增加投入，二是对处于环境较差的农村信用社减少投入。前者在现实中较为合理，因为在某些极端情况下，对于环境很差的农村信用社减少其投入可能会导致调整后的投入指标为负值，不符合 DEA 模型对投入指标为正的要求。鉴于此，本书采取第一种方式调整投入指标。

以最佳效率农村信用社的投入量为基准，对其他农村信用社投入量的调整如下：根据 $(\hat{\mu}^i,\hat{\sigma}^2{}_{vi},\hat{\beta}^i,\hat{\sigma}^2_{ui})$ 可以得到 u_{iu} 的估计值 $\hat{u}_{iu}$

$$\hat{E}(u_{iu} \mid v_{ik} + u_{iu}) = \frac{\gamma\sigma}{1+\gamma^2}\left(\frac{\varphi(\gamma e_i)}{\Phi(\gamma e_i)} + \gamma e_i\right)$$

这里 e_i 是误差，φ、Φ 分别是标准正态分布的密度函数和分布函数，可进一

步得到 v_{ik} 的估计值 $\hat{v}_{ik}$

$$\hat{E}(v_{ik} | v_{ik} + u_{ik}) = s_{ik} - z_k\beta^i - \hat{E}(u_{ik} | v_{ik} + u_{ik})$$

将估计值代入调整式子：

$$x_{ik}^A = x_{ik} + [\max_k\{z_k\hat{\beta}^i\} - z_k\hat{\beta}^i] + [\max_k\{\hat{v}_{ik} - \hat{v}_{ik}\}]$$

$$i = 1,2,\cdots,m;\ k = 1,2,\cdots,n$$

式中，x_{ik} 为第 k 个农村信用社第 i 个投入指标的实际值，x_{ik}^A 为其调整后的值；$\hat{\beta}^i$ 为环境变量参数的估计值，$\hat{v}_{ik}$ 为随机干扰项的估计值。第一个中括号代表把全部农村信用社调整到相同环境，第二个中括号代表将全部农村信用社的随机误差调整为相同情形。

四、引入非期望产出指标的方法

目前，从笔者所搜集的研究文献看，引入非期望产出指标的方法有三种：一是褚保金等将非期望产出—不良贷款作为产出指标，具体方法是在不良贷款（NL）前加上一个负号，再加上一个足够大的数值（V），表示为（ - NL + V），使其具有期望产出的特征而纳入产出指标。二是柯孔林等运用 Malmquist—Luenberger 指数模型，将作为非期望产出的不良贷款纳入投入指标，分析商业银行效率。三是毕功兵等将商业银行客户办理业务的等待时间作为非期望产出，采取倒数方法使其符合产出指标的要求，用于评价其社会服务绩效。对于上述处理非期望产出方式的优劣，目前学术界缺乏相关评论。为简化分析，笔者采取毕功兵等的方法，对非期望产出—不良贷款比例、涉农不良贷款比例取其倒数值作为产出指标，用于评价农村信用社改革绩效。

五、开展敏感性分析的方法

农村信用社不仅要实现可持续发展，而且肩负着提供农村金融服务的重任。目前，学术界和实践者普遍认为农村信用社开展农村金融服务会对其改革绩效产生影响，本书研究的内容之一就是探讨影响的敏感程度，对其进行定量化分析，具体通过评价总体绩效和商业绩效的产出指标差异予以体现。

第三节　研究样本及其投入指标、产出指标的计量实证优选

一、研究样本选择及其具体构成和特征

目前，全国农村信用社（包括农村商业银行、农村合作银行）法人共有2200多个，如果将其全部作为研究样本，获得的研究结论虽然可以最全面地反映农村信用社改革绩效，但工作量十分巨大。鉴于此，考虑到县域是农村信用社开展经营活动的主战场，本书采取随机抽样方式，在全国范围内选择了115家县域法人农村信用社作为研究样本。同时，保持了研究样本数量在不同地域、产权组织形式、人均GDP之间的基本平衡，以保证研究样本具有较强的代表性，开展的绩效评价能够全面准确反映全国县域法人农村信用社改革绩效。随机抽取研究样本体现为三个层次：

（一）研究样本的地域分布

本书在东、中、西部地区分别随机选择3个省（区）、在东北地区随机选择1个省，共计10个省（区）进行抽样，确保研究样本的地域分布基本均衡，增强研究样本的地域代表性。

（二）研究样本的产权组织形式分布

目前，广义的农村信用社包括农村商业银行、农村合作银行、农村信用社三种产权组织形式，由于农村合作银行将不再新设并逐步改制为农村商业银行，数量较少，而且经营活动等处于农村商业银行和农村信用社两者之间，因此本书选择农村商业银行和农村信用社作为研究样本。按照随机选择原则，在上述10个省（区）中的每个省（区）分别选择6个县域法人农村信用社、农村商业银行，即每个省（区）选择12个法人机构，共计120个研究样本，确保研究样本中农村商业银行、农村信用社的分布基本均

衡，增强研究样本的产权组织形式代表性。

（三）研究样本所在县域人均 GDP 分布

本书研究主题是县域法人农村信用社改革绩效，县域经济的发达程度（选择用人均 GDP 表示）对农村信用社改革绩效分析结果必然会产生重要影响，因此本书在选择研究样本时充分考虑了样本所在县域的人均 GDP 差异，保证不同人均 GDP 水平的县域法人农村信用社个数分布基本均衡，增强研究样本在此方面的代表性。根据统计数据，2012 年全国人均 GDP 为 3.9 万元人民币，因此本书选取研究样本时，将人均 GDP 分为三个档次，分别是 6 万元以上、3 万～6 万元、3 万元以下，以省（区）为单位，在每个档次分别选择 4 个机构，研究样本中每个档次的机构个数为 40 个，三个档次的机构个数总计 120 个。

（四）剔除年度亏损的研究样本

综合运用上述三个原则，本书共计选择了 120 个机构作为研究样本。在本书的研究期间（2007—2012 年），所选择的 120 个研究样本中有 5 个样本存在个别年度亏损（即利润为负），由于运用 DEA 模型分析农村信用社改革绩效时，选择的投入指标、产出指标不得为负数，为了后续分析符合 DEA 模型的要求，对存在个别年度亏损的 5 个农村信用社予以剔除，使研究样本个数从最初选择的 120 个减少至 115 个（见表 2）。

表 2　　115 家县域样本农村信用社数量分布情况描述

省辖人均 GDP 分类	序号	省份	样本数	产权组织形式		是否贫困县			县域人均 GDP 分布分类		
				农村商业（合作）银行	农村信用社	国定县	省定县	非贫困县	4 万元以上	2－4 万元	2 万元以下
6 万元以上	1	江苏	12	8	4	0	5	7	5	6	1
	2	浙江	12	6	6	0	4	8	7	4	1
	3	内蒙	10	3	7	4	1	5	5	4	1
		小计	34	17	17	4	10	20	17	14	3

续表

省辖人均GDP分类	序号	省份	样本数	产权组织形式		是否贫困县			县域人均GDP分布分类		
				农村商业（合作）银行	农村信用社	国定县	省定县	非贫困县	4万元以上	2-4万元	2万元以下
3-6万元	4	广东	12	5	7	0	5	7	0	8	4
	5	山西	12	6	6	5	0	7	4	2	6
	6	湖南	11	5	6	4	1	6	1	1	9
		小计	35	16	19	9	6	20	5	11	19
3万元以下	7	广西	12	7	5	5	3	4	0	5	7
	8	云南	12	1	11	6	0	6	0	5	7
	9	甘肃	11	6	5	5	0	6	0	2	9
		小计	35	14	21	16	3	16	0	12	23
	10	东北	11	4	7	4	2	5	5	5	1
合计			115	51	64	33	21	61	27	42	46

二、投入、产出指标和环境变量指标的选取及其特征

（一）优选投入指标和产出指标

1. 选取2个因变量、37个自变量。按照经验判断和逻辑分析，并考虑农村信用社既要实现商业化经营又要提供农村金融服务的特性，分别选取反映商业绩效的营业收入—支出比率和反映涉农服务绩效的农户贷款比例作为因变量，固定资产和在建工程占比、自有资本比率等反映商业绩效和涉农服务绩效的37个备选投入指标和产出指标①作为自变量。上述指标数值为2007—2012年115家农村信用社对应指标年度数值的简单算术平均数。

① 37个指标包括具有多重共线性、被剔除的12个指标和剩余的25个指标。被剔除的12个指标是非利息支出占比（flxzczb）、营业费用占比（yyfyzb）、资本净额占比（zbjezb）、营业收入占比（yysrzb）、资产利润率（zclrl）、农村贷款占比（ncdkzb）、正常贷款比例（zcdkbl）、不良贷款比例（bldkbl）、涉农贷款比例（sndkbl）、资本充足率（zbczl）、风险资产利润率（fxzclrl）、人均利润（rjlr）。

2. 剔除具有多重共线性的投入指标、产出指标。运用 Eviews 软件，以组（group）的形式打开 115 家农村信用社 37 个自变量指标的数据，获得其相关性系数，按照文前确定的相关性系数判定标准和筛选原则，剔除具有多重共线性的 12 个指标后，剩余 25 个指标①作为自变量。

3. 建立计量模型进行回归分析和统计检验。分别以上述 2 个因变量和 25 个自变量，建立回归分析计量经济模型，并运用 Eviews 软件进行分析。

营业收入—支出比率（yysrzcbl）$= \alpha + \beta_x * X_x + \varepsilon \quad x = 1,2,\cdots,25$

农户贷款比例（nhdkbl）$= \alpha + \beta_x * X_x + \varepsilon \quad x = 1,2,\cdots,25$

回归分析结果：以营业收入—支出比率为因变量的 t 统计量显著性在 5% 以内、系数为正的自变量有 6 个指标，系数为负的自变量有 5 个指标（见表 3），且（R^2）为 0.96、D - W 检验值为 2.19。

表 3　　以营业收入—支出比率为因变量的回归分析结果

因变量	自变量（系数为正）						自变量（系数为负）				
yysrzcbl	显著性（1%）				（显著性(5%)）		显著性（1%）			显著性（5%）	
	zgrszb	lxsrzb	flxsrzb	jlrsyzqybl	rjgdzc	gxckzb	yyzczb	lxzczb	zblrl	gdzczb	cbsrbl
	75	17.33	16.80	0.20	0.003	0.15	-22.9	-5.57	-0.04	-3.78	-0.28
营业收入 - 支出比率	职工人数占比	利息收入占比	非利息收入占比	净利润的所有者权益比例	人均固定资产	各项存款占比	营业支出占比	利息支出占比	资本利润率	固定资产和在建工程占比	成本 - 收入比率

以农户贷款比例为因变量的 t 统计量显著性在 5% 以内、系数为正的自变量有 2 个指标，系数为负的自变量有 3 个指标（见表 4），且（R^2）为

① 剩余的 25 个指标包括固定资产和在建工程占比（gdzczb）、自有资本比率（zyzbbl）、营业支出占比（yyzczb）、利息支出占比（lxzczb）、职工收入占比（zgsrzb）、实收资本比率（sszbbl）、职工人数占比（zgrszb）、资本净额占存款的比例（zbjezckbl）、成本 - 收入比率（cbsrbl）、人均固定资产（rjgdzc）、人均营业费用（rjyyfy）、各项存款占比（gxckzb）、利息收入占比（lxsrzb）、非利息收入占比（flxsrzb）、各项贷款占比（gxdkzb）、涉农贷款占比（sndkzb）、涉农不良贷款比例（snbldk-bl）、净利润的所有者权益比例（jlrsyzqybl）、资本利润率（zblrl）、实收资本利润率（sszblrl）、农户平均贷款额（nhpjdke）、农户户均银行卡发卡量（nhhjyhkfkl）、农户户均营业网点（nhhjyywd）、人均营业收入（rjyysr）、农户贷款广度（nhdkgd）。

0.69、D－W 检验值为 2.19。

表 4　　以农户贷款比例为因变量的回归分析结果

<table>
<tr><td>因变量</td><td colspan="2">自变量（系数为正）</td><td colspan="3">自变量（系数为负）</td></tr>
<tr><td rowspan="3">Nhdkbl</td><td colspan="2">显著性（1%）</td><td>显著性（1%）</td><td colspan="2">显著性（5%）</td></tr>
<tr><td>sndkzb</td><td>nhdkgd</td><td>zgsrzb</td><td>gxdkzb</td><td>nhhjyywd</td></tr>
<tr><td>0.94</td><td>0.26</td><td>－20.74</td><td>－0.52</td><td>－88.43</td></tr>
<tr><td>农户贷款比例</td><td>涉农贷款占比</td><td>农户贷款广度</td><td>职工收入占比</td><td>各项贷款占比</td><td>农户户均营业网点</td></tr>
</table>

本书运用上述经济计量模型分析，已获得具有良好统计验证的 16 个指标作为备选的投入指标、产出指标，其中表 3 中 11 个指标、表 4 中 5 个指标。上述指标中，如果某项指标的系数为正，则表明它趋向于增加盈利能力或提高涉农金融服务水平，可作为产出指标；反之，如果某项指标的系数为负，则表明它趋向于降低盈利能力或涉农金融服务水平，可作为投入指标。按照上述原则，笔者初步选择利息收入占比、非利息收入占比、净利润的所有者权益比例、各项存款占比为分析商业绩效的产出指标，营业支出占比、利息支出占比、固定资产和在建工程占比、成本－收入比率为分析商业绩效的投入指标；涉农贷款占比、农户贷款广度为分析涉农服务绩效的产出指标，职工收入占比、各项贷款占比、农户户均营业网点为分析涉农服务绩效的投入指标。

（4）综合理论逻辑分析和经济计量模型结果优选投入指标、产出指标。目前，分析商业银行绩效的学者们在确定投入指标、产出指标时，基本都是综合运用生产法、资产法、中介法等理论，并结合实践经验确定评价研究样本绩效的投入指标、产出指标。

2003 年开始的新一轮农村信用社改革强调坚持市场经济原则和服务“三农”宗旨。因此，选择评价农村信用社改革绩效的产出指标，应注重反映盈利能力、农村金融服务水平的相关指标；选择投入指标主要依据生产法，兼顾资产法，应注重选择反映农村信用社经营活动中的人、财、物和资金投入的相关指标。同时考虑到商业化可持续发展和改善涉农金融服务是统一于整个经营活动之中，因而分析总体绩效、商业绩效、涉农服务绩效的投入指标应是统一的，但分析总体绩效、商业绩效、涉农服务绩效的产出指标应有所区别。

综合上述几方面的分析，在计量经济模型分析初选投入指标、产出指标的基础上，结合理论逻辑分析，本书优选的投入指标、产出指标如下，同时引入了2个非期望产出指标（见表6）。

4个投入指标：固定资产和在建工程占比 =（固定资产净值 + 在建工程）/资产总计，反映开展经营活动的营业设施。职工收入占比 =（职工工资 + 职工福利费）/资产总计，虽然直接反映开展经营活动的劳动力支出，但在工资相对稳定的条件下，也间接反映了投入的劳动力数量。营业支出占比 = 营业支出/资产总计，反映开展经营活动的成本费用支出。各项贷款占比 = 各项贷款余额/资产总计，反映开展经营活动的资金投入。上述指标分别反映了开展经营活动必须具备的营业设施、劳动力数量、成本费用支出、资金投入等基本条件。

4个产出指标：利息收入占比 = 利息收入/资产总计，利息收入是目前农村信用社最主要的收入，该指标反映盈利能力高低。非利息收入占比 =（营业收入 - 利息收入）/资产总计，目前，非利息收入主要是农村信用社开展中间业务获得的收入，反映创新能力高低，因而也间接反映了盈利能力高低。涉农贷款占比 = 涉农贷款余额/资产总计，该项指标值越高，说明农村金融服务规模越大。农户贷款广度 = 有贷款的农户数/辖内农户数，反映农村金融服务的普惠程度，该项指标值越高，说明普惠效果越好。

2个非期望产出指标：不良贷款比例 = 不良贷款余额/各项贷款余额，反映开展经营活动的总体金融风险。涉农不良贷款比例 = 涉农不良贷款余额/涉农贷款余额，反映开展农村金融服务的金融风险。上述两项指标值越高，说明相应的风险越大。

（5）对优选的投入指标、产出指标进行Pearson相关系数检验。为了确保所选择的投入指标、产出指标的科学性，本书再次对上述4个投入指标和4个产出指标2007—2012年年度均值的Pearson相关性进行了检验（见

表5)，发现利息收入占比、涉农贷款占比、农户贷款广度等3个产出指标与4个投入指标的相关系数均为正值[①]，而且在20.7%（部分在1%、5%）的显著性水平通过双尾检验，符合DEA模型要求的“同向性”假定。

表5　　投入指标和产出指标的Pearson相关系数分析结果

产出指标＼投入指标	固定资产和在建工程占比	营业支出占比	职工收入占比	各项贷款占比
利息收入占比	0.472***	0.785***	0.626***	0.488***
非利息收入占比	-0.228**	-0.088*	-0.322***	-0.457***
涉农贷款占比	0.119*	0.155*	-0.041*	0.756***
农户贷款广度	0.177*	0.337***	0.327***	0.048*

注：***表示在0.01水平（双尾）上显著相关。**表示在0.05水平（双尾）上显著相关。*表示在0.207水平（双尾）上显著相关。

但非利息收入占比与4个投入指标的相关系数均为负值，不符合DEA模型要求的“同向性”假定，但从理论和实践分析，其作为产出指标具有合理性，因为非利息收入占比反映农村信用社的创新能力，创新能力越强，盈利水平就会越高，而且非利息收入本身就是盈利的重要来源，一般而言非利息收入越大，盈利额越高。同时，表3也显示，非利息收入占比作为产出指标通过了计量经济模型验证，在1%的显著性水平下，相关系数达到16.88，略低于作为产出指标的利息收入占比的相关系数17.33。

（6）最终选择的投入指标、产出指标及其分布。综合上述四个方面的分析，笔者认为通过计量经济模型和统计验证，为选择投入指标、产出指标确定了相对科学的范围，有助于避免指标选择的主观随意性。在上述工作的基础上，本书进一步借助理论逻辑分析，最终选择的投入指标、产出指标如下，以确保选择的指标更加科学。

① 表5中只有作为产出指标的涉农贷款占比与作为投入指标的职工收入占比的相关系数为负。虽然如此，但从理论与实践角度分析，它们应该分别作为产出指标和投入指标。因为职工收入占比代表职工人数，职工人数越大，开展农村金融服务的能力越强，涉农贷款数量将会越大，涉农贷款占比也将越高。即使有影响，程度也非常小，因为相关系数的绝对值仅为0.041。而且上述两个指标分别作为投入指标、产出指标也通过了计量模型检验，如表4所示。

由于投入指标反映开展经营活动的物质基础，因而在评价农村信用社总体绩效、商业绩效、涉农服务绩效时均保持不变，分别为固定资产和在建工程占比、职工收入占比、营业支出占比、各项贷款占比①。但产出指标应有所差异，利息收入占比和非利息收入占比两个指标反映盈利能力，应作为评价商业绩效的产出指标；涉农贷款占比和农户贷款广度两个指标反映农村金融服务能力，应作为评价涉农服务绩效的产出指标。总体绩效是商业绩效和服务绩效的综合，评价总体绩效的产出指标就自然是评价商业绩效和涉农服务绩效的产出指标的综合，是上述4个产出指标，分别为利息收入占比、非利息收入占比、涉农贷款占比、农户贷款广度。考虑到非期望产出，评价总体绩效和商业绩效的产出指标均增加不良贷款比例倒数，评价涉农服务绩效的产出指标增加涉农不良贷款比例倒数。

2. 优选环境变量指标

（1）剔除环境因素的必要性。环境因素是指农村信用社开展经营活动所面临的外部环境。事实上，不同的农村信用社面临的外部环境是不同的，将会对其改革绩效产生不同影响。良好的外部环境将有助于提升农村信用社的改革绩效；反之，则相反。因此，为了真实反映农村信用社内部管理水平提高对其改革绩效的促进作用，就需要采取有效方法，将环境因素对其改革绩效的影响予以剔除，从而将对不同农村信用社改革绩效的评价置于统一计量分析平台，以提高绩效评价的准确性。

（2）环境因素对改革绩效的影响机制。结合我国农村信用社改革发展现状和面临的经营环境，本书选择了反映环境因素的3个重要环境变量。

一是产权组织形式。此变量反映产权组织形式差异对研究样本改革绩效评价的影响。如在研究样本中，农村商业银行法定存款准备金率高于农

① 本书将各项贷款占比作为投入指标，是从理论和实践上考虑各项贷款是农村信用社盈利的源泉，只有发放贷款，才能获得利息收入实现盈利，而且在将利息收入占比作为产出指标的条件下，就不应该再将各项贷款占比与之并列为产出指标，因为利息收入来源于发放的贷款。并且表5也显示，各项贷款占比作为投入指标与涉农贷款占比作为产出指标的相关系数不仅高达0.756，而且在1%的显著性水平通过双尾检验，符合DEA模型要求的“同向性”假定，即随着投入指标的增加，产出指标不得减少。因此，将各项贷款占比作为投入指标，与同时将涉农贷款占比作为产出指标并不矛盾。

村信用社 2 个百分点，在两者一般存款相同的情况下，农村信用社将因此少缴纳一定额度的存款准备金，少缴纳的资金将成为农村信用社贷款的资金来源，从而使其与农村商业银行相比将会有更多资金用于发放贷款，增加利息收入提升盈利能力，进而提升农村信用社改革绩效，但这种对改革绩效的影响并非来自于农村信用社内部管理水平提升，因而需要对环境因素—产权组织形式差异所产生的影响予以剔除，才能将对农村商业银行和农村信用社改革绩效的评判放置于统一的平台，才能真正反映内部管理水平提升对农村商业银行和农村信用社改革绩效的影响。据此，对农村商业银行和农村信用社分别赋值“1”和“0”，以剔除产权组织形式差异对绩效评价的影响。对农村商业银行赋值“1”，是因为与农村信用社相比，其存款准备金率较高。

二是贷款市场份额。此变量反映县域贷款市场竞争程度对农村信用社绩效评价结果的影响。农村信用社县域贷款市场份额越高，说明其对所在县域贷款市场的垄断程度越大。一般而言，贷款市场的垄断程度越大，农村信用社凭借其垄断地位就会将贷款利率抬升的越高，也就越有利于提升其盈利能力；同时也应看到贷款市场的垄断程度越大，农村信用社面临的外部竞争压力越小，提高内部管理水平的积极性就会越低，又会弱化其盈利能力的提升。因此，贷款市场垄断可通过上述两方面对农村信用社改革绩效产生影响，但这种影响来自于农村信用社面临的环境因素。长期以来，我国东部经济发达程度远高于中西部，导致东部地区县域金融机构数量远多于中西部，东部地区县域农村信用社的贷款市场份额远低于中西部，从而使东、中西部地区农村信用社面临的贷款市场竞争程度差异较大，只有剔除贷款市场份额的差异，才能将东中西部地区农村信用社绩效评价置于统一分析平台，才能更准确评价各地区农村信用社内部管理水平变化对其改革绩效的影响。事实上，我国各地县域农村信用社贷款市场份额存在较大差异，为更准确评价农村信用社改革绩效，应将其作为环境因素予以剔除。

三是农村居民人均纯收入。此变量反映当地县域金融需求差异对研究样本改革绩效的影响。“三农”是农村信用社金融服务对象，其发展成果的重要指标是县域农村居民人均纯收入，农村居民人均纯收入越高，意味着“三农”对农村信用社提供的金融服务需求规模越大，表明农村信用社的经营发展环境越好，提升改革绩效的环境因素越好。目前，我国各地“三农”发展水平、农村居民人均纯收入差异较大，客观上必然会对各地农村信用社改革绩效产生不同影响，只有剔除这种外部影响，才能将各地县域农村信用社置于统一的分析平台，将对其改革绩效评价建立在相同的基础之上，有利于提高对其改革绩效评价的准确性。

事实上，除了上述3个环境因素外，还有多个环境因素影响农村信用社改革绩效评价的准确性。本书选择将上述3个环境因素纳入分析，主要原因：一是从理论逻辑和实践经验判断，上述3个环境因素对农村信用社改革绩效评价准确性的影响最为重要。二是目前国内相关研究文献大多引入3个左右的环境变量开展分析。本书借鉴了已有研究文献的做法。

按照上述分析，本书对优选的115家县域法人样本农村信用社投入指标、产出指标和环境变量指标的特征予以描述，汇总成表6。

表6　115家县域法人样本农村信用社投入指标、产出指标和环境变量指标特征描述　单位：元、%

<table>
<tr><th colspan="4">指标名称与类别</th><th>均值</th><th>最大值</th><th>最小值</th><th>中值</th><th>标准差</th><th>观测值</th></tr>
<tr><td colspan="4">人均 GDP</td><td>34022</td><td>363673</td><td>4891</td><td>26047</td><td>38533</td><td>115</td></tr>
<tr><td rowspan="4">投入指标</td><td colspan="3">固定资产和在建工程占比</td><td>0.013</td><td>0.036</td><td>0.005</td><td>0.012</td><td>0.006</td><td>115</td></tr>
<tr><td colspan="3">营业支出占比</td><td>0.046</td><td>0.079</td><td>0.032</td><td>0.044</td><td>0.009</td><td>115</td></tr>
<tr><td colspan="3">职工收入占比</td><td>0.008</td><td>0.020</td><td>0.002</td><td>0.008</td><td>0.003</td><td>115</td></tr>
<tr><td colspan="3">各项贷款占比</td><td>0.570</td><td>0.770</td><td>0.371</td><td>0.586</td><td>0.079</td><td>115</td></tr>
<tr><td rowspan="8">产出指标（总体绩效）</td><td rowspan="4">商业绩效</td><td rowspan="2">期望产出指标</td><td>利息收入占比</td><td>0.049</td><td>0.087</td><td>0.032</td><td>0.048</td><td>0.012</td><td>115</td></tr>
<tr><td>非利息收入占比</td><td>0.008</td><td>0.017</td><td>0.001</td><td>0.007</td><td>0.003</td><td>115</td></tr>
<tr><td rowspan="2">非期望产出指标</td><td>不良贷款比例</td><td>0.122</td><td>0.423</td><td>0.012</td><td>0.101</td><td>0.095</td><td>115</td></tr>
<tr><td>不良贷款比例的倒数</td><td>25.889</td><td>95.977</td><td>2.897</td><td>20.204</td><td>20.789</td><td>115</td></tr>
<tr><td rowspan="4">涉农服务绩效</td><td rowspan="2">期望产出指标</td><td>涉农贷款占比</td><td>0.482</td><td>0.704</td><td>0.132</td><td>0.498</td><td>0.099</td><td>115</td></tr>
<tr><td>贷款广度</td><td>0.341</td><td>0.843</td><td>0.009</td><td>0.307</td><td>0.223</td><td>115</td></tr>
<tr><td rowspan="2">非期望产出指标</td><td>涉农不良贷款比例</td><td>0.112</td><td>0.470</td><td>0.010</td><td>0.090</td><td>0.090</td><td>115</td></tr>
<tr><td>涉农不良贷款比例的倒数</td><td>51.393</td><td>2805.300</td><td>3.192</td><td>21.430</td><td>260.14</td><td>115</td></tr>
</table>

续表

指标名称与类别		均值	最大值	最小值	中值	标准差	观测值
环境变量	产权变量（农村商业银行为1，农村信用社为0）	0.443	1.000	0.000	0.000	0.499	115
	贷款市场份额	0.485	1.000	0.022	0.467	0.197	115
	农村居民人均纯收入	6047	16325	2145	5564	3096	115

第四节　运用三阶段 DEA 模型的 BCC 分析法实证研究改革绩效

按照文前所述的研究方法，本部分运用三阶段 DEA 模型的 BCC 分析法，从是否考虑非期望产出指标角度，实证分析 115 家样本农村信用社改革总体绩效、涉农服务绩效，包括综合效率及其组成部分、冗余率、影响因素，并比较研究绩效评价结果差异及其动态变化。

一、第一阶段 DEA 模型——运用 BCC 分析法分析改革绩效

本部分使用 DEAP2.1 软件，运用 DEA 模型 BCC 分析法研究农村信用社改革绩效（未剔除外部环境因素）。

（一）绩效评价的静态比较分析

1. 全部研究样本的绩效评价。表 7[①] 显示在未考虑非期望产出指标的条件下，总体绩效层面的综合效率、纯技术效率、规模效率分别为 0.9379、0.9539、0.9829，处于较高水平，说明农村信用社改革绩效良好。考虑非期望产出指标后，上述效率值分别为 0.9413、0.9568、0.9835，较之前有所上升，进一步说明改革绩效呈现良好态势，而且其准确性也有所提高。这是因为考虑了非期望产出指标因素后，评价结果更加接近农村信用社的真

① 表 7 中的效率值为所有研究样本 2007—2012 年所有年度对应数值的简单算术平均数。

实状态（鉴于此，本书在后续分析中将主要使用这一前提条件）。同时，涉农服务绩效的评价结果也与上述结论一致。表7显示在未考虑非期望产出指标的情况下，涉农服务绩效（0.8788）低于总体绩效（0.9379）。主要是因为将产出指标从评价总体绩效的利息收入占比、非利息收入占比、涉农贷款占比、农户贷款广度等4个指标转换为评价涉农服务绩效的涉农贷款占比、农户贷款广度等2个指标，说明绩效评价结果对产出指标的变动比较敏感，敏感程度为6.3%［0.8788－0.9379］/0.9379×100］。考虑非期望产出指标后的涉农服务绩效（0.8987）也低于总体绩效（0.9413）。上述结果说明，开展农村金融服务不利于提升总体绩效，验证了实践中反映的，由于农村金融服务呈现高成本、高风险、低收益特征，开展农村金融服务与改善总体绩效相冲突、矛盾的观点。

2. 不同产权组织形式样本的绩效评价。从总体绩效角度看，表7显示无论是否考虑非期望产出指标，农村商业（合作）银行的综合效率均高于农村信用社，说明前者的总体绩效高于后者，验证了实践中反映的农村商业（合作）银行绩效高于农村信用社，说明农村信用社改制为农村商业（合作）银行会提高总体绩效。从涉农服务绩效的角度看，表7显示在未考虑非期望产出指标的情况下，农村商业（合作）银行的综合效率低于农村信用社；在考虑非期望产出指标的条件下，结论与上述相反，而后者才反映了两者涉农服务绩效关系的真实状态，说明农村信用社改制为农村商业（合作）银行将有助于提高涉农服务绩效。

表7　2007—2012年度研究样本的总体绩效和涉农服务绩效比较分析

指标类别	绩效类别	研究样本分类	综合效率	纯技术效率	规模效率	冗余率
未考虑非预期产出指标	总体绩效	全部研究样本	0.9379	0.9539	0.9829	0.0621
		农村商业（合作）银行	0.9433	0.9562	0.9861	0.0567
		农村信用社	0.9336	0.9522	0.9803	0.0664
	涉农服务绩效	全部研究样本	0.8788	0.9121	0.9604	0.1212
		农村商业（合作）银行	0.8739	0.9094	0.9572	0.1261
		农村信用社	0.8826	0.9143	0.9629	0.1174

续表

指标类别	绩效类别	研究样本分类	综合效率	纯技术效率	规模效率	冗余率
考虑非预期产出指标	总体绩效	全部研究样本	0.9413	0.9568	0.9835	0.0587
		农村商业（合作）银行	0.9469	0.9587	0.9873	0.0531
		农村信用社	0.9368	0.9553	0.9805	0.0632
	涉农服务绩效	全部研究样本	0.8987	0.9292	0.9655	0.1013
		农村商业（合作）银行	0.9076	0.9340	0.9703	0.0924
		农村信用社	0.8916	0.9254	0.9617	0.1084

（二）绩效评价的动态比较分析

1. 全部研究样本的绩效评价。表8[①]显示，无论是否考虑非期望产出指标，总体绩效和涉农服务绩效层面的年度综合效率、纯技术效率、规模效率均处于较高水平，且总体呈现逐年上升态势，说明农村信用社改革绩效良好并且逐年改善、提升[②]。同时，总体绩效层面的上述三个效率值均高于涉农服务绩效层面的对应数值，说明各年度的总体绩效均高于涉农服务绩效，与前文的分析结论一致。

2. 不同产权组织形式样本的绩效分析。在考虑非期望产出指标的条件下，从总体绩效角度分析，表9显示农村商业（合作）银行和农村信用社的年度综合效率、纯技术效率、规模效率均处于较高水平、总体逐年上升，且前者高于后者，说明两者的总体绩效总体良好、逐年提高，前者的总体绩效高于后者。从涉农服务绩效角度分析，表9显示农村商业（合作）银行和农村信用社的上述各年度的状态、变动趋势及关系与总体绩效相同。上述分析结果与文前结论一致。

（三）技术有效和无效分析

1. 冗余率和投入要素浪费情况。在考虑非期望产出指标的情况下，从

① 表8、表9中的效率值为所有研究样本2007—2012年各年度对应数值的简单算术平均数。

② 谢志忠等分析了2005—2009年福建省九个地市农村信用社的三个效率值及其变化，认为三个效率值均稳定在0.9以上，但略呈下降趋势，前者与本书结论一致，后者存在差异，可参考相关论文。

静态角度分析，表7显示无论是从总体绩效和涉农服务绩效层面，还是从所有样本角度看，所有的综合效率值均小于1，说明所有样本均处于技术无效状态，存在投入要素浪费。

表8 2007—2012年全部研究样本绩效动态变化比较分析

指标类别	绩效类别	效率类别	2007年	2008年	2009年	2010年	2011年	2012年
未考虑非预期产出指标	总体绩效	综合效率	0.9223	0.9235	0.9179	0.9410	0.9611	0.9616
		纯技术效率	0.9378	0.9419	0.9436	0.9573	0.9711	0.9719
		规模效率	0.9836	0.9803	0.9722	0.9826	0.9894	0.9893
	涉农服务绩效	综合效率	0.8366	0.8669	0.8631	0.8947	0.9085	0.9027
		纯技术效率	0.8615	0.8918	0.9015	0.9311	0.9476	0.9393
		规模效率	0.9635	0.9695	0.9549	0.9590	0.9563	0.9590
考虑非预期产出指标	总体绩效	综合效率	0.9247	0.9282	0.9233	0.9440	0.9630	0.9646
		纯技术效率	0.9412	0.9459	0.9476	0.9593	0.9734	0.9733
	涉农服务绩效	规模效率	0.9827	0.9811	0.9739	0.9836	0.9891	0.9908
		综合效率	0.8729	0.8938	0.8818	0.9145	0.9114	0.9178
		纯技术效率	0.9094	0.9171	0.9169	0.9399	0.9444	0.9477
		规模效率	0.9584	0.9738	0.9603	0.9708	0.9625	0.9674

如全部研究样本总体绩效层面的综合效率为0.9413，冗余率为0.0587（=1-0.9413），表示投入要素的浪费程度为5.87%，即若减少5.87%的投入要素，仍可以获得相同的产出。同时，表7也反映了其余的冗余率，从不同层面和角度说明了投入要素的浪费程度，如在涉农服务绩效层面，农村商业（合作）银行和农村信用社的冗余率分别为9.24%、10.84%，前者低于后者。从动态角度分析，表8显示所有样本的年度综合效率均小于1但总体上升，说明所有样本均处于技术无效状态，各年度均存在投入要素的浪费，但浪费程度呈现逐年下降态势。总体绩效层面的全部研究样本年度综合效率均高于涉农服务绩效层面的对应数值，说明后者的投入要素浪费更为严重；表9显示农村商业（合作）银行的年度综合效率高于农村信用社，说明后者的投入要素浪费更为严重。涉农服务绩效层面的分析结论与上述一致。

2. 技术有效和无效情况。在考虑非期望产出指标的情况下，从全部研究样本角度分析，表10① 显示总体绩效层面分年度汇总的技术有效样本个数为296个，占比为42.90%（296/690×100）；年度均值汇总的技术有效样本个数为16个，占比为13.91%（16/115×100）。总体绩效层面上述数据优于涉农服务绩效层面，说明总体绩效层面的技术有效程度好于涉农服务绩效层面。从不同产权组织形式样本角度分析，总体绩效和涉农服务绩效层面的农村商业（合作）银行的技术有效程度均高于农村信用社。从全部研究样本角度看，总体绩效层面的分年度汇总和年度均值汇总的技术无效样本占比分别为57.1%、86.09%，涉农服务绩效层面的上述数值更高，说明后者的技术无效程度更为严重。从不同产权组织形式样本角度分析，上述两个层面农村商业（合作）银行的技术无效程度均低于农村信用社。

表9　2007—2012年不同产权组织形式的综合效率及其组成部分动态变化分析

效率类别	指标类别	绩效类别	产权组织形式	2007年	2008年	2009年	2010年	2011年	2012年
综合效率	未考虑非期望产出指标	总体绩效	农村商业（合作）银行	0.9386	0.9325	0.9251	0.9448	0.9588	0.9616
			农村信用社	0.9093	0.9164	0.9138	0.9388	0.9623	0.9610
		涉农服务绩效	农村商业（合作）银行	0.8353	0.8702	0.8609	0.8866	0.8984	0.8915
			农村信用社	0.8679	0.8881	0.8413	0.8595	0.8871	0.8691
	考虑非期望产出指标	总体绩效	农村商业（合作）银行	0.9408	0.9355	0.9294	0.9484	0.9619	0.9666
			农村信用社	0.9119	0.9226	0.9197	0.9412	0.9633	0.9624
		涉农服务绩效	农村商业（合作）银行	0.8895	0.9116	0.8862	0.9210	0.9147	0.9251
			农村信用社	0.8597	0.8794	0.8797	0.9098	0.9090	0.9119

① 表10中分年度汇总的研究样本个数为每个研究样本2007—2012年每年度的综合效率值对应状态的研究样本个数相加，研究样本个数总和为690个（115×6）。年度均值汇总的研究样本个数为每个研究样本2007—2012年的综合效率值简单算术平均数对应状态的研究样本个数相加，研究样本个数总和为115个。

续表

效率类别	指标类别	绩效类别	产权组织形式	2007 年	2008 年	2009 年	2010 年	2011 年	2012 年
纯技术效率	未考虑非期望产出指标	总体绩效	农村商业（合作）银行	0. 9470	0. 9452	0. 9513	0. 9602	0. 9652	0. 9708
			农村信用社	0. 9305	0. 9396	0. 9395	0. 9558	0. 9753	0. 9723
		涉农服务绩效	农村商业（合作）银行	0. 8583	0. 8936	0. 8986	0. 9296	0. 9407	0. 9383
			农村信用社	0. 8641	0. 8899	0. 9054	0. 9329	0. 9537	0. 9399
	考虑非期望产出指标	总体绩效	农村商业（合作）银行	0. 9479	0. 9474	0. 9543	0. 9623	0. 9697	0. 9728
			农村信用社	0. 9359	0. 9450	0. 9438	0. 9576	0. 9758	0. 9734
		涉农服务绩效	农村商业（合作）银行	0. 9133	0. 9244	0. 9203	0. 9449	0. 9490	0. 9569
			农村信用社	0. 9064	0. 9113	0. 9159	0. 9369	0. 9415	0. 9407
规模效率	未考虑非期望产出指标	总体绩效	农村商业（合作）银行	0. 9911	0. 9858	0. 9721	0. 9833	0. 9929	0. 9904
			农村信用社	0. 9776	0. 9758	0. 9719	0. 9820	0. 9865	0. 9882
		涉农服务绩效	农村商业（合作）银行	0. 9607	0. 9704	0. 9551	0. 9533	0. 9531	0. 9468
			农村信用社	0. 9656	0. 9684	0. 9541	0. 9630	0. 9582	0. 9678
	考虑非期望产出指标	总体绩效	农村商业（合作）银行	0. 9925	0. 9868	0. 9736	0. 9850	0. 9917	0. 9934
			农村信用社	0. 9749	0. 9765	0. 9737	0. 9825	0. 9868	0. 9886
		涉农服务绩效	农村商业（合作）银行	0. 9712	0. 9849	0. 9622	0. 9730	0. 9623	0. 9656
			农村信用社	0. 9482	0. 9648	0. 9582	0. 9686	0. 9621	0. 9685

表 7 至表 9 显示，从静态和动态角度分析，总体看，所有样本的综合效率值均小于 1，纯技术效率小于规模效率，说明所有样本总体处于技术无效状态，其主因是纯技术效率低下。表 10 描述的总体绩效和涉农服务绩效层面所有样本中纯技术效率低下导致的技术无效样本个数远高于规模效率引

起的技术无效样本个数，也支持了此结论，说明应主要通过加强内部管理，提高纯技术效率，提升改革绩效。例如总体绩效层面全部研究样本中需要加强内部管理的样本数为 52 个，占比为 52.53%（52/99×100）；调整经营规模的样本数为 21 个，占比为 21.21%；同时调整经营规模和改进管理的样本数为 26 个，占比为 26.27%。

表 10　2007—2012 年研究样本的技术有效和无效研究样本分布比较分析

指标类别	绩效类别	样本类别	分年度汇总		年度均值汇总			
						技术无效成因分析		
			技术有效样本个数	技术无效样本个数	技术有效样本个数	技术无效样本个数	纯技术效率引起的样本个数	规模效率引起的样本个数
未考虑非预期产出指标	总体绩效	全部研究样本	271	419	9	106	55	21
		农村商业（合作）银行	136	170	5	46	20	10
		农村信用社	135	249	4	60	35	11
	涉农服务绩效	全部研究样本	146	544	7	108	83	10
		农村商业（合作）银行	62	244	4	47	38	4
		农村信用社	84	300	3	61	45	6
考虑非预期产出指标	总体绩效	全部研究样本	296	394	16	99	52	21
		农村商业（合作）银行	154	152	11	40	19	8
		农村信用社	142	242	5	59	33	13
	涉农服务绩效	全部研究样本	188	502	8	107	61	19
		农村商业（合作）银行	100	206	6	45	27	7
		农村信用社	88	296	2	62	34	12

（四）规模报酬状况分析

在考虑非期望产出指标的条件下，表 11① 显示从全部研究样本角度看，总体绩效层面规模报酬不变的样本个数和占比分别为 325 个、47.1%（325/690×100），而在涉农服务绩效层面对应的样本个数和占比分别为 251 个、36.38%，说明这些样本的经营规模已处于最优状态，也表明总体绩效层面

① 表 11 中的研究样本个数为每个研究样本 2007—2012 年每年度处于规模报酬递增、不变、递减状态的样本个数相加。占比为样本个数除以 6 个年度样本个数之和 690（115×6）。

样本经营规模优化程度高于涉农服务绩效层面。涉农服务绩效层面规模报酬递增样本的个数和占比分别为336个、48.7%，高于总体绩效层面对应样本的个数（220个）和占比（31.88%），说明这些样本应扩大经营规模提高绩效，但涉农服务绩效层面的样本数更多。总体绩效层面规模报酬递减[①]样本的个数和占比分别为145个、21.01%，高于涉农服务绩效层面对应样本的个数（103个）和占比（14.93%），说明这些样本应缩小经营规模提高绩效，但总体绩效层面的样本数更多。

从不同产权组织形式样本角度分析，表11显示总体绩效层面的农村商业（合作）银行处于规模报酬不变状态的样本个数占比（53.27%）高于农村信用社（42.19%）。农村信用社处于规模报酬递增、递减状态的样本个数占比分别为32.29%、25.52%，均高于农村商业（合作）银行的31.37%、15.36%。综上说明农村商业（合作）银行的经营规模总体优于农村信用社，后者更应进一步调整经营规模提高总体绩效。涉农服务绩效层面的分析结论与上述一致。

表11　2007—2012年度研究样本的规模报酬状况比较分析　单位：个、%

指标类别	绩效类别	样本类别	规模报酬递增样本		规模报酬不变样本		规模报酬递减样本	
			个数	占比	个数	占比	个数	占比
未考虑非预期产出指标	总体绩效	全部研究样本	235	34.06	309	44.78	146	21.16
		农村商业（合作）银行	105	34.31	151	49.35	50	16.34
		农村信用社	130	33.85	158	41.15	96	25
	涉农服务绩效	全部研究样本	342	49.57	257	37.25	91	13.19
		农村商业（合作）银行	163	53.27	111	36.27	32	10.46
		农村信用社	179	46.62	146	38.02	59	15.36
考虑非预期产出指标	总体绩效	全部研究样本	220	31.88	325	47.1	145	21.01
		农村商业（合作）银行	96	31.37	163	53.27	47	15.36
		农村信用社	124	32.29	162	42.19	98	25.52
	涉农服务绩效	全部研究样本	336	48.7	251	36.38	103	14.93
		农村商业（合作）银行	148	48.37	121	39.54	37	12.09
		农村信用社	188	48.96	130	33.85	66	17.19

① 盛煜认为50%的农村商业银行处于规模报酬递减区间，孙倩等认为90%的农村信用社处于规模报酬递减区间，与本书的研究结论差异较大。

表 7 至表 9 显示，从静态和动态角度分析，所有样本的规模效率值均小于 1，说明总体看所有样本仍需要进一步优化经营规模。

（五）敏感度分析

表 12 显示在未考虑非期望产出指标的情况下，从静态角度分析，全部研究样本商业绩效的均值为 0. 8444，低于总体绩效的均值 0. 9379。主要是因为将产出指标从评价商业绩效的利息收入占比、非利息收入占比等 2 个指标转换为评价总体绩效的利息收入占比、非利息收入占比、涉农贷款占比、农户贷款广度等 4 个指标，说明绩效评价结果对产出指标的变动比较敏感，敏感程度为 9. 97% ［0. 8444 − 0. 9379］/0. 9379 × 100］。考虑非期望产出指标后的商业绩效（0. 8558）也低于总体绩效（0. 9413），敏感程度为 9. 09%。同时，从产权组织形式角度看，无论是否考虑非期望产出，农村商业（合作）银行、农村信用社的商业绩效均低于总体绩效。综合分析说明，总体绩效高于商业绩效是因为在模型分析中引入了涉农贷款占比、农户贷款广度等 2 个产出指标，而其正是反映涉农服务绩效的指标。因此，上述实证分析说明，开展农村金融服务有利于提升总体绩效。

表 12　　涉农服务绩效对总体绩效的敏感度分析

预期类别	绩效类别	样本类别	2007 年	2008 年	2009 年	2010 年	2011 年	2012 年	均值
未考虑非预期产出指标	总体绩效	全部样本	0. 9223	0. 9235	0. 9179	0. 9410	0. 9611	0. 9616	0. 9379
		农村商业银行	0. 9386	0. 9325	0. 9251	0. 9448	0. 9588	0. 9616	0. 9436
		农村信用社	0. 9093	0. 9164	0. 9138	0. 9388	0. 9623	0. 9610	0. 9336
	商业绩效	全部样本	0. 8327	0. 8258	0. 8301	0. 8352	0. 8637	0. 8787	0. 8444
		农村商业银行	0. 8655	0. 8476	0. 8697	0. 8618	0. 8859	0. 9100	0. 8734
		农村信用社	0. 8067	0. 8094	0. 7995	0. 8144	0. 8442	0. 8524	0. 8211
考虑非预期产出指标	总体绩效	全部样本	0. 9247	0. 9282	0. 9233	0. 9440	0. 9630	0. 9646	0. 9413
		农村商业银行	0. 9408	0. 9355	0. 9294	0. 9484	0. 9619	0. 9666	0. 9471
		农村信用社	0. 9119	0. 9226	0. 9197	0. 9412	0. 9633	0. 9624	0. 9368
	商业绩效	全部样本	0. 8641	0. 8455	0. 8467	0. 8445	0. 8592	0. 8745	0. 8558
		农村商业银行	0. 8959	0. 8704	0. 8921	0. 8923	0. 8997	0. 9229	0. 8956
		农村信用社	0. 8388	0. 8270	0. 8121	0. 8075	0. 8266	0. 8365	0. 8248

二、第二阶段 DEA 模型——运用 SFA 模型剔除外部环境因素影响

按照文前研究思路和方法，本部分运用 SFA 模型对第一阶段 DEA 模型的 BCC 分析法获得的投入差额值进行调整，形成新的投入指标。为简化分析，本部分在考虑非期望产出指标条件下分析上述问题（见表 13），使用的软件为 Frontier 4. 1。

表 13　　剔除外部环境因素后调整的投入指标特征描述

指标名称	均值	最大值	最小值	中值	标准差	观测值
固定资产和在建工程占比	0. 01958	0. 05026	0. 00835	0. 01766	0. 00826	115
营业支出占比	0. 05314	0. 09573	0. 03608	0. 05169	0. 01048	115
职工收入占比	0. 01092	0. 02304	0. 00401	0. 01048	0. 00364	115
各项贷款占比	0. 64236	0. 83703	0. 40402	0. 65085	0. 09037	115

表 13 显示，调整后的 4 个投入指标的相关数值均较表 6 的对应数值有所上升，原因是按照文前确定的方法，采取调整后的差额值与原有投入指标相加的方法产生新的投入指标。标准差较表 6 的数值上升，说明样本农村信用社间的差距有所拉大，由于 DEA 模型是评价相对效率的方法，预示着后续所获得的绩效评价结果将总体有所下降。

表 14　　考虑非预期产出和环境变量因素后的投入指标及其特征描述

绩效类别	指标类别	均值	最大值	最小值	中值值	标准差
总体绩效	固定资产和在建工程占比	0. 0212	0. 0520	0. 0101	0. 0192	0. 0082
	营业支出占比	0. 0540	0. 0967	0. 0371	0. 0524	0. 0105
	职工收入占比	0. 0109	0. 0231	0. 0041	0. 0102	0. 0036
	各项贷款占比	0. 6414	0. 8384	0. 4054	0. 6506	0. 0892
商业绩效	固定资产和在建工程占比	0. 0174	0. 0391	0. 0070	0. 0166	0. 0062
	营业支出占比	0. 1801	0. 3086	0. 0995	0. 1814	0. 0436
	职工收入占比	0. 0171	0. 0350	0. 0094	0. 0167	0. 0047
	各项贷款占比	0. 5913	0. 7806	0. 3800	0. 5997	0. 0793
涉农服务绩效	固定资产和在建工程占比	0. 0188	0. 0398	0. 0083	0. 0174	0. 0065
	营业支出占比	0. 1544	0. 3099	0. 0890	0. 1501	0. 0439
	职工收入占比	0. 0183	0. 0350	0. 0087	0. 0172	0. 0054
	各项贷款占比	0. 6078	0. 8036	0. 3959	0. 6143	0. 0785

三、第三阶段 DEA 模型——运用 BCC 分析法重新评价改革绩效

根据新的投入指标，使用 DEAP2.1 软件，运用 DEA 模型的 BCC 分析法重新分析考虑非期望产出指标条件下的总体绩效，具体评价结果分别见表 15 和表 16[①]（剔除外部环境因素）。

从总体绩效的静态角度分析，比较表 15 和表 7 发现，剔除外部环境因素影响后，全部研究样本、农村商业（合作）银行、农村信用社的综合效率、纯技术效率、规模效率均较未剔除前有所下降，说明表 7 对总体绩效有所高估，其程度分别为 0.0301、0.0341、0.0270。表 15 和表 7 反映的共同问题：一是所有样本均处于技术无效状态，纯技术效率小于规模效率，说明主因是纯技术效率低下，但经营规模也未达到最优；二是农村商业（合作）银行的总体绩效高于农村信用社。

表 15　2007—2012 年剔除外部环境因素后的总体绩效静态比较分析

样本分类	综合效率	纯技术效率	规模效率
全部研究样本	0.9078	0.9258	0.9795
农村商业（合作）银行	0.9092	0.9256	0.9812
农村信用社	0.9066	0.9260	0.9782

从总体绩效的动态角度分析，综合比较表 16 和表 8、表 9 发现，剔除外部环境因素影响后，所有研究样本年度的综合效率、纯技术效率、规模效率均较未剔除前有所下降，说明表 8、表 9 对总体绩效有所高估。表 16 和表 8、表 9 反映的共同问题：一是所有样本各年度的效率值总体均呈现逐年上升态势，说明改革绩效总体向好，管理水平提升、经营规模优化。二是各年度均处于技术无效状态，主因是纯技术效率低下，但经营规模也未达到最优。三是农村商业（合作）银行各年度的综合效率值均高于农村信用社，说明前者的总体绩效高于后者。

---

① 表 15、表 16 中数据的计算方法分别与表 7、表 8 一致。

表 16 2007—2012 年剔除外部环境因素后的总体绩效动态比较分析

分类		2007 年	2008 年	2009 年	2010 年	2011 年	2012 年
全部研究样本	综合效率	0.8849	0.8876	0.8801	0.9131	0.9403	0.9408
	纯技术效率	0.9033	0.9074	0.9070	0.9314	0.9525	0.9532
	规模效率	0.9789	0.9772	0.9689	0.9792	0.9865	0.9865
农村商业（合作）银行	综合效率	0.8934	0.8984	0.8823	0.8992	0.9317	0.9434
	纯技术效率	0.9051	0.9132	0.9109	0.9189	0.9416	0.9570
	规模效率	0.9866	0.9818	0.9676	0.9770	0.9887	0.9855
农村信用社	综合效率	0.8780	0.8780	0.8764	0.9229	0.9466	0.9379
	纯技术效率	0.9018	0.9014	0.9025	0.9401	0.9604	0.9496
	规模效率	0.9728	0.9738	0.9694	0.9809	0.9851	0.9872

四、主要结论与政策措施

本书研究表明，从静态角度分析，全部研究样本总体绩效层面的综合效率值均高于0.9，表明农村信用社改革绩效总体良好；总体绩效高于涉农服务绩效；农村商业（合作）银行的总体绩效和涉农服务绩效均高于农村信用社。从动态角度分析，全部研究样本、农村商业（合作）银行、农村信用社的年度综合效率、纯技术效率、规模效率总体均呈现逐年上升态势，且处于较高水平，说明农村信用社的改革绩效、管理水平、经营规模逐年提升，且状态良好。同时，分析总体绩效和涉农服务绩效层面、不同产权组织形式样本的上述三个年度效率值的相互关系也验证了静态分析的结论。但所有研究样本的综合效率均小于1，说明总体仍处于技术无效状态，无效样本占比57%；主因是纯技术效率低下，样本占比53%；投入要素的浪费程度达到5%～10%；大约50%的样本已实现经营规模最优化，30%和20%的样本分别需要扩大和压缩经营规模。

根据上述研究结论，提出促进提高农村信用社改革绩效的政策措施：一是切实加大对农村金融服务的政策支持力度。本书论证了研究样本的总体绩效高于涉农服务绩效，说明开展农村金融服务不利于提高总体绩效，根源在于农村金融服务的高成本、高风险、低收益。因此，应建立制度化的财政、税收、金融等政策扶持体系，加大对农村金融服务的政策支持力度，提升涉农服务绩效。二是积极推动农村信用社提高管理水平。本书研究表明纯技术效率低下是导致技术无效的主要原因，这就要求农村信用社积极引进先进管理技术和手段，加快全面提高经营管理水平。三是合理优化农村信用社经营规模。本书研究结论反映，一定比例的研究样本处于规模报酬递增或递减状态，部分农村信用社应结合自身实际，进一步优化经营规模，具体表现为农村商业银行应压缩经营规模，农村信用社应扩大经营规模，以促进提高改革绩效。四是加快推进农村信用社改制为农村商业银行。本书分析认为，农村商业银行的总体绩效和涉农服务绩效均高于农村信用社，说明加快推进农村信用社改制，大力发展农村商业银行，不仅有助于提高涉农服务绩效，而且能够促进总体绩效提升。

第五节　运用三阶段 DEA 模型的 Malmquist 指数分析法实证研究改革绩效

本部分运用三阶段 DEA 模型的 Malmquist 指数分析法，从考虑非期望产出指标、并剔除外部环境因素角度①，分别实证分析全部研究样本和不同产权组织形式样本的总体绩效、商业绩效、涉农服务绩效的改善程度及其影响因素，探寻提高改革绩效的路径。

一、第一阶段 DEA 模型——运用 Malmquist 指数分析法实证分析改革绩效

本部分使用 DEAP2. 1 软件，分析 115 家县域法人样本农村信用社改革绩效（未剔除外部环境因素）。

① 如文前所述，考虑非期望产出指标、并剔除外部环境因素影响，能够使绩效评价结果更接近农村信用社的真实状况，所以本书使用此前提条件展开分析。

（一）从均值角度分析

1. 全部研究样本的绩效评价。表17[①]第一阶段显示，总体绩效、商业绩效、涉农服务绩效三个层面的全要素生产率指数均大于1，说明三个层面的绩效均呈现改善，2008—2012年年均改善幅度分别为3.29%、2.41%、3.29%，总体绩效和涉农服务绩效改善程度基本一致，且高于商业绩效。从全要素生产率指数构成看，上述三个绩效层面的综合技术效率指数和技术进步指数均大于1，说明管理决策的正确性和技术创新程度均有所改善；管理决策正确性改善程度高低的排序依次为涉农服务绩效、总体绩效、商业绩效，商业绩效层面应更关注提高管理决策的正确性；技术创新改善程度高低的排序依次为总体绩效、商业绩效、涉农服务绩效，涉农服务绩效层面应更关注技术创新；总体绩效和商业绩效层面的综合技术效率指数小于技术进步指数，说明两个层面的技术创新改善程度更高，而涉农服务绩效层面则与之相反，说明此层面应更致力于提高技术创新程度。从综合技术效率指数构成看，总体绩效和涉农服务绩效层面的纯技术效率指数和规模效率指数均大于1，但后者高于前者，说明管理水平和经营规模优化均呈现改善，但经营规模优化程度高于管理水平；商业绩效层面的纯技术效率指数大于1，而规模效率指数小于1，说明管理水平有所提升，经营规模优化出现退步。

2. 不同产权组织形式样本的绩效评价。表17第一阶段显示，农村商业银行、农村信用社三个绩效层面的全要素生产率指数均大于1，且前者高于后者，说明两者改革绩效均呈现全面改善，前者改善程度高于后者，验证了实践中的农村商业银行改革绩效高于农村信用社，表明农村信用社改制为农村商业银行有助于全面提升改革绩效[②]；农村商业银行三个层面全要素生产率指数高低排序依次为涉农服务绩效、总体绩效、商业绩效，而农村信用社三个层面全要素生产率指数高低排序依次为总体绩效、商业绩效、

---

① 表17中的数值为研究样本2008—2012年各年度对应指数值的简单算术平均数的平均值。

② 除此原因外，可能因为农村商业银行是农村信用社中的优秀者改制而来。

涉农服务绩效，上述结果的差异可能与农村商业银行涉农服务绩效的基数较低，改善空间较大有关。从全要素生产率指数构成看，农村商业银行、农村信用社三个绩效层面的综合技术效率指数、技术进步指数总体大于1，说明其管理决策正确性、技术创新程度有所改善，但农村信用社涉农服务绩效层面的技术进步指数为0.9879，说明其技术创新呈现退步，需要予以关注。农村商业银行三个绩效层面的综合技术效率指数均低于技术进步指数，说明其技术创新改善程度更大；农村信用社总体绩效、涉农服务绩效层面的综合技术效率指数均高于技术进步指数，说明其管理决策正确性改善程度更大，而商业绩效层面两个指数的关系正好相反，说明此层面的技术创新改善程度更大。从综合技术效率指数构成看，农村商业银行、农村信用社的纯技术效率指数、规模效率指数总体大于1，说明其管理水平、经营规模优化程度有所提高，但农村信用社商业绩效层面的规模效率指数为0.9991，说明其经营规模优化出现退步，需要予以关注；农村商业银行、农村信用社三个绩效层面的纯技术效率指数均高于规模效率指数，说明其管理水平的提升程度大于经营规模优化程度；农村商业银行商业绩效、涉农服务绩效层面的纯技术效率指数均高于农村信用社，而总体绩效层面两个指数的关系则正好相反，说明在商业绩效、涉农服务绩效层面，农村商业银行的管理水平改善程度高于农村信用社，而在总体绩效层面，后者优于前者；农村商业银行总体绩效、涉农服务绩效层面的规模效率指数低于农村信用社，而商业绩效层面规模效率指数的关系则正好相反，说明在总体绩效、涉农服务绩效层面，农村信用社经营规模优化的改善程度高于农村商业银行，而在商业绩效层面，后者优于前者。

表17　不同研究样本的全要素生产率指数均值及其分解指数比较

模型阶段	绩效类别	研究样本分类	综合技术效率指数	技术进步指数	纯技术效率指数	规模效率指数	全要素生产率指数
第一阶段	总体绩效	全部研究样本	1.0117	1.0207	1.0094	1.0139	1.0329
		农村商业银行	1.0081	1.0353	1.0073	1.0008	1.0440
		农村信用社	1.0146	1.0090	1.0111	1.0039	1.0241

续表

模型阶段	绩效类别	研究样本分类	综合技术效率指数	技术进步指数	纯技术效率指数	规模效率指数	全要素生产率指数
第一阶段	商业绩效	全部研究样本	1.0086	1.0156	1.0093	0.9999	1.0244
		农村商业银行	1.0120	1.0262	1.0106	1.0009	1.0374
		农村信用社	1.0060	1.0072	1.0082	0.9991	1.0140
	涉农服务绩效	全部研究样本	1.0205	1.0082	1.0139	1.0142	1.0329
		农村商业银行	1.0160	1.0337	1.0143	1.0006	1.0611
		农村信用社	1.0241	0.9879	1.0135	1.0091	1.0103
第三阶段	总体绩效	全部研究样本	1.0202	1.0240	1.0172	1.0032	1.0452
		农村商业银行	1.0148	1.0374	1.0132	1.0015	1.0533
		农村信用社	1.0245	1.0134	1.0203	1.0046	1.0387
	商业绩效	全部研究样本	1.0458	1.0503	1.0456	1.0034	1.0877
		农村商业银行	1.0389	1.0694	1.0542	0.9995	1.1035
		农村信用社	1.0514	1.0351	1.0483	1.0066	1.0751
	涉农服务绩效	全部研究样本	1.0377	1.0203	1.0243	1.0101	1.0613
		农村商业银行	1.0329	1.0493	1.0230	1.0060	1.0958
		农村信用社	1.0415	0.9971	1.0254	1.0135	1.0338

（二）从年度指数变化角度分析

1. 全部研究样本的年度指数变化分析。表18[①]第一阶段显示，总体绩效、商业绩效、涉农服务绩效三个层面的各年度全要素生产率指数、综合技术效率指数、技术进步指数、纯技术效率指数、规模效率指数总体大于1，说明改革绩效、管理决策正确性、技术进步、管理水平和经营规模优化全面逐年改善；个别年度的个别指数值虽小于1但大于0.9，说明某个方面改善程度有所下降，但下降幅度较小。

① 表18中的数值为全部研究样本2008—2012年各年度对应数值的简单算术平均数。表19中的指数值计算方法与表18相同，不再赘述。

表 18　全部研究样本年度全要素生产率指数及其分解部分动态比较

模型阶段	绩效类别	指数类别	2008 年	2009 年	2010 年	2011 年	2012 年
第一阶段	总体绩效	综合技术效率指数	1.0071	0.9976	1.0270	1.0230	1.0038
		技术进步指数	1.0121	1.0271	1.0320	1.0208	1.0115
		纯技术效率指数	1.0087	1.0047	1.0154	1.0169	1.0013
		规模效率指数	0.9993	0.9934	1.0116	1.0061	1.0021
		全要素生产率指数	1.0192	1.0243	1.0602	1.0451	1.0157
	商业绩效	综合技术效率指数	0.9797	1.0100	1.0030	1.0258	1.0246
		技术进步指数	1.0426	0.9423	1.0231	1.0483	1.0218
		纯技术效率指数	0.9951	1.0291	0.9839	1.0295	1.0088
		规模效率指数	0.9859	0.9822	1.0185	0.9974	1.0155
		全要素生产率指数	1.0209	0.9516	1.0254	1.0770	1.0469
	涉农服务绩效	综合技术效率指数	1.0399	0.9925	1.0464	0.9986	1.0251
		技术进步指数	0.9527	1.0525	0.9868	1.0737	0.9756
		纯技术效率指数	1.0183	1.0059	1.0308	1.0074	1.0069
		规模效率指数	1.0202	0.9871	1.0169	0.9910	1.0116
		全要素生产率指数	0.9907	1.0434	1.0343	1.0998	0.9961
第三阶段	总体绩效	综合技术效率指数	1.0152	1.0010	1.0427	1.0358	1.0063
		技术进步指数	1.0276	1.0155	1.0364	1.0307	1.0099
		纯技术效率指数	1.0146	1.0084	1.0303	1.0292	1.0033
		规模效率指数	1.0019	0.9932	1.0123	1.0063	1.0024
		全要素生产率指数	1.0433	1.0159	1.0807	1.0693	1.0167
	商业绩效	综合技术效率指数	0.9900	1.1472	1.0514	1.0750	0.9654
		技术进步指数	1.1435	0.8326	1.0480	1.0950	1.1325
		纯技术效率指数	1.0356	1.1281	1.0241	1.0317	1.0083
		规模效率指数	0.9634	1.0248	1.0279	1.0428	0.9584
		全要素生产率指数	1.1266	0.9420	1.0984	1.1790	1.0924
	涉农服务绩效	综合技术效率指数	1.0841	0.9879	1.0869	1.0002	1.0293
		技术进步指数	0.9842	1.0434	0.9794	1.1181	0.9763
		纯技术效率指数	1.0504	1.0067	1.0491	1.0087	1.0068
		规模效率指数	1.0224	0.9816	1.0426	0.9912	1.0129
		全要素生产率指数	1.0618	1.0314	1.0624	1.1504	1.0005

2. 不同产权组织形式样本的年度指数变化分析。表19第一阶段显示，农村商业银行、农村信用社总体绩效、商业绩效、涉农服务绩效层面的各年度全要素生产率指数值总体大于1，说明两者上述三个层面的改革绩效逐年改善；个别年度的指数值虽小于1但大于0.9，表明个别年度的改革绩效有所下降，但下降幅度较小。农村商业银行总体绩效、商业绩效、涉农服务绩效层面的全要素生产率指数值总体高于农村信用社，说明前者三个层面的绩效改善程度高于后者，再次验证了实践中农村商业银行改革绩效总体高于农村信用社。

表19　不同产权组织形式样本年度全要素生产率指数动态比较

模型阶段	绩效类别	产权组织形式	2008年	2009年	2010年	2011年	2012年
第一阶段	总体绩效	农村商业银行	1.0151	1.0460	1.0828	1.0517	1.0243
		农村信用社	1.0225	1.0071	1.0422	1.0398	1.0089
	商业绩效	农村商业银行	1.0104	1.0066	1.0468	1.0653	1.0577
		农村信用社	1.0293	0.9077	1.0083	1.0864	1.0383
	涉农服务绩效	农村商业银行	0.9896	1.0805	1.0246	1.2421	0.9688
		农村信用社	0.9916	1.0138	1.0420	0.9863	1.0179
第三阶段	总体绩效	农村商业银行	1.0324	1.0398	1.0929	1.0712	1.0301
		农村信用社	1.0520	0.9968	1.0710	1.0678	1.0060
	商业绩效	农村商业银行	1.1338	0.9845	1.1026	1.1775	1.1191
		农村信用社	1.1209	0.9082	1.0950	1.1802	1.0712
	涉农服务绩效	农村商业银行	1.0937	1.0436	1.0411	1.3303	0.9704
		农村信用社	1.0364	1.0216	1.0793	1.0071	1.0245

（三）机构指数值的分布分析

1. 全部研究样本指数值的分布分析。表20[①]第一阶段显示，总体绩效、

① 表20中不同状态指数的机构个数为全部研究样本（115个）中每个研究样本2008—2012年的全要素生产率指数值及其分解指数值简单算术平均数对应状态的样本个数之和。占比为个数与对应样本数之比。表21中数值的计算方法与表20相同，不再赘述。

商业绩效、涉农服务绩效三个层面全要素生产率指数值大于1的机构个数和占比依次为83（72.17%）、67（58.26%）、61（53.04%），说明在全部研究样本（115个）中，三个层面绩效改善的机构个数占比均超过50%，高低排序为总体绩效、商业绩效、涉农服务绩效。全要素生产率指数值处于（0.9－1）的三个绩效层面的机构个数和占比高低的排序与上述指数值大于1的排序正好相反。综合两者分析结论，说明涉农服务绩效层面绩效改善的机构个数和占比最低，应努力改善涉农服务绩效。从全要素生产率指数构成角度分析，综合技术效率指数值大于1的机构个数占比高低排序为总体绩效（80%）、涉农服务绩效（64.35%）、商业绩效（58.26%），而指数值处于（0.9－1）的机构个数占比高低排序则与上述相反，说明应努力提高商业绩效层面管理决策的正确性。技术进步指数值大于1的机构个数占比高低排序为总体绩效、商业绩效、涉农服务绩效，指数值处于（0.9－1）的机构个数占比高低排序则与上述相反，这可能与涉农服务绩效层面的竞争程度较弱，技术创新动力不足有较大关系，说明应加强涉农服务绩效层面的技术创新进步。

表20　全部研究样本全要素生产率指数及其分解指数机构个数及占比分布　单位：个、%

模型阶段	绩效类别	指数名称	大于1的机构		0.9－1的机构（含0.9）		0.8－0.9的机构（含0.8）	
			个数	占比	个数	占比	个数	占比
第一阶段	总体绩效	综合技术效率指数	92	80	23	20	0	0
		技术进步指数	82	71.30	32	27.83	1	0.87
		全要素生产率指数	83	72.17	31	26.96	1	0.87
	商业绩效	综合技术效率指数	67	58.26	48	41.74	0	0
		技术进步指数	72	62.61	42	36.52	1	0.87
		全要素生产率指数	67	58.26	46	40	2	1.74
	涉农服务绩效	综合技术效率指数	74	64.35	40	34.78	1	0.87
		技术进步指数	36	31.30	79	68.70	0	0
		全要素生产率指数	61	53.04	51	44.35	3	2.61

续表

模型阶段	绩效类别	指数名称	大于1的机构		0.9-1的机构（含0.9）		0.8-0.9的机构（含0.8）	
			个数	占比	个数	占比	个数	占比
第三阶段	总体绩效	综合技术效率指数	89	77.39	26	22.61	0	0
		技术进步指数	90	78.26	25	21.74	0	0
		全要素生产率指数	88	76.52	27	23.48	0	0
	商业绩效	综合技术效率指数	86	74.78	28	24.35	1	0.87
		技术进步指数	88	76.52	27	23.48	0	0
		全要素生产率指数	90	78.26	23	20.00	2	1.74
	涉农服务绩效	综合技术效率指数	77	66.96	38	33.04	0	0
		技术进步指数	61	53.04	54	46.96	0	0
		全要素生产率指数	75	65.22	38	33.04	2	1.74

2. 不同产权组织形式样本指数值的分布分析。表21第一阶段显示，农村商业银行三个绩效层面全要素生产率指数值大于1的机构个数占比高低的排序为总体绩效、商业绩效、涉农服务绩效；农村信用社三个绩效层面全要素生产率指数值大于1的机构个数占比高低的排序为总体绩效、涉农服务绩效、商业绩效；说明农村商业银行、农村信用社中总体绩效改善的机构个数占比最高。三个绩效层面农村商业银行全要素生产率指数值大于1的机构个数占比均高于农村信用社，说明前者绩效改善的机构占比高于后者，再次验证了实践中的农村商业银行改革绩效高于农村信用社。

表21　不同产权组织形式样本全要素生产率指数机构个数及占比分布情况　　单位：个，%

模型阶段	绩效类别	产权组织形式	大于1的机构		0.9-1的机构（含0.9）		0.8-0.9的机构（含0.8）	
			个数	占比	个数	占比	个数	占比
第一阶段	总体绩效	农村商业银行	38	74.51	13	25.49	0	0.00
		农村信用社	45	70.31	18	28.13	1	0.00
	商业绩效	农村商业银行	37	72.55	12	23.53	2	3.92
		农村信用社	30	46.88	34	53.13	0	0.00

续表

模型阶段	绩效类别	产权组织形式	大于1的机构		0.9-1的机构（含0.9）		0.8-0.9的机构（含0.8）	
			个数	占比	个数	占比	个数	占比
第一阶段	涉农服务绩效	农村商业银行	29	56.86	21	41.18	1	1.96
		农村信用社	33	51.56	29	45.31	2	3.13
第三阶段	总体绩效	农村商业银行	40	78.43	11	21.57	0	0.00
		农村信用社	48	75	16	25	0	0.00
	商业绩效	农村商业银行	41	80.39	10	19.61	0	0.00
		农村信用社	49	76.56	13	20.31	2	3.13
	涉农服务绩效	农村商业银行	33	64.71	18	35.29	0	0.00
		农村信用社	42	65.63	20	31.24	2	3.13

二、第二阶段DEA模型——运用SFA模型剔除外部环境因素影响

（此部分分析与第四节中“二、第二阶段DEA模型——运用SFA模型剔除外部环境因素影响”的内容相同，不再赘述，具体内容详见本书第136页。）

三、第三阶段DEA模型——运用Malmquist指数分析法重新评价改革绩效

根据调整后的投入指标，使用DEAP2.1软件，运用DEA模型的Malmquist指数分析法重新测算考虑非期望产出指标条件下的115家县域法人样本农村信用社总体绩效、商业绩效、涉农服务绩效，体现为表17—21中第三阶段的相关数据，反映了农村信用社改革绩效的真实状态（剔除外部环境因素角度）。

（一）从均值角度分析

1. 全部研究样本的绩效评价。表17第三阶段显示，总体绩效、商业绩效、涉农服务绩效层面的全要素生产率指数、综合技术效率指数、技术进

步指数均高于第一阶段的对应数值，说明剔除外部环境因素的影响后，全部研究样本真实的改革绩效、管理决策正确性、技术创新的改进程度更大。全要素生产率指数、综合技术效率指数的高低排序均为商业绩效、涉农服务绩效、总体绩效；技术进步指数值的高低排序为商业绩效、总体绩效、涉农服务绩效；纯技术效率指数的高低排序均为商业绩效、总体绩效、涉农服务绩效。综合上述分析，说明商业绩效层面的改革绩效、管理决策正确性、技术创新、管理水平的改善程度最大。规模效率指数值的高低排序为涉农服务绩效、商业绩效、总体绩效，说明涉农服务绩效层面经营规模优化的改善程度最高。

2. 不同产权组织形式样本的绩效评价。表 17 第三阶段显示，农村商业银行三个绩效层面的全要素生产率指数值和技术进步指数值均高于农村信用社，说明前者的改革绩效和技术创新的改进程度大于后者，农村信用社改制为农村商业银行有助于提升改革绩效和加快技术创新。农村商业银行三个绩效层面的综合技术效率指数、纯技术效率指数、规模效率指数低于农村信用社[①]，说明前者的管理决策正确性、管理水平、经营规模优化的改善程度低于后者，农村商业银行应在这些方面加快改进。同时两者的规模效率指数值虽然总体大于 1，但处于较低水平，说明两者在经营规模优化方面改进的程度较小，这可能与改革强调要保持县域法人地位稳定，导致其经营规模优化的空间十分有限有关。

（二）从年度指数变化角度分析

1. 全部研究样本的年度指数变化分析。表 18 第三阶段显示，总体绩效、商业绩效、涉农服务绩效层面全部研究样本的各年度全要素生产率指数值总体高于第一阶段，说明剔除外部环境因素的影响后，全部研究样本三个层面的绩效均呈现逐年改善，而且改善程度更大。从全要素生产率指数构成看，全部研究样本三个绩效层面的年度综合技术效率指数、年度技

① 只有在商业绩效层面，农村商业银行的纯技术效率指数值高于农村信用社，说明前者的管理水平改善程度高于后者。

术进步指数总体大于第一阶段，并呈现逐年上升态势，说明全部研究样本的管理决策正确性、技术创新程度逐年改善，且改善程度更大。综上所述，全部研究样本的真实改革绩效、管理决策正确性、技术创新程度处于更高水平。

2. 不同产权组织形式样本的年度指数变化分析。表 19 第三阶段数据显示，总体绩效、商业绩效、涉农服务绩效三个层面的农村商业银行、农村信用社的各年度全要素生产率指数值总体高于第一阶段，说明剔除外部环境因素的影响后，农村商业银行、农村信用社三个层面的绩效总体呈现逐年改善，而且改善程度更大。农村商业银行三个绩效层面的年度全要素生产率指数值总体高于农村信用社，再次验证了农村商业银行的改革绩效高于农村信用社。

（三）机构指数值的分布分析

1. 全部研究样本指数值的分布分析。表 20 第三阶段显示，三个绩效层面的全要素生产率指数值大于 1 的机构个数占比均高于第一阶段，说明剔除外部环境因素的影响后，三个层面绩效改善的机构个数占比均有所提高，更多机构绩效获得改善。指数值大于 1 的机构个数占比高低排序为商业绩效、总体绩效、涉农服务绩效，说明涉农服务绩效层面指数大于 1 的机构个数占比最低，所处地位与第一阶段相同，应致力于提高涉农服务绩效层面的改革绩效。

2. 不同产权组织形式样本指数值的分布分析。表 21 第三阶段显示，农村商业银行、农村信用社三个绩效层面全要素生产率指数大于 1 的机构个数占比均高于第一阶段，说明剔除外部环境因素的影响后，三个层面绩效改善的机构个数占比均有所提高，更多机构绩效获得改善。两者占比的高低排序均为商业绩效、总体绩效、涉农服务绩效，说明两者均应注意提升机构的涉农服务绩效。农村商业银行总体绩效、商业绩效层面的全要素生产率指数大于 1 的机构个数占比均高于农村信用社，而在涉农服务绩效层面，两者的机构占比关系则正好相反，说明在总体绩效、商业绩效层面，农村商业银行改革绩效改善的机构个数占比高于农村信用社，而在涉农服务绩效层面，农村信用社改革绩效改善的机构个数占比高于农村商业银行，与第一阶段的研究结论正好相反。

四、主要结论与政策措施

笔者的研究结论和政策措施建立在第三阶段分析结果的基础上，因为第三阶段的分析结果是在考虑非期望产出指标，并剔除了外部环境因素的影响后获得的，更加真实、科学、准确。从均值和年度数值看，全部研究样本和不同产权组织形式样本的总体绩效、商业绩效、涉农服务绩效层面的全要素生产率指数、综合技术效率指数、技术进步指数、纯技术效率指数、规模效率指数总体均大于1，说明上述三个层面的改革绩效、管理决策正确性、技术创新、管理水平、经营规模优化均呈现改善、逐年上升态势。绩效改善程度高低的总体顺序为商业绩效、总体绩效、涉农服务绩效。农村商业银行的改革绩效总体高于农村信用社。绩效改善的机构分布结果与上述结论基本一致。同时也发现20%～30%机构的改革绩效呈现下降，涉农服务绩效层面以及农村信用社的此类问题较为严重，主要原因是技术创新能力不足。

依据上述研究结论，本书提出促进提升农村信用社改革绩效的政策措施。一是加大对涉农金融服务的政策支持力度。分析表明，与商业绩效相比，涉农服务绩效改善程度较低，说明开展涉农金融服务不利于提高改革绩效，导源于涉农金融服务的高成本、高风险、低收益。因此，应建立制度化的财政、税收、金融等政策扶持体系，加大对涉农金融服务的支持力度，提升涉农服务绩效。二是加快提升现代金融技术应用水平。分析表明，技术进步和创新能力不足是影响农村信用社改革绩效提升的重要因素。因此，农村信用社应结合当地实际，通过在农家超市、小卖部、村委会、小学等比较安全的地点适量布放ATM机、POS机，以及发展手机银行、电话银行、网上银行等方式，降低推广现代金融技术的成本，促进现代金融技术的有效供给。同时，采取农民喜闻乐见的形式，如通过播放公益性电影、免费发放相关图书，对当地青年农民，特别是对未来农民的主体——初高中学生进行相关知识培训等，加快普及现代金融技术知识，提高农民使用现代金融技术的能力，增加对现代金融技术创新成果的有效需求。通过上述工作，提升现代金融技术推广应用水平。三是进一步健全可持续发展的内生机制。分析显示，部分机构改革绩效呈现下降，涉农服务绩效层面以及农村信用社较为突出。因此，农村信用社要加快引进民营资本战略投资者，发挥民营资本的决策主导和风险承担作用，加快完善法人治理结构，推动健全可持续发展的内生机制。

第五章　省联社淡出行政管理的改革方向

2003年农村信用社管理体制改革，受多种因素影响，建立了省联社体制，开始对农村信用社实施行政管理，不仅缺乏产权基础，违背法人治理基本规则，而且不利于实现农村信用社改革目标。基于此，2012年召开的全国金融工作会议提出“省联社要淡出行政管理，强化服务职能”，特别是2016年中央1号文件提出“开展农村信用社省联社改革试点，逐步淡出行政管理，强化服务职能”。本书通过分析省联社对农村信用社实施行政管理的缘起及其危害，并结合我国农村信用社改革进程，认为目前省联社淡出行政管理的条件已经基本成熟；在研究省联社淡出行政管理的金融控股公司模式弊端的基础上，提出应按照地方金融管理体制改革要求，加快将省联社改制为金融服务公司，可优先在已经完成农村信用社改制为农村商业银行省份进行省联社改制为金融服务公司试点，更有助于强化省联社服务职能，促进实现农村信用社改革目标。

第一节　省联社实施行政管理的缘起及其危害

一、省联社实施行政管理的动因

（一）省级政府权责不对称是实施行政管理的逻辑起点

2003年开始的农村信用社管理体制改革，主要内容之一是将农村信用社的管理交由省级政府负责，并全面承担农村信用社金融风险处置责任，中国银监会履行农村信用社金融监管职能。这种权力配置导致了省级政府管理农村信用社过程中的权责不对称，因为省级政府在全面承担农村信用社金融风险处置责任的同时，却缺乏动态了解农村信用社金融风险信息的手段，而这正是金融监管主体的职责所在，由此导致省级政府有责（承担金融风险处置责任）无权（动态了解金融风险信息的金融监管权），形成权责不对称。

（二）省级政府对省联社实施行政管理

省级政府获得农村信用社管理权后，通过搭建省联社作为履行管理职能的平台。省联社是辖内农村信用社入股组建、为其提供公共金融服务的地方性法人金融机构。上述权责不对称就成为省级政府对省联社实施行政管理的重要动因。（具体内容详见本书第 90 页）

（三）省联社对农村信用社实施行政管理

（具体内容详见本书第 88 页）

（四）实施行政管理具有一定的客观基础

2003 年改革初期，农村信用社经营管理水平低下，经营粗放，内部人控制严重，自我管理能力严重不足，资产质量恶化，历史包袱沉重。具体表现为：按照贷款四级分类标准，2002 年末全国农村信用社不良贷款比例高达 37%、资本充足率 -9%、实际资不抵债额 3400 多亿元，全行业处于亏损状态，潜在的金融风险很高。省级政府如果不采取特殊管理方式，将要承担巨大的农村信用社金融风险处置责任，而且也不利于农村信用社稳健经营，可能爆发区域性金融风险。因此，省级政府不得不通过省联社对农村信用社实施行政管理，力挽狂澜，维护金融稳定。正是基于此，省级政府才通过省联社从外部直接对农村信用社实施行政管理，以化解农村信用社自我管理能力严重不足，维护农村金融稳定。

二、省联社实施行政管理的危害

（一）构建了缺乏产权基础的权责对称机制

一是省级政府对省联社实施行政管理缺乏产权基础。文前分析说明，省联社是农村信用社入股组建、为农村信用社提供公共金融服务的地方性法人金融机构，省级政府并不是省联社的股东，作为一级政府只能对省联社实施依法管理，但事实上省级政府却像股东一样决定省联社主要高级管理人员，进而决定省联社经营行为，即对省联社实施行政管理，将省联社作为实现其利益目标的工具，这是缺乏产权基础的，违背了法人治理基本规则。

二是省联社对农村信用社实施行政管理缺乏产权基础，而且形成了“仆人管主人”的倒置型法人治理（具体内容详见本书第 89 页）。

（二）农村信用社县域法人独立性实际上丧失

从法人治理规则看，农村信用社是由辖内农民、工商户和其他经济组织入股组建的社区性银行业金融机构，建立完整的法人治理组织架构并实施运行，是真正意义上的独立法人。但事实上，正如文前分析，作为“仆人”的省联社采用行政手段任命作为“主人”的农村信用社主要高级管理人员，并干预其具体经营活动，从而使农村信用社县域法人独立性完全丧失，实际上成为省联社的分支机构。

（三）危害农村信用社改革目标的实现

农村信用社改革目标是增强农村金融服务功能。农村金融需求的主体是农民、工商户、涉农小微企业等，资金需求额度小、时间紧迫性高、抵押品严重缺失。农村金融需求的特点决定了农村信用社要下沉经营服务重心，贴近农民、扎根农村，而且自主经营性要强、决策链条要短、决策速度要快。但省联社对农村信用社实施行政管理后，农村信用社实际上成为省联社的分支机构，一方面容易导致经营服务重心上移，因为省联社调动农村信用社资金、集聚资金的能力更强，更倾向于以银团贷款等方式将经营服务重心上移至大型企业等；另一方面，农村信用社县域法人独立性丧失，经营管理自主权上收，不仅延长了决策链条，不能灵活有效地快速满足农村金融需求，而且也使农村信用社丧失了贴近农民、扎根农村开展金融产品创新的积极性和能力，难以充分利用农村信用社营业网点多、分布广所形成的地缘、人缘、血缘优势，创新发展适合广大农民和小微企业信用状况的农村金融产品，以有效克服抵押品严重缺失，更好地满足农村金融服务需求。

第二节　省联社淡出行政管理改革的条件基本成熟

2012 年召开的全国金融工作会议提出“省联社要淡出行政管理，强化服务职能”。这是立足于更好实现农村信用社增强农村金融服务功能改革目标的科学判断。从目前我国农村金融改革发展情况看，笔者认为，省联社淡出行政管理，强化服务职能的条件已经基本成熟，可适时启动省联社淡出行政管理改革。

省联社实施行政管理主要涉及省级政府、省联社、农村信用社。因此，分析省联社淡出行政管理的条件是否成熟也应从这些主体着手。

一、省级政府已具备退出行政管理的条件

文前分析，省级政府实施行政管理的主要动因是农村信用社管理体制改革对其造成的权责不对称，省级政府全面承担农村信用社金融风险处置责任，却未获得相应的动态了解金融风险信息的金融监管权。

2015 年 5 月 1 日，我国存款保险制度正式实施，全国农村信用社被纳入存款保险范围。这表明与全国其他银行业金融机构一样，一旦农村信用社发生金融风险，其风险处置责任将由存款保险机构全面承担，由此导致 2003 年改革初期中央政府转交给省级政府承担的农村信用社金融风险处置

责任将不复存在，省级政府在金融风险处置方面对农村信用社承担的其他责任将与对其他银行业金融机构一样，只有采取与对待其他银行业金融机构相同的依法管理方式，才能使农村信用社与其他银行业金融机构处于公平的竞争环境，更有利于其改革发展。

上述分析说明，我国存款保险制度的实施已经化解了省级政府承担的农村信用社金融风险处置责任，省级政府自然就缺乏继续保持相关权力的动力，以力求实现新形式的权责对称，无责也就应该无权，也就是说省级政府对省联社实施行政管理的原动力消失了。但正如前文分析，省级政府依然具有通过行政管理调动农村信用社金融资源配置，实现 GDP 竞争目标的冲动，但如果为此实施行政管理，就会导致农村信用社处于市场竞争的劣势，因为省级政府并未拥有对辖内其他银行业金融机构实施行政管理的权力。因此，从创造市场竞争公平环境的角度看，省级政府也不应再通过实施对农村信用社行政管理实现其 GDP 竞争目标，而是应该确保农村信用社具有良好的、公平的市场竞争环境，自然就应该放弃对农村信用社实施行政管理。

二、农村信用社金融风险基本化解、自我管理能力显著增强

经过十多年的改革发展，农村信用社的系统性、区域性金融风险基本化解，资产质量明显改善、可持续发展能力显著增强（具体内容详见本书第 80 页）。

农村信用社改制为农村商业银行步伐加快，截至 2016 年末，全国已组建农村商业银行 1114 家，占全国农村信用社机构总数的 49%，个别省份农村信用社已经全部改制为农村商业银行，个别农村商业银行已经公开上市。农村信用社改制为农村商业银行，推动了农村信用社增资扩股真实性显著提高，民营资本注资入股积极性、股权结构优化、法人股比重显著改善，法人治理结构运行明显完善，民营股东在法人治理中的主导作用显著增强，基本可以实现自我管理。

综合上述分析，与2003年改革初期相比，全国农村信用社金融风险已经得到有效化解，自我管理、独立发展能力显著增强。因此，鼓励、支持农村信用社成为真正的市场主体，增强其县域法人地位的独立性，不仅不会形成新的金融风险点和风险隐患，危害金融稳定，而且有助于其贴近农民、扎根农村，自主、灵活开展农村金融服务，更好实现农村信用社改革目标。

三、省联社具有丰富的提供公共金融服务的能力和经验

省联社自2003年改革之初成立以来，就致力于为辖内的农村信用社提供公共金融服务，搭建金融服务平台，构建支付结算、网络系统建设、制定改革发展规划、指导建章立制、协调对外对内关系、发挥代言人作用等，通过发挥行业管理职能，在促进农村信用社改革发展、增强可持续发展能力的同时，也锻炼、提高了自己，在提供公共金融服务方面形成了独特的比较优势和核心竞争力，具备了丰富的能力和经验 。

由于前文分析的原因，社会上长期以来诟病省联社对农村信用社实施行政管理，无形中给省联社施加了巨大压力；省联社一身多能，也使其行为目标冲突、经营行为打架。这些都给省联社深化改革提供了强大动力。同时，省级政府已经具备退出行政管理的条件和农村信用社自我管理能力显著增强，也进一步释放了省联社对农村信用社实施行政管理的外部压力。上述因素的综合作用，使省联社淡出行政管理改革的条件基本成熟。

四、地方金融管理体制改革催生为地方中小金融机构提供公共金融服务的机构

目前，我国中央和地方分层管理的金融管理体制已经基本建立，省级政府主要负责管理辖内地方中小金融机构，如小额贷款公司、融资性担保公司、农村资金互助社等，这些机构规模小、实力弱、规范性差，虽然亟须建立完善支付结算、系统建设、网络规划等发展所需的公共金融服务设施，但其心有余而力不足，需要由统一机构承办以克服其各自独立承办产

生的规模不经济问题。正如文前说明，省联社在为农村信用社提供公共金融服务的过程中，已经积累了丰富的实践经验，具备较强的能力，可结合地方金融管理体制改革进程，增强省联社为地方中小金融机构提供公共金融服务的能力，以实现两者的互利共赢。

第三节 省联社改制为金融控股公司有损于实现农村信用社改革目标

目前，社会上流行将省联社改制为金融控股公司的观点。笔者认为，金融控股公司模式实质上是强化了省联社对农村信用社的行政管理，有损于实现农村信用社改革目标，而且其存在的现实基础已经不复存在。

一、金融控股公司模式运行机制

金融控股公司模式是指省联社通过注资入股并控股农村信用社，凭借控股股东身份，全面参与农村信用社社员代表大会、理事会、监事会，实现对农村信用社主要高级管理人员的选聘和经营方向的管控，以干预农村信用社具体经营活动，进而达到文前分析的省联社对农村信用社实施行政管理所谋求实现的目标。

文前分析表明，省级政府在管理农村信用社过程中的权责不对称是省联社对农村信用社实施行政管理的重要动因，并通过省联社实施行政管理解决了省级政府面对的权责不对称，降低了省级政府承担的农村信用社金融风险处置责任。因此，省联社注资入股农村信用社的资金就应由省级政府想办法筹集，形成省级政府直接或变相注资入股省联社、省联社再以省级政府的注资入股资金控股农村信用社，从而解决省级政府对省联社、省联社对农村信用社实施行政管理产权基础缺失问题。从目前已经将省联社改制为金融控股公司模式的省份来看，金融控股公司模式的运行机制正如上文所述。

二、金融控股公司模式有损于实现农村信用社改革目标

金融控股公司模式的最大特点是建立了省级政府与省联社、省联社与农村信用社之间自上而下的股权纽带，形成了清晰、稳定的产权基础，解决了实施行政管理的产权基础缺失问题，使他们相互之间的行政管理关系符合法人治理要求。

因此，金融控股公司模式将省级政府与省联社、省联社与农村信用社之间实施的名不正、言不顺的行政管理关系转变为以股权为纽带的合法合规的行政管理关系，将会使他们之间的行政管理关系更加强化，导致作为省联社控股子公司的农村信用社虽然名义上依然保持着独立的县域法人地位，但与省联社改制为金融控股公司之前相比，农村信用社县域法人地位实际上丧失得更为彻底，因为省联社与农村信用社之间的产权关系成为了省联社对农村信用社实施行政管理的遮羞布，行政管理的程度将会进一步加剧，而不是减弱。

上述分析表明，金融控股公司模式强化了省联社对农村信用社实施行政管理的程度，由此对实现农村信用社改革目标产生的损害程度将会更加严重。因为，毕竟在缺乏产权基础条件下，省联社对农村信用社实施行政管理由于名不正、言不顺而会有所顾忌；但在金融控股公司建立产权基础的条件下，省联社是合法合规实施对农村信用社的行政管理，力度将会更大、范围将会更广、程度将会更深。

三、金融控股公司模式缺乏实施的客观现实基础

金融控股公司模式的最重要特点是强化了省级政府与省联社、省联社与农村信用社之间的行政管理，根本动因是改革初期农村信用社管理体制改革导致省级政府的权责不对称。但如文前分析，我国存款保险制度正式实施已经化解了省级政府承担的农村信用社金融风险处置责任，从此方面讲，省级政府已经对农村信用社金融风险处置不再担责，自然就不应该拥有行政管理权。再加之农村信用社已经基本实现可持续发展、自我管理能

力显著增强，发生区域性金融风险的可能性极小，省级政府对农村信用社承担的其他金融风险责任也大为下降，省级政府如果再对农村信用社实施行政管理，不仅有损于农村信用社改革发展，而且会损害辖内金融市场的公平竞争。

综合上述两方面分析，金融控股公司模式存在的权责不对称动力基础和微观金融主体基础（农村信用社自我管理能力严重不足）已经不复存在，推动省联社改制为金融控股公司模式就不再是改革创新而是历史倒退。

第四节　省联社淡出行政管理的方向是改制为金融服务公司

一、金融服务公司模式的运行机制

省联社改制为金融服务公司，主要任务是向辖内包括农村信用社在内的地方中小金融机构提供服务、协调等公共金融服务。金融服务公司可采取集团化方式，包括科技支撑、产品研发、咨询营销、人员培训等分公司。为了保证金融服务公司能够提供良好的公共金融服务，应采取自下向上入股的方式设立。地方中小金融机构凭借股权、发挥股东作用，推动金融服务公司的社员大会、理事会、监事会良好运行，以保证金融服务公司的经营方向定位于为作为股东的地方中小金融机构提供优质高效的公共金融服务。

考虑到目前省联社已经是辖内农村信用社注资入股组建的金融机构，可以在保持农村信用社与省联社股权关系不变的基础上，通过进一步吸收地方其他中小金融机构的股份，将省联社改制为金融服务公司。地方中小金融机构既是金融服务公司的股东，又与其是平等的市场主体关系，地方中小金融机构按照市场化原则，与金融服务公司开展业务关系，以此促进金融服务公司高效运行，提供优质公共金融服务。

二、金融服务公司能够实现多方互利共赢

经过多年的改革发展，省联社已经具备丰富的提供公共金融服务的能力和经验，形成了此方面的比较优势和核心竞争力，将省联社改制为金融服务公司将使省联社的经营行为更为专一，比较优势和核心竞争力更为突出，更有利于省联社发展壮大。

金融服务公司作为专业公司统一向地方中小金融机构提供公共金融服务，由于规模经济色彩更为明显、实力更加强大，不仅会使地方中小金融机构享受成本低廉的金融服务，而且使其能够获得更加优质、快捷的金融服务，面临更加良好的外部发展环境，实现更好更快发展，这也为当地供给了更加充沛的金融资源，更有利于推动地方经济发展，从而更好地实现省级政府推动当地经济发展的目标。

三、金融服务公司模式更有利于实现农村信用社改革目标

金融服务公司与农村信用社是平等的市场主体关系，首先确保了农村信用社县域法人地位长期真正稳定，而且更有利于农村信用社贴近农民、扎根农村、做实县域自主开展经营活动，提供农村金融服务。其次，金融服务公司也将会更加专注于贴近“三农”需要，创新农村金融产品，促进农村信用社提供更多、更高水平的适合农村金融需求特点的金融服务，以更充分实现农村信用社改革目标。

第五节　加快推动省联社淡出行政管理改革试点

为贯彻落实中发〔2016〕1号提出的“开展农村信用社省联社改革试点，逐步淡出行政管理，强化服务职能”精神，当前，应按照分类施策、确保农村金融稳定的原则，选择农村信用社基础良好地区，积极推动省联社改制为金融服务公司，加快省联社淡出行政管理。

之所以如此，一是虽然如文前所述，总体看，改革以来，农村信用社经营财务状况明显改善，可持续发展能力显著增强，尤其是农村信用社改制为农村商业银行后，股权结构优化、法人治理结构完善，自我管理、自主发展能力提升，但全国农村信用社地区发展差异大，农村信用社改制为农村商业银行进程不平衡等，导致各地改革条件、基础、环境有所不同。因此，改革应因地制宜，不宜实行“一刀切”。二是当前我国经济下行压力大，农村信用社资产质量有所下降，抵抗金融风险的能力有所弱化，需要更加注重确保农村金融稳定。

因此，推进省联社改革试点需要分类施策、谨慎稳步推进，不能一哄而上。可在省级政府自愿申报的基础上，由国家有关部门选择农村信用社经营财务状况良好、可持续发展能力强、金融风险较低的省份，进行省联社改革试点。尤其是可优先将已经完成农村信用社改制为农村商业银行省份作为试点对象。选择试点省联社应坚持优而精的原则，切忌大干快上，在确保有效防控农村金融风险的基础上，稳妥推进省联社淡出行政管理改革试点。

第六章　构建以省级政府为主体的地方金融管理体制

近年来，我国地方金融机构快速发展，对推动地方经济发展发挥着日益重要的作用，特别是2003年明确将农村信用社改革成为社区性地方金融机构，并将其管理交由省级政府负责，因而省级政府及其以下各级地方政府基本都设立了地方金融管理办公室，加强对地方金融机构的管理，在加强沟通交流、提供公共服务、优化金融生态等方面取得积极成效，但也存在着重管理轻服务、金融监管缺位与不到位、职责定位不明确、管理边界不清晰、履职的法律依据不足、与中央金融监管部门职能交错等问题，一定程度上影响着地方金融的管理效率和效果。随着地方金融管理实践的发展，国内部分学者也开始关注对其的研究，目前对地方金融管理问题的主要研究观点和争论包括以下几个方面：一是地方金融管理边界。从机构角度看，汤柳认为，地方金融是指特定行政区域内的金融机构及其金融市场，包括全国性金融机构的分支机构和在当地注册的法人金融机构。龙海阳认为，地方金融的管理对象是在当地注册的法人金融机构。从功能角度看，朱文生认为，具有较强风险溢出和风险强传染性的金融机构应交由中央政府管理，否则，应由地方政府管理。二是地方金融管理的主体和职能。周建春认为，应建立分级负责的金融管理体制，全国性金融机构由中央政府的金融管理部门负责，地方性金融机构由地方政府负责，并赋予其对地方性金融机构的监管权，地方政府应定位于省级政府，同时，对于是否将管理权下放到地（市）级、县（市）级政府也存在较大争议。三是地方金融的风险防范机制。宋瑞敏等认为，考虑到金融风险的传染性，建议由人民银行当地分支机构作为牵头单位，建立包括省级金融办公室、省级银监局、省级证券分局、省级保险分局等部门的金融综合风险防范机制。

“十三五”规划提出要完善地方金融管理体制，强化地方政府对地方中小金融机构的风险处置责任。温州金融综合改革试点也探索完善地方金融管理体制的实践。这表明，前期地方金融管理体制运行取得的成效已受到肯定，但仍需进一步完善。结合目前地方金融管理中产生的问题，在充分借鉴前期研究成果的基础上，笔者认为，经过多年的改革发展和地方金融管理实践，省级政府已经具备较强的宏观经济管理和履行地方金融管理的能力，应该成为地方金融管理的主体，完善地方金融管理体制的方向是构建以省级政府为主体的地方金融管理体制，重要内容是明确地方金融管理的边界、职能配置，建立组织架构以及权责制衡机制等。

第一节　亟须明晰地方金融管理的边界

地方金融管理边界是对地方金融管理范围和对象的界定，关系到省级政府所承担金融风险处置责任的大小以及能够利用的金融资源数量，因而是完善地方金融管理体制的前提和核心问题之一。

一、现行政策规定的地方金融管理边界

现行有关政策规定，省级政府主要履行对辖内农村信用社、小额贷款公司和融资性担保公司的管理职责，承担金融风险处置责任。目前，农村信用社改革在全国范围全面展开，省级政府已经成为农村信用社的管理主体，开始履行对其的管理职能，并全面承担其金融风险处置责任。另外，中国银监会对农村信用社依法履行金融监管职能，承担金融监管责任；中国人民银行负责监测农村信用社金融风险，在省级政府承诺还款的前提下，可对处置其金融风险提供临时资金支持。目前，小额贷款公司和融资性担保公司正在快速发展，省级政府已经明确由省级金融办公室全面负责监督管理这些机构，并承担其金融风险处置责任，标志着省级政府也已成为其管理主体。

二、完善地方金融管理边界的设定

1. 地方金融管理边界的争论。地方金融管理边界主要是指所涉及地方金融机构的范围。目前，国内学者对地方金融机构的内涵和构成具有不同认识，主要包括以下几方面的观点：一是从经营的地域角度界定，认为地方金融机构是指在县域内开展金融服务的金融机构，包括国有性质和民有性质的法人金融机构及其分支机构。二是从机构构成角度分析，认为地方金融机构包括城市商业银行、城市信用社、农村商业银行、农村合作银行、农村信用社、村镇银行、农村资金互助社等银行业机构、证券保险业机构以及准金融机构，如小额贷款公司、融资性担保公司等。三是从管理主体角度分析，认为地方金融机构是指由省级政府管理的金融机构。目前，按照现行政策规定，地方金融机构包括农村信用社（含农村商业银行、农村合作银行，下同）、小额贷款公司、融资性担保公司等。四是从是否涉及公众利益角度分析，认为地方金融机构是指运营基本不涉及公共利益（判定标准是吸收存款）的金融机构，应包括小额贷款公司、典当行、融资性担保公司、融资租赁公司、私募基金等，由省级政府管理；对于涉及公众利益的金融机构，应由“一行三会”（指中国人民银行、中国银监会、中国证监会、中国保险会）分别管理。

2. 完善地方金融管理边界的基本原则。笔者认为，上述观点仅侧重于从某一个方面来界定地方金融机构，与目前省级政府承担的管理职责和金融风险处置责任相冲突。例如，按照农村信用社改革政策规定，省级政府已成为农村信用社的管理主体，但按照上述分类方法，由于农村信用社吸收公众存款涉及公共利益，由中国银监会实施金融监管，不应该纳入地方金融管理范围。同时，虽然地方政府是城市商业银行的控股股东，履行着控股股东责任，承担着金融风险处置责任，但由于其属于“一行三会”监管，不应列入地方金融机构范围。因此，应从省级政府履行的管理职能和承担的金融风险处置责任，以及与地方经济发展的紧密结合角度，界定地方金融管理边界。地方金融机构是指在省辖行政区域内依法注册成立，主要服务于当地经济发展的金融机构（包括银行业机构、证券业机构、保险业机构，下同）。具体包括：一是在省辖行政区域内依法注册成立，且分支机构全部分布于此行政区的金融机构。二是省级政府及其以下各级政府控股、在本省所辖行政区域内依法注册成立、分布于省辖外行政区域分支机构开展的金融业务不超过其业务总量10%的金融机构。将此类机构纳入地方金融机构范围主要是因为省级政府及其以下各级政府控股，在处置金融风险中，承担控股股东责任，并且绝大部分金融业务在省辖内开展。三是经营的业务具有金融性质，并由省级政府依法履行金融监管职能，而且承担金融风险处置责任的准金融机构。如近年来，国家鼓励发展的小额贷款公司、融资性担保公司、典当行等具有金融业务性质的机构。本书不赞成以地（市）级、县（市）级行政区域界定地方金融机构的注册地。因为从我国行政管理体制改革实践看，地（市）级政府具有过渡性质，将会逐渐被省（市）级政府与县（市）级政府体制所代替；县（市）级政府虽然具有稳定性，但不具备省级政府的宏观管理经验和能力，而且缺乏处置金融风险的行政能力和经济能力，也不符合省级政府管理地方金融机构的权责约束要求。

3. 完善地方金融管理边界的主要考虑。一是充分利用地方金融机构的金融资源促进当地经济发展。从当前地方金融实践看，将地方金融管理的对象界定为地方金融机构，实际上包含的是目前为地方提供金融服务的全部主体，譬如，农村信用社目前基本上已经是县域内最大的银行业金融机构，成为农村金融服务的主体和主力军。省级政府履行对地方金融机构的管理职能后，有利于省级政府结合当地经济发展规划，合理布局地方金融机构，充分利用其金融资源促进当地经济发展，有效规避了由中央政府管理地方金融机构所产生的政策“一刀切”弊端，更好地解决了地区经济发展不平衡对金融的差异化要求。二是有效防范对地方金融机构的行政干预。在目前GDP竞赛的推动下，各级地方政府均有动力调动地方金融机构的金融资源促进当地经济发展，其中不乏大量运用行政手段干预地方金融机构经营活动的行为，易于导致金融风险的发生。在明确地方金融管理边界的同时，要求省级政府承担地方金融机构的金融风险处置责任，有利于构建权责制衡的激励约束机制，能够有效遏制地方政府对地方金融机构经营活动的不当干预。因为无论是省级政府还是地（市）级、县（市）级政府对地方金融机构不当干预所引发的金融风险，最终的处置责任都将由省级政府承担。为了减轻自身所承担的金融风险处置责任，省级政府不仅会正确履行对地方金融机构的管理职责，而且将发挥行政资源优势，采取有效措施防范地（市）级、县（市）级政府对地方金融机构不当干预，从而减少行政干预，促进实现当地经济与地方金融机构的共赢发展。三是有利于提高地方金融管理效率。地方金融机构在当地开展经营活动，空间上贴近于省级政府，业务上会与省级政府发生往来，而且省级政府还对其拥有人缘等优势，因而与中央政府相比，省级政府对地方金融机构经营活动的非对称信息程度低，这将有利于降低省级政府管理地方金融机构的成本，提高管理效率。

第二节　地方金融管理的职能配置及其存在问题

地方金融管理的职能配置涉及省级政府管理地方金融机构的具体方式、手段，合理配置管理职能有利于促进实现履职目标。从目前实践看，省级政府履职中存在职能配置不全面，履职组织架构缺位，权责制衡机制缺失问题，严重制约履职效率。

一、地方金融管理的职能配置

省级政府作为地方金融管理的主体，就要全面履行对地方金融机构的管理职能，具体内容是依法管理、金融监管和行业管理三种职能。

（一）依法管理职能。该职能是指市场经济条件下，省级政府对经济主体经营活动所实施的合法性管理，目标是促进经济主体依法开展经营活动。对地方金融机构而言，主要包括：一是督促地方金融机构严格遵守国家金融法律法规和方针政策，按照政企分开原则，依法指导地方金融机构开展金融服务。二是认真研究当地经济金融发展现状和特点，紧密结合当地产业布局和经济社会发展规划，积极制定促进实现当地经济发展和地方金融发展双赢的规划和法律法规，充分发挥地方金融机构推动当地经济发展的重要作用。

（二）金融监管职能。地方金融机构与全国性金融机构既有共性也呈现差异。从共性角度看，两者均是高负债经营机构，发生的金融风险具有较强的外部性，因而在金融监管的基本原则、方式、方法、措施等方面，对地方金融机构应采取与全国性金融机构相同的监管规则。但由于地方金融机构经营规模小、经营地域分散主要集中于县域和农村、人员素质低、信息化、技术化程度低、经营的基本是传统业务、创新性差等，因而需要结合地方金融机构的经营特点制定监管标准，实行差别化监管，以降低监管成本，提高监管效率。

（三）行业管理职能。目前，地方金融机构经营规模小、资金实力弱、人员素质低，对于推进信息化建设、创新金融产品等需求，缺乏实力和能力，也因使用量小，难以覆盖投资成本，不符合规模经济要求，而且经营管理水平低，经营的自律性差，从而催生了对行业管理的需求，需要专业化机构满足其公共金融服务需求。主要内容：一是提供公共服务，降低服务成本。包括健全支付结算体系，畅通支付结算网络；推动金融产品创新，增强地方金融服务功能；加强人员业务培训，提高经营业务能力。二是指导建章立制，提高经营管理水平。包括指导完善业务操作流程，金融风险防控、成本费用控制、利润分配、劳动用工等规章制度，提供业务指导和信息咨询服务，促进提高经营管理水平。三是指导完善法人治理结构，推动建立商业化可持续发展机制。包括指导依法选举股东代表大会、董（理）事会、监事会、高级管理层成员，并建立决策、执行、监督相制衡、激励与约束相结合的治理机制；指导完善信息披露制度，发挥外部利益相关者的监督作用。四是加强与有关部门的沟通协调，创造良好发展环境。包括积极加强与当地有关部门的沟通协调，发挥地方金融机构利益代言人作用，为其改革发展争取各项扶持政策；向省级政府反映其利益诉求，如帮助清收不良贷款、打击逃废债等；采取有效措施推动优化地方金融生态环境。

上述分析说明，在依法管理职能、金融监管职能方面，省级政府与中央政府的目标、任务相同，因而相关规则应保持一致和统一，差异在于省级政府可结合地方金融机构的实际情况，制定差异化的标准。但行业管理职能是省级政府的履职特色，是与中央政府所履行对全国性金融机构管理职能最为鲜明的区别。这主要是因为全国性金融机构规模大、实力强，自身有实力、能力做好支付结算体系、信息化工程等项目，而且也符合规模经济要求，对第三方机构提供相关服务的需求较弱。

二、省级政府履行地方金融管理职能中存在的问题

按照有关政策规定，目前，省级政府主要履行对农村信用社的依法管理职能和行业管理职能，对小额贷款公司、融资性担保公司的依法管理职能和金融监管职能，同时全面承担上述机构的金融风险处置责任。从履职实践看，主要存在以下问题。

（一）对农村信用社履职的行政化色彩十分浓厚。目前，省级政府已将农村信用社的管理授权省级联社，并由其履行行业管理职能，同时，通过加强对省级联社的考核督促其认真履行相关职能，由此导致了以下问题：

一是对农村信用社实施行政管理（具体内容详见本书第 88 页）。

二是对农村信用社实施隐性金融监管（具体内容详见本书第 89 页）。

三是隐性金融监管职能与行政管理职能相互交织，强化了省级联社履职中的行政化色彩，导致农村信用社管理体制向改革前复归。省级联社在实施隐性金融监管中，能够发现农村信用社经营活动中的违规行为等，从而为其实施行政管理指明方向和提供依据，将会进一步强化省级联社对农村信用社的行政管理色彩。上述分析说明，当前实践中，省级联社实际上履行着对农村信用社的行政管理、金融监管和行业管理三种职能，是其真正的管理主体。而改革前，中央政府是农村信用社的管理主体，统一履行对农村信用社的上述三种职能，由中国人民银行代表负责具体实施。这表明，农村信用社管理体制改革已经向改革前复归，由同一主体同时履行对

农村信用社的上述三种职能，差异仅在于实施主体由中国人民银行变更为省级联社。

（二）对小额贷款公司、融资性担保公司未能良好履行依法管理职能和监管职能，且缺乏行业管理职能。目前，省级政府基本授权省级金融办公室行使对上述机构的全面管理权，履行对其的依法管理职能、金融监管职能。履职中存在以下问题：

一是未能良好履行依法管理职能，制定合理的发展规划。目前，小额贷款公司、融资性担保公司数量快速增长，但地区分布十分不平衡。从政策初衷看，大力发展上述机构是为了提高促进县域经济和农村经济发展的金融服务能力，重点解决农民贷款难和中小企业融资难，特别是小微企业融资难问题，但实践中却表现为部分省份只是热衷于增加机构数量，并在辖内经济较发达的地区布局机构、经营网点，造成机构、网点布局和供求严重不平衡，而且上述机构大多在县城或城区开展经营活动，不深入乡镇特别是农村地区开展业务，也较少发放农户贷款。这说明，省级金融办公室未能良好履行对其的依法管理职能，促进合理发展，而且上述问题有进一步恶化趋势。

二是未能全面履行金融监管职能，注重机构的市场准入轻视日常监管。目前，绝大多数省级金融办公室注重小额贷款公司、融资性担保公司的市场准入，个别省份甚至开展金融监管竞争，人为放宽市场准入标准，推动辖内上述机构数量大幅增长，但日常监管力量、工作严重滞后，基本处于“只管生、不管养”的状态，导致金融风险隐患较大，已经成为影响当地金融稳定的重要因素。最近，个别省份已出现小额贷款公司因经营管理不善、不良贷款比例较高而退出市场的案例。

三是尚未履行行业管理职能。目前，上述机构刚刚开始成长，经营规模小、实力弱、自律性差，按照前文分析，应由其管理主体省级政府建立相关机构履行对其的行业管理职能，提供促进其良好发展的公共服务。但从目前实践看，省级政府基本尚未建立上述机构的行业管理机构。

（三）省级政府承担的地方金融机构金融风险处置责任虚置。从目前实践看，省级政府承担的地方金融机构金融风险处置责任虚置，造成权责制衡机制失效，已成为影响促进省级政府正确履职，推动实现地方经济与地方金融机构共赢发展的重要因素。具体表现为：

一是农村信用社金融风险处置责任虚置（具体内容详见本书第92页）。

二是小额贷款公司、融资性担保公司的金融风险处置责任虚置。有关政策虽然明确省级政府全面承担上述机构的金融风险处置责任，但并未要求其建立金融风险处置基金或明确处置资金的来源等问题，由此导致的问题是：一旦上述机构发生金融风险，由于金融风险传播速度快、危害性大，省级政府就可以借此形成对中央政府的倒逼机制，迫使中央政府借款帮助处置上述机构的金融风险，而事后又以各种理由要求予以减免或久拖不还，从而将处置金融风险的责任转嫁中央政府，造成金融风险处置责任虚置。

第三节　建立分工合作、相互制衡的地方金融管理组织架构

针对目前实践中存在的地方金融机构管理职能配置不全面、履职组织架构缺位等问题，本书认为，进一步深化地方金融管理体制改革，应在完善管理职能配置的基础上，健全与之对应的履职组织架构，在省级政府统一领导下，形成履职合力，提高履职效率。考虑到地方金融机构的规模比较小，为有效降低管理成本，可构建统一机构履行对包括银行业机构、证券业机构、保险业机构在内的地方金融机构的上述三种职能。

一、省级金融办公室履行依法管理职能

当前，省级政府已经全部建立了省级金融办公室或职能相似的机构，主要负责制定辖内金融发展规划，加强与有关方面和金融机构沟通交流等工作。省级金融办公室所做的上述工作，已经包含了前文分析的依法管理职能的部分内容。同时，考虑到省级金融办公室的综合协调能力较强，以及目前良好的履职实践，结合依法管理职能的要求，本书认为，省级政府

可授权省级金融办公室履行对地方金融机构的依法管理职能，按照前文所述的依法管理职能的要求，做好相关履职工作。需要强调的是，依法管理职能交由省级金融办公室专职履行后，应将目前由省级联社对农村信用社履行的依法管理职能移交省级金融办公室，从而使省级金融办公室履行全部地方金融机构的依法管理职能，以理顺地方金融管理的组织架构，推动高效履职。

二、省级金融监管局履行金融监管职能

按照前文分析，省级政府成为地方金融管理主体后，应建立相应组织机构，并授权由其履行对地方金融机构的金融监管职能。考虑到现行金融管理体制下，中国银监会、中国证监会、中国保监会的省级派出机构分别履行地方金融机构中银行业机构、证券业机构、保险业机构的金融监管职能，可在其基础上组建省级金融监管局。具体方案为：直接将上述省级派出机构中从事地方金融机构金融监管工作的人员和业务划归新成立的省级金融监管局，继续从事金融监管工作。如此安排，有利于保持监管工作的连续性、监管人员的稳定性、监管水平不降低，因为这样做合理安排了原有金融监管人员，充分利用了原有金融监管资源。另外，考虑到目前省级联社也有部分人员从事对农村信用社的隐性金融监管工作，也应将其划归新成立的省级金融监管局。

三、省级金融服务公司履行行业管理职能

省级联社自成立以来就履行着对农村信用社的行业管理职能，对促进其改革发展发挥了积极推动作用，积累了大量经验。鉴于此，剥离省级联社目前承担的农村信用社依法管理职能、隐性金融监管职能后，可将省级联社改制为省级金融服务公司，履行对包括农村信用社在内的地方金融机构的行业管理职能，不仅能够有效利用省级联社前期履行行业管理职能积累的经验和建立的技术、信息系统等，而且解决了其他地方金融机构长期以来缺乏行业管理（公共金融服务）的问题。省级金融服务公司是独立的

经营主体，与地方金融机构之间是平等的市场主体关系，应采取市场化方式，向地方金融机构提供相关公共金融服务。

四、地方金融管理的职能部门应接受中央金融管理对应部门的业务指导

为了推动金融活动在全国有序开展，处理好地方金融机构与全国性金融机构业务经营的竞争与合作关系（因为全国性金融机构的许多分支机构也分布在县域和广大农村），保持金融监管质量、规则的统一性，地方金融管理的具体职能部门应接受中央金融管理对应职能部门的业务指导。具体表现为：省级金融办公室接受中国人民银行的业务指导，省级金融监管局按照监管业务归属分别接受中国银监会、中国证监会、中国保监会的业务指导，省级金融服务公司接受中国银行业协会、中国证券业协会、中国保险业协会的业务指导。当然，地方金融管理职能部门也可结合辖内经济金融发展的实际需求，制定差异化的地方金融管理政策。

第四节　建立以省级政府为出资主体的地方金融风险处置基金，形成权责制衡机制

综合前文分析，完善地方金融管理体制后，省级政府将真正成为地方金融机构的管理主体，拥有全面管理权。为了促使省级政府正确履行管理职责，推动实现地方经济与地方金融机构的共赢发展，需要构建权责制衡机制，有效措施就是建立以省级政府为出资主体的地方金融机构金融风险处置基金，从而真正落实省级政府对地方金融机构承担的金融风险处置责任。因为建立处置基金后，省级政府就失去了向中央政府借款处置金融风险的理由，切断了向中央政府转嫁金融风险处置责任的通道，使省级政府切实承担起了金融风险处置责任（具体内容详见本书第99页）。

第三部分

农村普惠金融重要主体：农村合作金融的完善与发展

第七章　中国农村合作金融的演变与发展

农村合作金融的宗旨是推动农民等弱势群体开展资金互助，解决其生产面临的融资困难。自20世纪50年代初，中国农村合作金融产生以来，其发展历程艰难曲折。本书以中国农村合作金融为案例，分析中国农村合作金融受制于不同时期社会环境影响而呈现的差异化特征，探寻其演进规律，促进加快发展。

第一节　农村合作金融是发展普惠金融重要主体

在国际上，农村合作金融的发展已有一百余年的历史。实践表明，发展农村合作金融将会对促进改善农民生产的融资困难和提高农民的组织化程度发挥积极推动作用。

一、农村合作金融的内涵与特征

合作制度是伴随资本主义市场经济的产生和发展而演进的。合作社是劳动群众为了谋求自身经济利益在自愿互利的基础上组建的经济组织，包括消费合作社、生产合作社、信用合作社。

1866年，德国人雷发巽撰写了《当作农民救济手段看的信用合作社》，提出了“农村信用合作”制度，并大力倡导开展农村信用合作社运动。此后，农村信用合作制度不断演进发展完善，更加符合合作制的基本原则，对改善农民的生产、生活和提高农民的组织化程度等发挥了积极作用。

总结国际上一百多年的实践，可以看到农村合作金融（也称为农村信用合作）发展普遍遵守以下几项基本原则：一是组建目的是开展资金互助，不仅在于增加社员的物质利益，而且在于提高社员道德和精神，社员的一切活动都要表现出博爱精神。二是坚持封闭性原则，社员来源于特定农村区域，主体是农民；坚持入社自愿、退社自由；社员应缴纳股金，并按其经济能力，自愿确定出资额度，以出资额度承担有限责任；对社员开展金融服务。三是实行民主管理，在实行一人一票的基础上，适当考虑出资额度增加投票权；社员所借款项必须用于生产方面，以将来生产收入偿还。四是必要时，可以向社员分配盈余。五是可以形成系统联合，但应尊重农村合作金融组织的法人自主权。

二、农村合作金融发挥的积极作用

（一）农村合作金融通过发挥“熟人社会”优势，实现了与商业性金融机构的错位经营与发展，帮助改善农村金融服务。一是“熟人社会”的信息对称性程度高，降低了贷款成本。农村合作金融组织以特定的农村社区为地域范围开展经营活动，在社员之间实施资金互助，实质上构建了“熟人社会”。农村合作金融组织内部的社员彼此相互了解，具有高度的信息对称性，对借款农户的家庭人员构成、道德品质、种养业活动都十分清楚，从而有效解决了正规商业性金融机构开展农户贷款面临的严重信息不对称，降低了贷前调查、贷中审查、贷后检查中的信息搜寻成本。二是“熟人社会”提高了借款农户的违约成本，使信用贷款得以实施。由于是“熟人社会”，周围邻居会以“闲言碎语”方式对于农户借款有意不还的信息加以传播，致使其“恶劣行径”家喻户晓，从而提高了其再次获得邻居帮助的困难程度，如对于有意赖账不还的农户，邻居将拒绝参与其家庭成员的结婚、生子、丧葬等重大事务，以提升其违约成本，正是基于此，农村合作金融组织可以采取信用方式发放贷款，而不像正规的商业性金融机构，要求农户借款必须提供抵押物，以加大农户贷款违约成本，从而将贷款抵押物缺失的广大农户拒之于金融服务之外。三是社员使用资金机会的均等化，决定了资金使用可以实行低价格。由于农村合作金融组织实行社员之间资金互助合作的封闭运行，确保了社员使用资金机会的均等化，从而使每个社员都可以均等地分享使用低成本资金的收益，因而没有必要像商业性金融机构面对社会发放贷款所实行的资金使用高价格。而且由于参加农村合作金融组织的农民大多是弱势群体，无力承受较高的资金使用成本，也要求以较低的成本使用资金。

基于上述因素的共同作用，农村合作金融组织所发放的主要是小额、短期、低利率的信用贷款，与商业性金融机构发放的大额、长期、高利率、抵押贷款形成鲜明错位，从而使农村合作金融组织发放的贷款深受广大农民社员喜爱，成为向社员提供贷款的重要主体，也使发展农村合作金融组织成为解决农民“贷款难”的重要途径。

（二）发展农村合作金融组织是提高农民组织化程度的重要手段。大力发展农村合作金融组织，有利于将更多分散、独立的单个农户联结起来，提高农民的社会化组织程度，促进农村种植、养殖、运输、加工、流通等生产主体的联合，提高农村的合作化、产业化、现代化水平，增强农民在市场中的谈判能力和竞争力，缓解小农户与大市场对接的矛盾，而且有效提高农民收入，同时也有助于培育农民的信用意识，优化农村金融生态环境。

第二节　政府主导型的农村合作金融

我国正规的农村合作金融组织是农村信用社。它是由政府主导推动发展的，具有典型的政府主导型特征。由于不同的历史时期，政府面临不同的历史任务，推动农村信用社发展的动因也就各有差异，从而使其发展呈现不同的阶段性特征。根据农村信用社发展的阶段性特征，可将其发展分为四个阶段。

一、建立普及阶段：古典式合作金融组织

（一）社会环境与历史动因

这一历史时期的时间跨度是新中国成立初期到1958年，中国社会处于

由旧民主主义向新民主主义转变，完成社会主义改造，并以1958年的“大跃进”为标志，全面进入高度集中的计划经济时期。新中国成立初期，政府的首要任务是尽快完成社会主义改造，而引导广大农民走上合作化道路，提高其组织化程度是实现上述任务的有效途径。因此，政府大力推动合作化运动，掀起了生产合作、供销合作、信用合作的热潮，初步实现了农村的合作化和集体化，完成了对小农经济的改造，初步建立起了社会主义制度，因此农村信用社作为实现社会主义改造目标的工具而备受政府推崇。表现为在实践上，新中国成立初期，政府按照西方古典式的信用互助原则推动建立了运作规范的农村信用社，通过开展信用互助合作，帮助农民有效解决了生产、生活的资金困难，打击高利贷等问题，因而受到广大农民的欢迎，推动了农村信用社的快速发展。但由于以1958年的“大跃进”为标志，中国转向建立高度集中的计划经济体制，为适应人民公社“一大二公”的要求，农村信用社的信用互助合作功能开始退化。

（二）发展历程

1951年，中国人民银行印发的《农村信用合作社章程准则（草案）》和《农村信用互助小组公约（草案）》明确规定：农村信用合作组织可以选择多样化形式，包括信用社、信用部、信用小组、借贷介绍所、合会等；农村信用社是农民自己的资金互助组织，不以赢利为目的，贷款应优先社员、组员；实行民主管理，社员（代表）大会是最高的权力机构；赢利优先提取公积金、公益金和教育基金，社员股金不以分红为原则，所积累资金用于扩大业务，如要分红，股金红利以不超过一年期存款利率为上限，银行以低息贷款扶持农村信用社发展。

发展历程表现为，新中国成立初期创办的农村信用社的经营目标、管理方式、分配原则等符合古典式合作金融的基本原则，主要任务是实现农户的资金互助，以有效解决农户小而分散的生产融资困难。经过典型试办、逐步推广，在坚持自愿、民办、民主管理、灵活利率的前提下，农村信用社得到迅速发展，到1956年，我国农村基本实现了合作金融目标，绝大多数地区实现了“一乡一社”。据统计，到1956年，全国建立了10.3万个农村信用社，入股农户近1亿户，吸收农民储蓄存款4.32亿元，发放贷款10亿元，提前实现原定的合作金融目标。

二、计划经济工具阶段：集体金融组织

（一）社会背景与历史动因

这一历史时期的时间跨度是1959—1980年，以人民公社的“公有化”运动为起点，到1980年农村经济体制改革废止人民公社制度。政府的主要任务是建立并巩固计划经济体制，在微观经济方面的典型特征是强调“一大二公”。因此，需要将农村信用社改革成为促进建立计划经济体制的工具，通过改变农村信用社的合作金融性质，强调其集体经济组织性质，进而转变为公有制经济的组成部分。最为典型的做法就是将农村信用社下放到生产大队甚至贫下中农管理，消灭其信用互助合作的性质，并明确农村信用社既是集体经济组织，又是国家银行在农村的基层机构。

（二）发展历程

在建立高度集中的计划经济体制背景下，金融机构的基本功能丧失，农村信用社也演变成为促进建立计划经济体制的工具。具体表现为：1959年4月，中央政府将农村信用社的管理权下放到生产大队，改为信用分部，人员、财务归生产大队和中国人民银行共同领导，从而使农村信用社的信用互助合作性质遭到破坏。在“文化大革命”期间，将农村信用社下放贫下中农管理，导致农村信用社章程再次被破坏，财务混乱、业务停顿。1977年，明确提出农村信用社是集体金融组织，又是国家银行在农村的基层机构，从而使农村信用社完全丧失了合作金融的特征，最终成为国家专业银行的附属基层机构。

三、探索发展阶段：恢复“三性”原则和规范发展

（一）社会背景和历史动因

这一历史时期的时间跨度是1980—2002年，中国经济先后经历了计划经济向商品经济过渡、探索建立社会主义市场经济体制、完善社会主义市场经济体制三个阶段。随着改革开放逐步深入，僵化的计划经济体制逐渐被打破，政府的工作重心逐步转移到以经济建设为中心，这就要求逐步加强金融对农村经济发展的积极推动作用，农村信用社必然要顺应新形势进行改革，以更好适应农村金融需求新变化，扩大涉农金融服务。农村金融需求的主体是农民，人数众多，金融需求呈现小而分散的特点。将农村信用社改革成为真正的合作金融组织，能够吸收最广大的农民以入股方式加入，并通过加强民主管理充分发挥广大农民对农村信用社经营管理决策的作用，从而确保农村信用社将经营方向定位于满足农民的资金互助需求。正是基于这种认识和动因，在此期间，中央政府逐步提出按照组织上的群众性、管理上的民主性、经营上的灵活性的“三性”原则（以下简称“三性”原则），规范发展农村合作金融的思路，推动农村信用社改革。

（二）发展历程

1. 20世纪80年代初至80年代末，在计划经济向商品经济过渡的背景下，农村经济活力逐步释放，农民生产经营自主权逐步增强，合作金融需求逐步旺盛。正是基于此，政府开始注意到应发挥合作金融对农民生产生活的促进作用，认识到农村信用社的民办合作性质，认为农村信用社不能下放给人民公社，也不能官办，只能办成真正的合作金融组织。1984年8月，国务院提出恢复农村信用社的“三性”原则，要求农村信用社在中国农业银行的领导下，按照合作金融的方向进行改革。

2. 20世纪90年代初到1996年，在探索建立社会主义市场经济的背景

下，各类经济主体经营决策的独立自主性逐步增强，政府开始按照市场经济的原则看待合作金融的性质，明确中国农业银行通过农村信用社县级联社实现对乡（镇）农村信用社的领导和管理，县级联社逐渐成为全县辖内农村信用社的管理中心、资金中心、结算中心和信息中心，强调农村信用社的独立法人地位。同时，督促农村信用社建立健全各项规章制度、管理办法，加强内部管理，农村信用社的各项管理工作逐步走上制度化、规范化的道路，业务得到了较快发展。

3. 1996—2002 年，在完善社会主义市场经济体制的背景下，市场全面发挥资源配置的基础性作用。因此，必须按照市场化原则，推进农村信用社改革，强调尊重农村信用社的独立法人地位，将其改革成为真正的市场主体，开始探索农村信用社股权结构多元化、组织形式多样化，并进行金融监管体制改革。针对前期农村信用社改革中存在的问题，1996 年 8 月，国务院明确提出，按照合作金融原则重新规范发展农村信用社。具体体现为，将农村信用社逐步改革成为由农民入股、由社员民主管理、主要为入股社员服务的合作金融组织，同时农村信用社与中国农业银行脱离行政隶属关系。改革的主要内容：一是广泛开展清产核资和增扩股金工作，在对原有股金进行清理、整顿的基础上，改变以前只有农民股的单一股权结构，吸收个体工商户、乡村集体企业、社会团体等入股，扩充股金。二是逐步健全民主管理制度，充分发挥社员代表大会、理事会、监事会的积极作用。三是对社员实行贷款优先、利率优惠，加强对社员、农户的金融服务。四是中国人民银行自上而下建立农村合作金融监管机构，并承担对农村信用社的行业管理和金融监管工作。五是组建更高层次的合作金融组织，包括地（市）级联社和省级联社。六是在城乡一体化程度较高的地区，在已经商业化经营的农村信用社基础上，按照股份制原则组建农村商业银行，主要为农业、农产品加工企业及农村其他各类企业服务。经过本轮改革，农村信用社机构网点普及，资金实力雄厚，支农服务功能明显增强。

四、转型升级阶段：逐步走向商业化股份制

（一）社会环境和历史动因

这一历史时期从2003年开始。随着国有银行商业化改革深化，大量撤离农村机构网点，信贷投放权上收，农村信用社的农村金融服务主力军地位迅速提升，绝大多数农村信用社已经成为当地县域内最为主要和重要的农村合作金融组织，存贷款市场份额稳居第一而且处于较高水平，在涉农贷款领域更为显著。农村经济的快速发展催生了旺盛的金融服务需求，要求农村信用社提供更多、更加优质的金融服务，更好推动社会主义新农村建设。虽然前期按照合作金融基本原则，在规范农村信用社发展方面取得了一定成效，但由于农村信用社股权高度分散，股东主体是农民，导致产权关系不明晰，法人治理结构不完善，内部人控制问题十分严重，农村信用社“为谁所有、由谁管理、为谁负责”的问题未得到有效解决，造成经营管理粗放、资产质量差、历史包袱沉重。

同时，按照国务院统一部署，自1996年开始，农村信用社与中国农业银行脱离行政隶属关系，中国人民银行同时履行对农村信用社的依法管理职能、金融监管职能、行业管理职能。2003年，中国人民银行将履行的农村信用社相关职能转交新成立的中国银监会负责。由于上述三种职能的履职目标、手段、方式、要求存在差异，由同一主体同时履行上述职能，将会导致履职目标、职能冲突，缺乏监督、制衡机制，必然会造成履职效率低下，严重影响农村信用社进一步改善农村金融服务。另外，中国经济向纵深发展，我国地区间经济社会发展不平衡严重，城市和乡村二元经济特色鲜明，需要促进农村信用社差异化发展，提供多元化的金融服务。

上述因素的共同作用，导致绝大多数农村信用社已处于破产边沿，基本生存都难以维持，严重制约增强农村金融服务功能。据统计，2002年末，按照贷款四级分类口径统计，全国农村信用社的不良贷款比例高达37%、资本充足率为-9%，资不抵债额高达3400多亿元，从技术上已经达到破产

标准。农村信用社的发展现状与日益旺盛且多元化的农村金融需求发生严重冲突，迫切需要加快农村信用社改革。正是在此背景下，2003 年 6 月，新一轮农村信用社改革拉开序幕。

（二）发展历程

1. 改革目标与总体要求。2003 年 6 月，国务院提出，按照“明晰产权关系、强化约束机制、增强服务功能、国家适当扶持、地方政府负责”的总体要求，加快农村信用社的产权制度和管理体制改革，将农村信用社逐步办成由辖内农民、农村工商户和各类经济组织入股，为农民、农业和农村经济发展服务的社区性地方金融机构。据此，深化农村信用社改革试点工作率先在江苏等 8 省（市）展开，2004 年逐步将试点范围扩大到全国。

2. 改革主要内容（具体内容详见本书第 74 页）。

当前，中国农村金融的需求主体是农民、个体工商户、小型、微型企业等，金融需求呈现小而分散的特征，需要农村信用社经营、管理重心下移，贴近农村实际开展金融服务。将农村信用社改革成为社区性地方法人金融机构，保持其县（市）法人地位的长期总体稳定，有利于引导其真正做到贴近农民、扎根农村、做实县域，发挥自身地缘、人缘、血缘等比较优势，提升农村金融服务水平，同时，也有利于实现商业化可持续发展，不断发展壮大，增强持续开展农村金融服务的能力，从而真正实现农村信用社改革目标。

本轮改革初期，各地农村信用社结合辖内实际，自主选择产权制度和组织形式，实现了产权制度的多元化和组织形式的多样化。但由于我国农村信用社长期以来法人治理结构不完善，内部人控制十分严重，即使实践中采取合作制、股份合作制产权制度的农村信用社也已经事实上偏离了合作金融的目标而趋于商业化经营。因此，自 2012 年开始，中国银监会提出了将全国农村信用社逐步改制为农村商业银行的目标。至此，在政府的推动下，我国农村信用社已经开始彻底脱离合作金融原则，纷纷脱掉合作金融的外衣，全面实行股份制改造，走上商业化经营的道路。20 世纪 50 年代，在政府主导下以资金互助为原则建立的农村信用社已逐渐被股份制的农村商业银行替代。从正规的农村合作金融组织层面看，资金互助原则在形式和实质两个方面已经在农村信用社中真正彻底退出历史舞台，农村信用社已逐步走向商业化经营，改制为农村商业银行，我国正规的农村合作金融组织已在历史上逐渐不复存在。

第三节　市场内生成长型的农村合作金融

近年来，我国农村金融供给严重不足，供求矛盾十分突出。随着我国农村经济蓬勃发展，特别是 2007 年《农民专业合作社法》开始实施，推动各类合作经济主体大量涌现，尤其是广大农民的市场地位显著提升，发展生产的积极性空前高涨，资金需求日益旺盛，催生了各类资金互助组织的自发快速发展，形成了立足农民自身解决农业生产融资困难的格局。这种市场内生成长起来的农村合作金融组织具有合作金融的典型特征，可以说是我国真正意义上的农村合作金融发展的初级阶段。

一、社会背景和历史动因

（一）农村金融需求日益旺盛

近年来，我国农村经济发展良好，2007 年《农民专业合作社法》开始实施，促进农村各类经济组织尤其是农民专业合作社、家庭农场等新型经济主体蓬勃发展，对农村金融服务提出了新的需求，不仅金融服务的需求日益旺盛，资金需求量大幅上升，而且金融服务需求呈现多样化，特别是随着新型城镇化进程的加快，农村金融服务既要满足农民基本信贷需求，又要适应农村产业结构、生产方式提升的新特点、新变化。

（二）正规金融机构对农村的金融供给严重不足

对农村提供金融服务的金融机构包括商业银行和农村信用社。一是随着我国商业银行改革步伐加快，商业银行的大量网点机构撤离农村，信贷审批权限上收。二是农村信用社内部人控制严重，商业化经营特色日益鲜明，而且历史包袱沉重，经营困难，提供金融服务的能力受到较大限制。三是商业银行和农村信用社开展农村金融服务的积极性不足。因为农业是弱势产业、农民是弱势群体，向农民贷款的比较收益低，而且贷款小额、分散，贷款的成本高，导致农村金融服务的盈利性较差。四是商业银行和农村信用社开展贷款业务都强调抵押、担保，从而将广大农民、小微企业等拒之门外。上述几方面因素的共同作用，导致我国正规金融机构对农村的金融供给严重不足。

综合上述分析，中国农村金融供给严重不足，供求矛盾突出，农户、小微企业贷款难、贷款贵已成为常态。正是在此背景下，广大的农村经济主体尤其是农民立足自身解决发展生产面临的资金困难，纷纷开展资金互助活动，催生了市场内生成长型的农村合作金融组织发展，实现了农村金融市场中弱势群体以资金为纽带形成的资金互助合作关系，也表明这种新型农村合作金融组织符合古典式合作金融的基本原则，是我国农村合作金融发展的初级阶段。

二、主要组织形式

根据实地调查和研究，我国新型农村合作金融组织根植于农村，贴近于农民，发挥“熟人社会”优势，主要为面广量大且居住分散的农户脱贫致富、创业增收提供资金互助服务，在一定程度上缓解了作为弱势群体的农民发展农业生产面临的融资困难。基本特征是：以农民为主体，坚持资金互助宗旨；坚持民办、民管、民用、民受益；实行封闭运行，在社员内部吸收互助资金和融通资金；坚持入社自愿、退社自由、自我民主管理、自我风险控制。近年来，我国新型农村合作金融组织发展较快，组织形式呈现多元化。目前，主要有六类组织形式。

（一）银监部门批准设立的农村资金互助社。2007 年，中国银监会印发《农村资金互助社管理暂行规定》，推动了经监管部门批准的拥有金融牌照的农村资金互助社正式诞生，这是我国在新形势下正规的农村合作金融组织。农村资金互助社由监管部门颁发金融业务许可证，在工商部门注册。目前，此类机构以乡（镇）为单位组建，开展资金互助业务，经营方式与当地农村信用社比较接近，但经营状况普遍不理想。全国共有 49 家。

（二）农民专业合作社内部开展资金互助业务。主要方式是在农民专业合作社内部设立资金互助部，在社员内部开展资金互助合作，多数未在工商部门或民政部门登记。经营特点：一是入股自愿，退股自由。入股不足半年的，只退股不分红；入股超过半年的，享受分配盈余或承担经营亏损。二是资金内部使用，严禁向非社员发放互助资金。实行股金担保。发放互助资金需要由 1 名以上入股社员担保。三是利率优惠，社员存款、贷款的利率均不高于当地农村信用社。四是内外部监管，内部设立互助资金管理小组，负责互助资金的审批、发放、回收等。从各地实践看，此类业务多由当地农业经管部门实施业务指导，乡镇经营管理站接受农民专业合作社请求，委托管理互助资金，并定期审计、督导。

（三）贫困村扶贫资金互助社。此类资金互助社由国务院扶贫办、财政部在国家和省级扶贫开发工作重点县的贫困村设立，此类机构在民政部门登记，由扶贫部门和财政部门共同负责管理，通过发挥资金互助作用，推动扶贫开发，解决当地农民脱贫致富问题。互助资金来源于财政拨款和村民缴纳的互助资金，以行政村为单位运营，坚持封闭原则开展资金互助业务，互助对象以贫困农户为主体，采取短期（不超过 6 个月）、小额（不超过 5000 元）的原则发放联保信用贷款，管理和运行比较规范。

（四）独立运行的农民资金互助社。此类机构多由农民自发组织或政府推动试点发起设立，或者虽由农民专业合作社社员发起设立，但与农民专业合作社独立运行，是独立的法人。一般在民政部门登记，也有部分在工商部门登记，或者未予登记。多以村或乡（镇）为单位组建并开展资金互助业务，也有部分机构的组建和业务范围突破了乡（镇），扩展到县域。农户有存款意愿需先申请成为社员方可存款，也有存款即成为社员的现象，由于进入的门槛较低，有悖于封闭运行原则，因而具有“非法集资”或

“非法吸收公众存款”的性质。

（五）供销合作社领办的农民专业合作社内部开展的资金互助业务。笔者在山东调研发现，此类内部开展资金互助业务的农民专业合作社均是山东供销合作社领办的专业合作社。内部开展互助资金业务须经当地政府有关部门设立的资金互助监管办公室颁发资金互助许可证后方可开展经营活动，一般在乡（镇）街道设有营业部或资金互助部，有门面房、营业柜台，公开吸收社会公众存款，具有“非法吸收公众存款”性质，是比较典型的“山寨银行”。

（六）供销社牵头组织的农民专业合作社资金互助业务的联合。笔者在山东调研时发现，当地供销合作社创办、领办的农民专业合作社，在生产流通合作的基础上，通过“横向联合”和“纵向联合”方式，实现资金互助合作的联合。一是“横向联合”的资金互助，是指特定区域内的供销合作社创办、领办的农民专业合作社之间、农民专业合作社与社办企业之间开展的资金互助业务联合，是自下而上形成的资金互助合作。开展资金互助合作的主体之间是平等关系，联合起来建立资金互助合作平台开展资金互助合作业务。二是“纵向联合”的资金互助，是指特定区域建立统一的融资平台，自上而下联合农民专业合作社开展资金互助合作业务，融资平台与农民专业合作社之间是上下级关系，即县（区）供销合作社系统的所有农民专业合作社的资金互助业务，由县（区）供销合作社创办的农民专业合作社联合社统一管控，包括人、财、物的统一管理，相当于一个大法人下设立多个分支机构。

三、发展面临的问题

从近几年新型农村合作金融组织发展态势看，银监会批设的农村资金互助社由于受到银监部门较为严格的监管，经营比较规范；贫困村资金互助社以村为单位、以贫困农户为对象开展资金互助合作，风险比较小；独立运行的农民资金互助社和农民专业合作社内部开展的信用合作由于互助范围多以乡（镇）为单位，个别已拓展到县域，突破了“熟人社会”范围，而且业务经营也已突破了资金互助性质，面临着较高风险。供销社领办或牵头组织的资金互助业务或业务联合，互助资金使用的非农化倾向明显，有所背离资金互助目标。当前，新型农村合作金融组织发展面临许多重大问题，已影响农村合作金融良好发展、农村金融稳定，需要予以高度重视。

（一）非法吸收社会公众存款问题严重。部分新型农村合作金融组织的社员门槛非常低，甚至没有实行“社员制”而是开放运行，只要交纳互助资金就可以成为社员，从严格意义上讲，已属于变相非法吸收社会公众存款。即使一些实行封闭运行的新型农村合作金融组织也存在大量吸收非社员互助资金的问题，却美名其曰是扩大互助资金的来源，就更是典型的非法吸收社会公众存款。

（二）互助资金利率“高进高出”现象突出。目前，互助资金是新型农村合作金融组织的主要资金来源。为了实现互助合作目标，各地对互助资金的存款利率和贷款利率均做了明确规定，要求“低进低出”，即新型农村合作金融组织吸纳互助资金存款、贷款利率不得高于当地农村信用社同期限同档次存款、贷款利率。但实践中部分新型农村合作金融组织仍对互助资金存贷款利率实行“高进高出”，互助资金存款的利率远高于当地农村信用社同期限同档次存款利率，使社员缴存互助资金成为了实现投资高收益的手段，互助资金贷款的利率远高于当地农村信用社同期限同档次贷款利率，导致社员以商业化利率获得贷款，既背离了资金互助的目标，也使社员背上了沉重的经济负担。同时，以高息揽储和高利放贷的方式，与当地正规金融机构开展不正当竞争，抢客户、争市场，也严重扰乱了当地金融秩序，对当地正规金融机构尤其是农村信用社显著形成“挤出效应”。虽然如此，对互助金的“高进高出”问题应理性看待，并有效化解。

（三）互助资金发放违规行为严重。一是向非社员、非农民、非农业企业发放互助资金，偏离了合作金融组织封闭运行，只对社员发放互助资金，支持农民发展种养业，实现资金互助的目标。二是将资金投向房地产等高风险行业，而且关联交易与内部人控制问题相互交织，使所投放资金的违规隐蔽性更高、风险隐患更多。三是单笔资金投放超限额。为了强化资金互助合作的性质，让社员都能够借助互助资金实现发家致富，同时防范资金垒大户产生的风险，各地政策普遍规定，互助资金的发放要遵循小额、分散、短期的原则，但在实践中，部分农村合作金融组织发放的单笔互助资金额度仍然偏大，超过规定限额。四是跨区域吸收和投放互助资金。为了发挥新型农村合作金融组织“熟人社会”的优势，有效防范风险，各地均将新型农村合作金融组织的经营区域限定在村、乡（镇）的范围内。但据了解，部分新型农村合作金融组织仍擅自将经营区域扩展到县域，更有甚者延伸到县域之外，明显突破了“熟人社会”的范围，使吸收和发放互助资金中的非对称信息程度显著上升，导致风险程度大幅提高。五是部分新型农村合作金融组织资金规模超过规定标准。考虑到目前新型农村合作金融组织尚处于发展初期，管理能力较弱，为防范金融风险，各地均对新型农村合作金融组织的资金规模进行了限定，原则上控制在1000万~2000万元，而且也基本能够满足社员对小额、短期、信用贷款的资金需求，但实践中，部分新型农村合作金融组织的资金规模往往达到3000万~5000万元，甚至更高，由于管理能力不足，潜在风险较高。

（四）民主管理实现不充分。主要体现在供销合作社创办、领办的农民专业合作社开展资金互助业务。因为供销合作社拥有对创办、领办的农民专业合作社绝对和相对控股权，能够在很大程度上控制农民专业合作社的经营决策，导致广大的农民小股东只是徒有虚名，造成民主管理原则难以真正落实。同时，将社员区分为股东社员和普通社员，前者承担资金互助业务的经营风险，后者不承担经营风险，导致资金互助组织的经营权更多掌握在股东社员的手中，但使用互助资金的更多是普通社员，从而破坏了合作金融组织决策的民主管理原则，影响了资金互助合作目标的实现。

（五）内控管理非常薄弱。一是互助资金管理不规范。新型农村合作金融组织普遍将互助资金存放于内部人员（如理事长或会计主管）的个人银行卡和存单，以用于发放贷款、结算等，而基本未在银行开设基本账户，从而为内部人员携款潜逃等提供了方便，直接威胁着互助资金的安全。二是贷款资金风险管理滞后。新型农村合作金融组织普遍存在贷款档案管理不到位，合同要素缺失、附件不规范，贷款审批人、责任人的签字盖章不齐全，贷款催收不及时等问题，说明其贷款风险管理意识差、措施不力，因此导致部分贷款已形成损失。三是内部治理机制不健全。目前，新型农村合作金融组织虽然普遍建立了社员代表大会、理事会、监事会和主要管理层的法人治理组织架构，但往往流于形式，未能按照规定频次召开会议，研究处理重大事务，而且主要负责人拥有绝对权威，缺乏监督制衡机制。

（六）外部监管基本处于真空状态。一是注册登记困难、规范性差。目前，各地新型农村合作金融组织的注册登记不统一，有的地方在工商部门登记，有的地方在民政部门登记，有的地方对其不予登记，或者业务范围中未明确资金互助业务，导致新型农村合作金融组织难以在银行开户。二是重开业审批，轻监督管理。地方农委（办）“只审批、少监管”，对新型农村合作金融组织的管理多限于机构审批，基本不涉及其业务经营、资金使用的合规性监管，工商部门、民政部门“只登记、不管理”，致使目前对新型农村合作金融组织的监督管理基本处于真空状态。三是监督管理的有效性难以保证。由于基层农委（办）、扶贫、财政等部门人手紧张、工作经费缺乏，特别是缺少指导金融业务的专业人员和知识，导致在日常工作中对新型农村合作金融组织的监管难以到位、持续性差。

四、促进规范发展的政策措施

总体看，新型农村合作金融组织发挥“熟人社会”优势，开展与正规商业性金融机构的错位经营，向社员发放小额、短期、低利率的信用贷款，对解决农民“贷款难”发挥了重要作用，应积极鼓励、推动加快发展，重点从加强内部管理、健全外部监管着手，进一步完善机制体制，有效化解潜在风险，促进健康可持续发展。

（一）发展应坚持“六性”原则。一是互助性。新型农村合作金融组织要坚持为农民服务，为农村的弱势群体服务的宗旨，通过发放小额、短期、低利率的信用贷款开展资金互助合作，不以盈利为目的。二是封闭性。实行社员制和封闭运行，在社员内部吸收互助资金和发放贷款，严禁扩展到非社员。三是社区性。按照“熟人社会”要求并结合管理能力，合理确定新型农村合作金融组织的经营地域范围和资金规模。从目前各地实践情况看，组建以行政村为单位的新型农村合作金融组织比较符合实际，资金规模控制在1000万~2000万元。对于已经组建的以乡（镇）为单位的新型农村合作金融组织，应通过合理方式，逐步将其改制为以行政村为单位的新型农村合作金融组织。四是规范性。按照开展金融业务的有关要求，建立健全内部管理制度并严格执行，确保业务流程、操作规范，切实防范金融风险。五是风险性。高度关注农业面临的自然风险、市场风险等，切实加强风险管理，特别是注重开展农业保险以有效转嫁风险，降低农户因灾造成的损失，为新型农村合作金融组织的发展创造良好环境。六是可持续性。要按照收益覆盖成本、保本微利原则开展资金互助业务，实现新型农村合作金融组织的可持续发展。

（二）在农民专业合作社的基础上开展资金互助业务。一方面有利于新型农村合作金融组织的资金切实用于农民的农业生产性投入，帮助农民实现发家致富，促进农民专业合作社发展，另一方面有利于借助农民专业合作社帮助回笼资金，确保新型农村合作金融组织的资金安全。新型农村合作金融组织和农民专业合作社应分别独立运营、核算，防止互助资金被用于农民专业合作社的业务发展，偏离社员互助目标，同时造成金融风险。

（三）紧紧围绕强化资金互助目标开展资金互助联合。在单一的农民专业合作社内部开展资金互助合作，将会因生产周期相同产生资金供求趋同问题，不利于实现资金互助目标。开展不同农民专业合作社互助资金的联合，可以有效实现互助资金在不同专业合作社之间的互补，解决生产周期趋同带来的不利影响，提高互助资金的使用效率，促使其发挥更大作用，强化资金互助合作目标。但是，也需要注意资金互助联合所带来的问题：一是资金互助的范围会随着不同农民专业合作社的联合而被放大，可能超越“熟人社会”范围，信息不对称程度上升，互助资金的放款风险增大，而且缺乏单一农民专业合作社内部开展资金互助合作，借助生产、流通形成的资金流强制要求借款人归还互助资金的制约机制。这就要求上述联合是建立在具有紧密联结关系的农民专业合作社之间，例如农民专业合作社之间是上下游关系，他们之间经常会发生资金流，通过这种资金流以保证互助资金归还的安全性。二是对联合形成的较大规模的互助资金管理能力。一般而言，互助资金规模越大，对经营者的管理能力要求越高。因此，应按照管理者的资金管理能力，合理确定互助资金联合的规模，不宜贪大，一切要以有效防范金融风险为前提。三是进行资金互助联合的农民专业合作社应是具备生产、流通的紧密关系，以保证互助资金真正被用于开展互助合作，坚决防止将一些关联度不大的企业、农民专业合作社纳入联合范围，一方面会违背资金互助合作的目标，易于导致运用互助资金追求利润最大化，另一方面易于造成互助资金投向其他行业，加大其金融风险，最终损害的是参与资金互助合作的广大农民的利益。

（四）鼓励新型农村合作金融组织与正规金融机构实现资金的有效对接。目前，新型农村合作金融组织或以行政村或以乡（镇）为单位组建，地理位置相近导致农民种养业的生产周期基本相同，互助资金供给和需求的周期性（即“同涝同旱”现象）趋同相当严重，农民因种养时间趋同而同时需要资金造成互助资金供给不足，农民的资金需求难以有效满足，或因同时收获缴存互助资金而导致大量资金闲置，加大了新型农村合作金融组织的资金成本。为此，可鼓励新型农村合作金融组织与正规金融机构实现资金的有效对接，以正规金融机构的富裕资金，弥补新型农村合作金融组织的资金不足，有效满足农民季节性的资金需求；同时将新型农村合作金融组织季节性的富余资金存放于正规金融机构，以增进新型农村合作金融组织的利益。上述做法，也增进了正规金融机构的利益，因为一方面正规金融机构借助新型农村合作金融组织对农户的信息优势和筛选功能，将资金借给了信用较高的农户，而且还有新型农村合作金融组织的担保，保证了资金的安全；另一方面，又可以在新型农村合作金融组织资金富裕时，获得稳定的大额资金来源。为提高效率，可以发挥财政资金的杠杆作用，通过竞标、补贴的方式，鼓励正规金融机构与新型农村合作金融组织实现资金的有效衔接。

（五）进一步加大政策扶持力度。一是加大财政资金支持力度。新型农村合作金融组织的宗旨是推动农民等弱势群体的资金互助合作，单个农户的资金实力弱，入社资金额度小，再加之农业的比较收益低，农户难以承受贷款的高利率，导致其经营多处于微利甚至亏损的状态，需要加大财政资金的支持力度，帮助其实现可持续发展。二是支持加快发展农业保险。新型农村合作金融组织主要通过向农民发放贷款，支持发展农业生产。农业是靠天吃饭的产业，自然灾害频发。一旦发生自然灾害将会通过影响农民的收成，将风险传导到新型农村合作金融组织，影响其可持续发展。这就需要发挥财政资金支持的杠杆作用，推动加快发展农业保险，降低自然灾害对农民收成的影响，促进新型农村合作金融组织实现可持续发展。

（六）建立权责对称、制衡有效的专业化监管体制。一是将新型农村合作金融组织的管理交由省级金融办负责。目前，中央提出要完善地方金融管理体制，强化地方政府对中小金融机构的金融风险处置责任。新型农村合作金融组织是通过吸收和发放互助资金，满足农民生产性资金需求的组织，主要服务地方的“三农”发展，由此产生的金融风险理应由地方政府负责处置。因此，可参照目前小额贷款公司的管理方式，将新型农村合作金融组织的管理交由省级政府负责，全面承担金融风险处置责任；由省级金融办具体负责全面管理新型农村合作金融组织，包括市场准入、业务监管、市场退出等，尽快解决目前新型农村合作金融组织监管主体缺失、监管处于真空的问题。对于已经省级金融办批准设立的新型农村合作金融组织，工商部门负责办理登记注册，允许开展资金互助业务，以方便其在银行开户。二是建立以省级政府为出资主体的新型农村合作金融组织金融风险处置基金。为了有效防范省级金融办对新型农村合作金融组织“重准入、轻监管”问题，可将省级金融办对新型农村合作金融组织的市场准入与金融风险处置基金的额度挂钩，按照所准入的新型农村合作金融组织发放的互助资金余额的一定比例，由省级财政出资建立新型农村合作金融组织的金融风险处置基金，以强化省级金融办的监管责任，形成监督制衡机制。同时，也应按照新型农村合作金融组织所发放的互助资金质量高低实行差异化比例，由新型农村合作金融组织按照互助资金余额缴纳金融风险处置金，以督促其提高互助资金发放质量。考虑到新型农村合作金融组织服务于农民等弱势群体，应以省级财政为出资主体，也有利于强化省级金融办全面监管新型农村合作金融组织的责任，建立有效监督制衡机制。

第四节　资金互助业务型的农村合作金融

为推动我国农村合作金融规范发展，2015 年 1 月，我国新一轮农村合作金融试点在山东省启动，是目前唯一经国务院批准的正式试点省份，将为全国提供可复制、推广的经验。试点的主要内容是在农民专业合作社内部开展信用互助（实质为资金互助，以下称为资金互助）业务。因此，我国农村合作金融改革将开启资金互助业务型的发展模式。

一、社会背景和历史动因

我国农村金融改革的目标是“加快建立商业性金融、合作性金融、政策性金融相结合，资本充足、功能健全、服务完善、运行安全的农村金融体系。”但近十年改革发展以来，农村金融体系越来越以商业性金融为主，政策性金融发展不足，合作性金融日渐消失。典型例证是，近年来，中国银监会明确农村信用社将加快改制为农村商业银行，从而使作为我国正规农村合作金融组织的农村信用社逐渐蜕变为商业性金融机构。由中国银监会新设的农村资金互助社作用十分有限，且大部分处于亏损状态。市场内生成长型农村合作金融组织虽然再度兴起，对解决农民的融资难发挥了积极作用，但组织形式各异、管理规范性差、监管主体缺失、无金融牌照，甚至出现模仿正规金融机构设点营业的“山寨银行”。这种涉众面广且监管缺位的市场内生成长型的农村合作金融组织存在较大的金融风险隐患，已经到了不得不高度重视、加快引导、避免其走农村合作基金会老路的关键时期。正是基于上述背景，2014 年中央一号文件明确指出要“培育发展农村合作金融，不断丰富农村地区金融机构类型”，并提出了明确要求和基本原则。为贯彻落实中央一号文件精神，2015 年 1 月，山东省农村合作金融试点工作启动，是我国目前唯一经国务院批准开展试点的省份，目的是为全国提供可复制、可推广的经验。

二、山东试点的主要内容

（一）试点目标。从山东省政府下发的《关于印发山东省农民专业合作社信用互助业务试点方案》（简称《试点方案》）和《山东省农民专业合作社信用互助业务试点管理暂行办法的通知》（简称《暂行办法》）的有关内容分析，山东试点的目标是通过规范发展农民专业合作社内部资金互助业务，为“三农”提供最直接、最基础的金融服务。到 2017 年底，力争初步建立起与山东农村经济相适应、运行规范、监管有力、成效明显的新型农村合作金融框架，使之成为正规金融服务体系的有益补充，更好满足农民金融需求，促进山东农业农村经济发展。

（二）试点对象。一是选择规范发展的农民专业合作社开展内部资金互助业务试点，而其他五种模式的农村合作金融组织如扶贫办组织的贫困村互助资金社、农民自发成立的资金互助组织等尚未纳入试点范围。二是选择依法取得试点资格，即获得地方金融监管局颁发“资格认定书”的农民专业合作社作为试点对象，而不是将所有自愿开展资金互助业务的农民专业合作社均纳入试点范围。

（三）主要内容。在规范发展的农民专业合作社内部开展资金互助业务试点，主要包括以下几个方面的内容。一是在组织结构上，对经批准参与试点的农民专业合作社内部设立“信用互助业务部”，作为其内设部门开展资金互助业务，而不设独立法人组织；在试点社员之间开展资金互助业务，以服务农民专业合作社生产流通为宗旨；开展资金互助业务试点要实行专门账户管理，独立核算、自负盈亏。二是在社员资格上，参与资金互助业务的社员，包括自然人社员和法人社员都要符合一定条件，如具有农民专业合作社社员资格 1 年以上，户口或注册地在行政村或乡（镇）等；全体社员出示自愿承担试点风险的承诺书。三是在运营管理上，单个社员的资金存放额不得超过同期农民专业合作社用于开展资金互助资金总额的 10%；单个社员借用资金额度不超过互助资金总额的 5%；互助资金总额原则上不超过 500 万元，可适当扩大规模，但不超过 1000 万元；经营地域范围原则上为行政村，一般不得超过乡（镇）；社员出资的互助资金以自愿承诺出借为依据，一旦社员产生融资需求，出资人就应按照承诺金额提供资金；社员借用资金，由管理人员和社员代表组成的资金发放评议小组评议确定。四是开展资金互助业务试点的农民专业合作社要采取招标形式择优选择 1 家合作托管银行；互助资金吸收和发放以及结算均通过合作托管银行账户转账处理；托管银行为资金互助业务试点提供业务指导、风险预警、财务辅导等服务；农民专业合作社通过向合作托管银行借款获得季节性、临时性的外源性融资。

（四）试点时间安排。试点分为三个阶段：第一阶段，引导规范和试点启动，时间为 2015 年 2 月至 12 月底。一是宣传、培训。要求各级政府相关单位和人员认真学习山东省新型农村合作金融试点的政策文件，吃透精神，明确工作目标和任务。积极借助新闻媒体等，大力宣传试点工作的总体安排、主要内容和具体政策、要求等，让社会各界了解试点、关心试点、支持试点。组织召开山东省新型农村合作金融试点工作培训会，向参与试点的一线人员解读试点政策精神、实务操作重点和难点等，推动试点工作稳妥有序开展。二是确定参与试点县（市、区）和开展资格认定。结合辖内实际，在自愿申报的基础上，确定参与试点县（市、区）。按照《暂行办法》的要求，对参与试点县（市、区）辖内的农民专业合作社资金互助业务进行引导规范。对经引导规范达到《暂行办法》要求的，当地地方金融监管局予以资格认定，对农民专业合作社颁发信用互助业务资格认定证书，将其纳入试点范围，并督促其积极开展试点工作。第二阶段，试点推广，时间为 2016 年 1 月至 12 月底。在总结前期试点经验的基础上，逐步扩大试点范围，稳妥有序地在全省全面开展农民专业合作社资金互助业务试点。

第三阶段，完善提高，时间为2017年1月至12月底。加快山东省农民专业合作社资金互助立法进程，探索开展社区性农村资金互助组织试点，初步建成与山东“三农”发展需求相适应的新型农村合作金融框架。

三、主要创新点

（一）在农民专业合作社内部开展资金互助业务。《试点方案》明确提出，山东省农村合作金融试点的主要内容是，在农民专业合作社内部开展资金互助业务，通过设立内部信用互助部的方式，独立核算、自负盈亏开展资金互助活动。信用互助部是农民专业合作社的内设部门，与农民专业合作社不是平等的独立法人关系。在农民专业合作社内部开展资金互助业务具有良好的实体经济背景，经营收入稳定、产业基础扎实，资金互助风险较低，而且直接向社员提供互助资金融服务，充分体现了资金互助与农民专业合作社的相互融合，有利于实现资金互助与农民专业合作社的良性互动循环和共赢发展。

（二）建立互助资金发放评议小组。《试点方案》明确要求，根据合作社的民主管理原则，建立由农民专业合作社管理人员和社员代表组成的互助资金发放评议小组，行使民主决策权力，每年对各位社员出资情况、信用状况、资金需求和使用成本公开评议1次，确定每位社员的授信额度并予以公示，社员可在授信额度内申请使用互助资金。互助资金发放评议小组的建立，可以有效解决目前资金互助中普遍存在的能人主导的内部人控制问题，有利于规避互助资金投向的不合规和发放的不公平等问题，如将互助资金投放给易于获得高利率的法人社员、非社员，甚至投资房地产等，确保了互助资金能够以公平价格合理分配给社员使用，支持社员发展农业经济，以更好地实现资金互助目标，也有利于培育农民的民主议事能力，发挥社员间相互监督的作用，以降低互助资金分配和使用风险。

（三）互助资金采取社员自愿承诺出借额方式获得。《试点方案》明确提出，互助资金的重要来源是符合条件的社员自愿承诺出借的资金额度，可以有效解决目前资金互助组织普遍存在的互助资金池所产生的诸多弊端和由此带来的风险，如资金池的资金被资金互助组织的内部人员违规使用，甚至携款潜逃等恶性事件。而且一旦社员产生实际融资需求，出资人（社员）就应按照承诺金额提供资金，从而有效缩短了互助资金的闲置时间，降低了互助资金的筹资成本，由此带来互助资金使用的低成本。

（四）建立合作托管银行制度。《试点方案》明确要求，开展资金互助业务试点的农民专业合作社要采取招标方式择优选择1家合作托管银行。合作托管银行主要发挥三方面作用：一是作为农民专业合作社开展资金互助业务试点的账户开立和资金存放、支付及结算的唯一银行，即互助资金吸收和发放以及结算均通过合作托管银行账户转账处理，原则上不允许进行现金交易，不设互助资金池，有效防范了现金交易和互助资金池所带来的风险。二是为开展资金互助业务试点的农民专业合作社提供业务指导、风险预警、财务辅导等服务，有利于提高农民专业合作社的资金互助业务管理水平。三是符合条件的农民专业合作社，经监管部门批准，可以与合作托管银行开展资金融通合作，满足其季节性临时性资金需求。具体表现为，农民专业合作社协助合作托管银行办理向社员贷款的贷前审查、贷后管理，通过发挥其“熟人社会”优势，降低合作托管银行信息搜寻成本，缓解合作托管银行与社员之间的信息不对称，从而帮助合作托管银行有效控制贷款风险，不仅有利于提高合作托管银行对社员发放贷款的积极性，而且有利于社员获得更多低成本贷款资金发展农民专业合作社的生产经营。同时，农民专业合作社通过向合作托管银行借款获得季节性临时性的外源性融资，可以有效解决互助资金需求与社员生产周期趋同的矛盾，更好满足社员对互助资金的季节性临时性需求。上述分析说明，通过与合作托管银行开展资金融通，能够实现农民专业合作社、合作托管银行、社员三者的共赢发展。

（五）建立严密的互助资金风险防范机制。主要表现：一是合理设定资金互助业务试点的经营地域范围和资金规模。《试点方案》明确要求，开展资金互助业务试点原则上不得超出农民专业合作社注册地所在行政村，互助资金总规模不超过500万元。确有需要的可适当扩大地域范围和资金规模，但不得超过农民专业合作社注册地所在乡（镇），规模不得超过1000万元。二是设定资金用途、期限、额度。《试点方案》明确要求，互助资金主要用于支持社员参与农民专业合作社生产经营的流动性资金需求，期限以半年为主，一般不超过一年，对单个社员发放的互助资金不得超过互助资金总额的5%。三是采取社员自愿承诺出借互助资金和建立合作托管银行的方式，有效规避建立互助资金池，并加强互助资金风险管理。四是建立互助资金封闭运行制度。《试点方案》明确要求，开展资金互助业务试点的农民专业合作社不得对外吸收存款、不得对外发放贷款，互助资金只能来源于社员，向社员发放贷款。五是限制营业场所设立。《试点方案》明确提出，开展资金互助业务试点的农民专业合作社只允许设立1处固定经营场所，不得对外设立营业柜台，不得设立分支机构，禁止大额现金交易，禁止现金在办公场所过夜。

（六）建立健全监管体制机制。一是明确各县（市）政府是辖内资金互助业务试点监督管理和风险处置的第一责任人，有义务及时识别、预警和化解风险。县（市）地方金融监管局具体负责辖内资金互助业务试点的资格认定、日常监管、市场退出和风险防范，以及相关政策制定等工作。二是建立严格的准入制度。实行资格认定管理。取得“农民专业合作社信用互助业务试点资格认定书”后，农民专业合作社方可开展资金互助业务试点，并由所在县（市）地方金融监管局监管。三是建立现场和非现场监管相结合的日常监管制度。四是建立信息披露和社会监督机制。五是建立风险事项报告及应急处置制度。六是建立规范的市场退出制度。

四、存在的主要问题

总体看，山东试点方案设计较为积极稳妥。试点方案不仅遵循2014年中央一号文件所强调的六大基本原则：即社员制、封闭性原则、不对外吸储放贷、不支付固定回报、不对外投资、不以盈利为目的。而且重点强调金融风险防范机制建设，一是在农民专业合作社内部开办资金互助新业务，不单独设立新的法人组织；二是资金互助不设资金池，以社员承诺方式出资来筹集互助资金；三是外部依托合作托管银行，加强互助资金风险管理。目前，山东试点正在实施，各级政府积极而谨慎地抓好试点工作。因此，笔者重点分析山东试点方案存在的问题，具体有以下几个方面：

（一）试点模式过于单一。目前，山东省的新型农村合作金融组织如同全国一样，也大体呈现6种模式（具体内容详见本书第187页），但山东试点只开展农民专业合作社内部资金互助业务试点一种模式，难以适应“三农”发展对资金互助业务的多样化需求。而且实地调研了解，除了在农民专业合作社内部开展资金互助业务试点外，一些农民专业合作社希望开展担保互助业务，希望设立独立法人的资金互助组织，赋予其市场主体地位，以更好发挥合作金融组织的功能和作用。

（二）防范互助资金风险措施复杂。资金互助业务试点将防范互助资金风险放在第一位，建立了许多风险防范措施，造成社员使用互助资金极为不方便，严重影响了试点目标的实现。

（三）内设的信用互助业务部运行存在诸多问题。一是参加资金互助的社员限于农民专业合作社社员，有些农民专业合作社社员可能并不愿意参加资金互助，或者不符合参加资金互助的条件，导致参加资金互助的社员人数一般少于农民专业合作社社员人数。参加资金互助的社员为实现自身利益所产生的资金互助业务风险让未从中获取利益的农民专业合作社其他社员承担，有损于市场经济的公平原则，也使信用互助业务部的独立核算、自负盈亏徒有虚名。二是信用互助业务部的资产、业务等难以与农民专业合作社充分分离，既不利于在农民专业合作社内部建立有效的风险防控机制，对信用互助业务部形成严格的激励约束机制，也不利于外部监管机构对信用互助业务部实施严密监管。三是信用互助业务部不具有独立民事主体资格，无法发挥为社员贷款提供担保、引进外源融资等功能，极大地限制了信用互助业务部的作用。

（四）未充分发挥资金互助的比较优势。为有效防范资金互助业务风险，试点采取了诸多措施，如经营地域范围原则上为行政村、在农民专业合作社内部开展资金互助业务等，力求发挥资金互助的“熟人社会”比较优势，降低互助资金发放的信息不对称，以较低的信息搜寻成本和高惩罚的面子成本，有效防范互助资金的风险，决定了资金互助的优势是采取信用贷款为主，而非抵押、担保贷款为主。但试点仍然要求互助资金的发放要采取担保、抵押方式，并且将期限设定为半年以下为主，对互助资金的使用设置严格的风险防范措施。

（五）缺乏对社员和核心管理人员有效的正向激励。一是对社员的正向激励不足。如对诚实守信、按时归还互助资金的社员在授信额度、借款利率、期限，以及盈利分配方面缺乏正向激励措施。二是对核心管理人员特别是互助资金发放评议小组成员正向激励不足。核心管理人员对农民专业合作社和资金互助业务的良好发展发挥着重要作用，应建立正向激励机制，充分调动其工作的积极性、主动性，但试点在此方面存在严重不足，基本依赖于核心管理人员的自身道德约束和自我激励，依赖于其大公无私的思想觉悟，这种激励机制难以复制、推广，也缺乏可持续性。

（六）不吸储放贷、不支付固定回报在实践中难以实施。资金互助业务试点坚持不吸储放贷、不支付固定回报。这实际上是按照“吸股不吸储”原则发展资金互助，以防止其发展成为非法集资、高息揽储。但在实践中，开展资金互助普遍向社员承诺一定的资金收益率，而且通常高于当地农村信用社同档次存款利率，这实际上就是吸收存款。如果向社员支付的资金利率低于当地农村信用社存款利率，社员从资金安全性、盈利性的角度考虑，就不会参与此项活动。理论上可能是社员为了获取互助资金，愿意牺牲缴存的互助资金部分收益，接受低于当地农村信用社的存款利率。但如果社员都出于这种考虑，都是为了获得互助资金才参加资金互助，那么必将出现互助资金需求持续大于互助资金总额的局面。因此，实践中为了吸引社员将更多富余资金存入，一般都会许诺给予社员高于当地农村信用社的存款利率，这是为解决资金互助困境的不得已选择。在这种情况下，就不能单纯从“吸股不吸储”来规避高息揽储的风险，而应该从其他渠道入手加以解决，以防止某些人借助资金互助进行非法集资、高息揽储，比如限制互助资金存贷款利差等，降低资金互助的盈利水平；提高参与资金互助的门槛，将动机不端正的人排除在资金互助之外等。

（七）政策扶持措施有待完善。一是需要建立互助资金风险处置基金。虽然《试点方案》和《暂行办法》已经从管理体制上明确了试点县（市）政府、地方金融监管局履行互助资金风险监测、处置责任等，但由于未建立互助资金风险处置基金，一旦互助资金发生风险，上述风险处置责任往往难以真正落实到位。二是缺乏农业保险的有效支撑。资金互助主要是通过向社员发放互助资金，支持农业生产发展。农业是靠天吃饭的产业，自然灾害频发。一旦自然灾害发生，必然会通过降低社员的生产经营收入，将自然灾害风险传导到资金互助业务，形成大量的呆坏账损失，进而影响资金互助业务的可持续发展。这就需要发挥财政资金的杠杆作用，支持加快发展农业保险，降低自然灾害对社员生产经营收入的影响，阻断自然灾害风险向资金互助业务的传导。

五、完善试点的政策措施

（一）丰富资金互助试点模式。可在总结前期实践经验的基础上，结合山东省“三农”发展的资金需求特点，开展多样化的资金互助模式试点，包括设立独立法人的资金互助社、资金担保互助社、资金互助社的联合社、农民专业合作社联合社的资金互助、贫困村资金互助社的改造升级等。

（二）适当简化互助资金风险防控措施。处理好互助资金风险防范与互助资金使用便利性的关系，避免按照商业银行贷款风险控制模式防范互助资金风险。应充分发挥资金互助的“熟人社会”优势，降低互助资金发放的信息不对称程度，提高面子成本的惩罚力度，以有效防范互助资金风险，适当简化互助资金风险防范措施，大力发展以信用方式发放互助资金，按照当地农业生产周期合理延长互助资金使用期限，提高借用的互助资金额度等，更好满足社员对互助资金的需求。

（三）建立对社员和核心管理人员的正向激励机制。一是建立对社员的正向激励机制。将社员的资金互助行为与其参与制定村规民约、公用事业发展、乡村治理、党建工作等相挂钩，实施积分制度，以积分高低对借用互助资金的利率、额度、期限和股金分红等实施差异化管理，以此推动资金互助业务与乡村治理等的共赢发展。二是建立对核心管理人员，特别是农民专业合作社和资金互助业务带头人、互助资金发放评议小组成员的正向激励机制，形成可复制、可推广的制度安排，坚决抛弃依赖核心管理人员思想觉悟维系互助资金安全运行的做法。

（四）注重发挥利益相关者的监督作用。山东试点更多强调发挥地方金融监管局对资金互助业务试点的外部第三方监管作用，面临的最大问题是地方金融监管局处于监管的信息劣势地位，监管动力不足。资金互助业务试点的利益相关者是此项试点的参与者，而且试点的成败与其自身利益紧密相关，决定了由利益相关者对试点实施监督管理具有天然信息优势和强大动力。因此，应注重建立利益相关者对资金互助业务试点的监管机制，特别是完善信用互助部的内控管理制度，充分调动利益相关者监管的积极性、主动性，有效提高对资金互助业务试点的监管水平。

（五）加快完善政策扶持体系。一是建立以省级政府为出资主体的资金互助风险处置基金。不仅有利于提高资金互助风险处置效率，使各项风险处置措施真正及时落实到位，而且能够有效发挥省级金融办及其垂直管理功能，督促地方金融监管局认真履行资金互助业务风险监管、预警和处置职责，强化监督制衡机制，有效防范对资金互助业务“重准入、轻监管”的问题。同时，也应注重建立正向激励机制，以发放的互助资金余额为基数，按照互助资金质量高低实施差别化比例，由开展资金互助业务试点的农民专业合作社缴纳资金互助风险处置资金，以激励提高互助资金发放质量。考虑到资金互助业务试点的对象是广大农民等弱势群体，应以省级政府为出资主体建立资金互助风险处置基金，这样也有利于强化省级金融办全面监管资金互助业务的责任，提高监管水平。二是完善农业保险体系。充分发挥财政资金的杠杆作用，支持加快发展农业保险，有效阻断农业自然灾害向农民社员生产经营收入的传导，促进实现资金互助业务的可持续发展。

第五节　主要结论及重要政策启示

一、农村合作金融对有效满足农民的生产资金需求和提高农民的组织化程度具有积极作用

农民是弱势群体，农业是弱势产业，农民开展农业生产的盈利水平较低，难以获得商业性金融支持。为了解决自身发展农业生产的资金困难，农民具有强大动力自发采取资金互助方式予以满足，决定了开展资金互助具有广泛的群众基础，具有市场内生性特征。农民的资金需求呈现小额、信用的特点，决定了资金互助无须积聚大额资金才能开展，只要一定规模的社区农民资金联合就可开展资金互助，如以行政村、乡（镇）为经营地域范围。由此，农村合作金融具有典型的“熟人社会”特征，可以发挥其信息优势和面子成本等惩罚机制作用，以信用方式为主发放互助资金，有效解决了农民融资抵押物缺失的困难，提高了资金互助的效率和效果。因此，资金互助所遵循的“熟人社会”原则，也就成为决定资金互助适度的经营地域范围，进而是合理的互助资金规模的重要因素。同时，通过资金互助将分散、独立的单个农民纳入农村合作金融组织统一行动，提高了农民的组织化程度，有利于解决小农户与大市场有效对接的难题，提高农民的市场谈判能力，更好维护农民在市场竞争中的利益。

二、政府主导型农村合作金融在演变发展中已逐步丧失资金互助实质，走向商业化股份制具有必然性

我国正规的农村合作金融组织是农村信用社，是由政府主导推动发展的。20 世纪 50 年代新中国成立初期，广大翻身解放的农民发展生产的热情高涨，发展资金互助的愿望强烈，资金互助具有深厚的群众基础。同时，政府的任务是加快完成社会主义改造，互助合作有利于提高农民的组织化程度，是引导广大农民走上集体化、加快社会主义改造进程的重要途径。

上述因素的共同作用推动了资金互助组织迅速发展，但也使其呈现典型的政府主导型特征。此时的资金互助组织具有古典式合作金融的特征，实现了广大农民和政府的双赢。

随着计划经济体制的建立，农村信用社逐步演变为集体金融组织和国家银行在农村的基层机构，成为巩固计划经济体制的工具，合作金融色彩已经消失殆尽。改革开放以来，随着社会主义市场经济体制的建立和完善，农民的经营自主权日益增强，发展生产积极性逐渐提高，互助资金需求显著提升；政府的工作重心也逐步转移到以经济建设为中心上来。顺应上述社会环境变化，政府多次主导恢复农村信用社的合作金融功能，包括恢复“三性”原则，规范发展合作金融，促进股权多元化和组织形式多样化，但由于经营地域范围突破“熟人社会”、股权高度分散、内部人控制，以及政府过度干预等多种原因，农村信用社经营的商业化色彩日益浓厚，将农村信用社恢复为真正意义的合作金融已经不具有现实可能性，不得不进行商业化改造。因此，中国银监会提出将农村信用社改制为农村商业银行的政策导向，并加速推进。由此，我国农村信用社已经彻底脱去合作金融的外衣，历经 50 多年发展的正规合作金融组织已经不复存在。

三、市场内生成长型的农村合作金融已经破土而出，发展迅速，作用积极，应鼓励发展，引导规范

近年来，面对农村正规金融供给严重不足的现状，农民等弱势群体自发通过资金互助方式满足农业生产发展资金需求，市场内生成长型的的农村合作金融破土而出，发展迅速，组织形式多样化。目前，市场内生成长型的农村合作金融呈现自发成长状态，政府行政渗透较少，具有古典式合作金融特征，多以行政村或乡（镇）为经营地域范围。这种农村合作金融对解决农民融资难发挥了积极作用，但也存在一些问题，对这些问题应以发展的眼光看待，积极鼓励，加强引导规范，促进发展。

四、规范发展资金互助业务型的农村合作金融

山东试点的主要内容是在农民专业合作社内部开展资金互助业务，为全国提供可复制、推广的经验。这表明，未来一段时期，我国农村合作金融将沿着农民专业合作社内部开展资金互助业务的方向发展。从山东目前试点看，需要进一步研究的主要问题是：拓展试点模式，推动农村合作金融组织形式的多元化、多样化；充分发挥合作金融“熟人社会”的风险防范机制优势，强化互助资金发放的信用方式，弱化抵押、担保要求等。

五、我国新型农村合作金融处于合作金融发展的初级阶段

随着社会主义市场经济的建立和完善，特别是2007年《农民专业合作社法》开始实施，我国新型农村合作金融迎来了发展的春天，新型农村合作金融组织如雨后春笋般蓬勃发展起来。因此，我国农村合作金融尚处于合作金融发展的初级阶段，需要严格按照合作金融的原则规范发展，切不可急功冒进，超越发展阶段。应坚持积极鼓励原则，加大引导力度，推动规范发展。当前，农民的互助资金需求呈现小额、信用的特征，应以“熟人社会”为原则合理确定农村合作金融组织的经营地域范围和资金规模，经营地域范围以行政村为主，可适当扩展到乡（镇）；资金规模以1000万~2000万元为宜。这样既可有效满足农民的互助资金需求，又可发挥“熟人社会”的优势，在以信用方式发放互助资金的同时，有效防范资金互助业务风险。

第八章　中国农村信用社“去合作化”成因分析

发展中国新型农村合作金融组织，是解决农民贷款难、贷款贵的重要途径和手段。但如何规范发展新型农村合作金融组织，需要借鉴历史经验，吸取历史教训，其中十分重要的是剖析中国唯一的正规农村合作金融组织——中国农村信用社走上“去合作化”的成因。中国农村信用社诞生于20世纪50年代，是新中国历史最为悠久的、唯一的正规农村合作金融组织，但受多种因素影响，在其演变发展中逐渐“去合作化”，目前已由合作金融组织完全蜕变为商业银行机构。正是基于此，本书结合中国农村信用社机制体制的演变发展历程，探究其“去合作化”的原因，在总结经验教训的基础上，提出对规范发展中国新型农村合作金融的若干重要政策启示。

第一节　中国农村信用社“去合作化”体制的演变与发展

中国农村信用社“去合作化”的机制体制是逐步演变发展的，根据其阶段性特征，可以大致将其演变发展历程分为四个阶段，具体包括：第一阶段，建立普及阶段：规范的合作金融组织；第二阶段，计划经济工具阶段：集体金融组织；第三阶段，重新探索阶段：恢复和加强“三性”；第四阶段，转型脱变阶段：逐步走向商业化股份制（具体内容详见本书第179页）。

第二节　中国农村信用社“去合作化”的原因

中国农村信用社改革发展的典型特征是政府主导推动，是典型的强制性制度变迁。政府将农村信用社作为实现其特定任务目标的工具和手段，是导致农村信用社“去合作化”的重要原因。由于政府在不同历史时期所需实现的任务目标不同，也就造成了政府推动农村信用社“去合作化”措施的差异。

一、政府主导推动农村信用社经营地域迅速扩大，超越合作金融要求的“熟人社会”

20世纪50年代新中国成立初期，随着政府主导推动下的农村生产合作由初级社走向高级社，农村合作金融组织也从以农业生产小组为地域范围的信用小组过渡到以行政村、乡（镇）为地域的信用合作社。虽然农村信用社经营的地域范围不断扩大，但基本仍然在“熟人社会”的范围内运行，依靠“熟人社会”的风险防范功能，基本能够有效控制互助资金的风险。同时由于地域规模小、互助资金的集中度较高，确保了民主管理具有良好的运行基础，促进实现了资金互助合作目标。上述因素的共同作用，基本确保了此阶段的农村信用社按照规范化的合作金融要求开展经营活动。

计划经济时期（时间跨度为1959年至1980年），在政府的主导推动下，农村信用社成为集体金融组织，成为实现计划经济体制目标、巩固计划经济制度的重要手段，导致农村信用社实践中的资金互助合作特征消失殆尽，从而使其全面彻底地完成了“去合作化”。

建立和完善社会主义市场经济时期（时间跨度为1980年至2011年），随着我国社会主义市场经济的逐步深入发展，农村经济活力不断增强，农民的生产经营自主权不断扩大，面对生产规模小、资金实力弱的困境，广大农民迫切需要发展生产合作、供销合作和资金互助合作，推动农业生产发展，从而使合作金融具有强大的市场内生基础。应该说，政府也认识到了广大农民的市场内生资金互助合作需求，力图采取措施予以满足，如恢复农村信用社的“三性”原则，并以此规范农村信用社经营活动，2003年开展的新一轮农村信用社改革就是鲜明证据。

笔者认为政府的出发点虽然是好的，但采取的相关政策措施有失偏颇。

面对市场内生的资金互助需求，政府没有着力培育，使其发展壮大，以更好满足广大农民的资金互助需求，而是在计划经济时期遗留的农村信用社的架构内，力图引入合作金融因素发展农村信用社，如在中国农业银行领导农村信用社的体制下，在农村信用社原有架构内恢复其“三性”原则，引导农民入股，增强农民对农村信用社经营活动的决策权，推动农村信用社开展涉农金融服务，以更好满足农民发展生产的资金需求，但由于是将合作金融简单嫁接在政府主导的农村信用社，导致合作金融并未真正融入农村信用社，从而使其徒有合作金融之名。由于农村信用社改革是政府主导推动的，也就在一定程度上加速了农村信用社的“去合作化”。

在政府的主导推动下，农村信用社的经营地域从计划经济时期的行政村（生产大队）逐步普遍扩大到乡（镇）进而普遍扩大到县（市），已远远超过合作金融对“熟人社会”的严重依赖，导致农村信用社的经营机制发生重大变化，最为典型的是出现专业经营团队，演生成了严重的“内部人控制”，进一步加剧了农村信用社“去合作化”。

二、推动农村信用社改革成为政府实现特定目标的重要工具

60 多年的中国农村信用社改革发展历程表明，农村信用社每一次的改革发展，都具有政府主导推动的典型特色，这也就成为农村信用社“去合作化”的重要因素。

20 世纪 50 年代新中国成立初期，合作化运动是引导广大农民实现合作化和集体化目标，促进完成社会主义改造任务的重要工具，因而政府积极鼓励广大农民全面开展各种形式、内容的互助合作，包括生产合作、供销合作、信用合作。如果说合作化运动的初期，迎合了建国初期小农发展经济的合理需求，实现了政府和广大农民的互利共赢，但随着政府推动提升合作社层级等有关措施的实施，中国的合作化运动更加鲜明地成为政府加速完成社会主义改造的工具，必然会偏离广大农民对合作化的需求，农村信用社的“去合作化”也就成为现实和历史起点。

1959年至1980年的计划经济时期，政府的主要任务是加快建立计划经济制度，典型特征是强调在微观经济层面建立“一大二公”体制。因此，政府通过全面改革农村信用社，力图尽快消除其合作金融特性，使农村信用社成为强化集体经济的组织，以此促进全面建成计划经济体制。可见，农村信用社已成为政府促进建立计划经济制度的重要工具。具体表现为明确农村信用社既是集体经济组织，又作为国家银行在农村地区的基层机构。这些更加清楚表明，政府通过对农村信用社进行改革，使其成为巩固计划经济的工具，农村信用社已经彻底“去合作化”。

建立和完善社会主义市场经济体制以来，农民生产经营自主权日益扩大，发展生产积极性不断高涨，内生的资金互助合作需求逐步增强，但农村信用社改革只是简单地将合作金融因素引入原有架构，力图实现政府和广大农民的互利共赢。具体表现为，简单、直接地将合作金融因素引入计划经济遗留的农村信用社架构内，力图以此实现赋予农村信用社改革的历史重任，先后经历了恢复农村信用社“三性”原则、增强农村信用社独立法人地位、开展股权多元化、组织形式多样化改革。由于农村信用社的合作金融因素是政府人为嫁接上去的，并不完全符合广大农民内生的资金互助需求，而且导致农村信用社的“去合作化”日益加剧，最终走向了商业化改制。

三、农村信用社经营活动逐步背离合作金融特性

在改革发展过程中，农村信用社的资金来源已经由单纯的社员投入的股本金演变为股本金和存款资金，虽然强调对股本金的分红不事前承诺固定比例而取决于经营绩效，但对存款资金是事先支付固定利息的。资金运用的对象也由单纯的社员演变为社员和非社员，两者的贷款差别仅在于在同等条件下对社员实现贷款额度和贷款利率优惠。农村信用社的上述做法已经偏离了合作金融的封闭性原则和不对外吸储放贷、不支付固定回报原则，因为封闭性原则强调资金互助业务只在社员范围内开展，而实践中农村信用社的经营对象包括社员和非社员；不对外吸储放贷原则要求吸收股

本金和互助资金只能来源于社员，发放互助资金也只能以社员为对象，而实践中的农村信用社无论是吸收互助资金还是发放互助金（贷款）均已突破社员范围，将非社员也纳入资金互助对象范围；不支付固定回报原则强调盈余的分配坚持按照交易额返还为主的原则，目的是吸引社员更多参与资金互助业务，并将资金互助盈余尽可能多地返还社员，以确保实现资金互助目标，但在实践中农村信用社对股本金和互助金均支付固定回报。因此，从农村信用社的经营活动来看，合作金融所应坚持的封闭性、不对外吸储放贷、不支付固定回报等基本原则均遭到破坏，农村信用社已经偏离合作金融方向，走上“去合作化”道路。

同时，实践中农村信用社对股本金和吸收的互助金（实为存款）均支付固定回报，必然使农村信用社在经营中面临巨大的成本压力和资产质量压力，一方面促使其必然要通过提高发放互助资金（实质为贷款）的利率水平，以应对较高的经营成本压力，从而可能超越部分社员的利率承受能力而使其难以获得贷款享受资金互助的好处；另一方面，为了稳定资产质量，必然会采取类似于商业银行的风险防控措施，提高贷款的抵押、担保条件，也会使部分社员难以满足贷款条件而无法申请贷款，将其排除在资金互助业务范围之外，从而有悖于合作金融目标。因此，农村信用社对股本金和互助资金支付固定回报的结果也推动了其“去合作化”。

四、农村信用社法人治理不完善导致实质上“去合作化”

法人治理结构反映的是股东凭借股本金，运用投票权影响公司运行实现自身利益最大化的问题。农村信用社作为合作金融组织，也存在吸收社员股本金，赋予社员投票权，由社员运用投票权实现自身利益最大化的法人治理问题。但由于农村信用社股本金真实性差、股权高度分散等，导致法人治理结构不完善，使其虽然从股本金的角度看名义上保持着合作金融的特征，但实质上已“去合作化”。

一是股本金真实性差、股权高度分散，股东主体是农民，由此造成社员股东行使股东权利的积极性和能力缺失。前述分析表明，农村信用社作为合作金融组织，必然要求社员投资入股，但为了稳定股本金，对股本金支付固定回报，导致存款化股本金大量存在，即使个别农村信用社对股本金不支付固定回报，但社员支取股本金的随意性较大，也使股本金具有存款的性质。这些均说明，农村信用社的股本金真实性差，难以通过股本金分红将社员股东行使股东权力的积极性和农村信用社经营业绩紧密连接起来，造成农村信用社经营绩效好坏基本对社员股东经济利益没有影响，成为导致社员股东缺乏行使股东权力积极性的重要原因。

在政府的主导推动下，农村信用社经营地域范围不断扩大，从行政村扩展到乡（镇）进而以县（市）为单位，导致股东的范围和人数随之增加，股本金规模不断扩大，但农民是弱势群体，资金实力弱，单个社员入股金额小，造成以县为法人单位的农村信用社社员股东多达十几万之众，股权高度分散，农村信用社经营绩效几乎与单个社员股东的经济利益失去联系，从而使社员股东行使股东权力的积极性缺失。

另外，广大农村信用社经营地域在农村地区，增资扩股的对象只能是广大农民，农民自然就成为农村信用社股东的主体。农民的文化素质低、经管管理能力差，导致作为股东的农民缺乏行使股东权力的能力。

前述分析表明，农村信用社社员股东行使权力，是推动农村信用社将经营方向定位于实现社员资金互助目标的产权基础。但从实践看，由于农村信用社股本金真实性差、股权高度分散、股东主体是农民，造成社员股东行使股东权力的积极性和能力不足，从而使农村信用社实现资金互助目标的产权基础缺失，农村信用社虽有资金互助之名但已无资金互助之实。

二是资格股股东易受投资股股东引导，造成农村信用社经营方向定位于追求利润最大化而非实现资金互助。为了吸收股份制的优点，更好夯实产权基础，促进农村信用社改革，实践中，许多农村信用社实行股份合作制，股本金由资格股和投资股构成，鼓励股东在缴纳资格股股本金的基础上再缴纳投资股，以壮大股本金规模，并发挥投资股对农村信用社改革的促进作用。

上述做法在农村信用社的法人治理结构中表现为，资格股是合作金融的代表，体现的是民主管理，实行一人一票；投资股是股份制的代表，体现的是股份经济要求，按照入股金额大小获得投票权。虽然投资股在大多数农村信用社中远多于资格股，但为了保证农村信用社的合作金融性质，对投资股获得的投票权进行了适当限制，从而使投资股股东的投票权少于资格股股东的投票权。

相对于广大的资格股社员而言，虽然投资股社员人数较少，获得的投票权数量也有限，但投资股股东多是农村的企业主、能人等，经营管理能力和水平较高，而且投资入股的目的更多是获得投资回报而非资金互助合作。

由于资格股股东和投资股股东利益追求目标的差异，在资格股股东和投资股股东共同投票决定农村信用社经营大政方针的过程中，投资股股东总是力图引导将农村信用社经营方向定位于实现利润最大化目标，以获得更高的投资回报；资格股股东虽然人数多、拥有的投票权也多，但单个资格股股东社员经营管理能力和水平较低，在投票决策农村信用社经营方向时，容易受到投资股股东影响，从而虽然通过投票方式，体现了程序公平，但最终仍然使追求利润最大化成为农村信用社的经营目标而非实现资金互助合作目标。上述分析说明，实践中大量存在的股份合作制的农村信用社追求实现的是利润最大化而非资金互助合作目标，导致农村信用社虽有合作金融之名，但已无合作金融之实。

五、“内部人控制”导致农村信用社商业化经营色彩浓厚

随着农村信用社经营规模的扩大，管理的精细化程度提高，需要专业的管理团队专职履行管理职责，从而使农村信用社的股东进一步区分为社员股东和管理人员（包括职工）股东。社员股东的入股目标是获得资金互助合作业务，管理人员股东入股目标是成为农村信用社工作人员，并组织实施资金互助业务。相对于处于农村信用社外部、作为服务对象的广大社

员股东而言，管理人员股东是农村信用社的内部人员（以下称为内部人）。

管理人员股东作为农村信用社的工作人员，农村信用社经营业绩越优良，管理人员的工作越稳定，收入水平越高。因此，管理人员股东追求的目标是农村信用社利润的最大化，具有与前述分析的农村信用社投资股股东基本相同的目标。

如果农村信用社实行的是合作制，也就是所有股东均为资格股股东，其中管理人员也必然是资格股股东。管理人员（内部人）和社员股东均需要按照一人一票的原则参与农村信用社的重大经营决策。前述分析表明农村信用社股本金真实性差、股权高度分散，股东主体是农民，导致绝大多数社员股东行使股东权力的积极性差、行使股东权力的能力缺失。管理人员长期在农村信用社工作，懂经营会管理，因此将会在投票决策的过程中，引导广大社员股东按照自己追求的利润最大化目标进行投票决策，形成较强的内部人控制，从而使农村信用社的经营方向偏离资金互助合作目标而定位于利润最大化。即使有个别社员股东可以影响农村信用社经营方向定位，由于管理人员可适当运用隐性手段，从贷款利率和额度优惠程度方面对其施加影响，也容易使其迫于压力屈从于管理人员的利益追求，最终实现农村信用社经营方向定位于利润最大化。

如果农村信用社实行的是股份合作制，管理人员股东在引导资格股社员股东投票的过程中必然会得到投资股股东的帮助，对资格股股东的引导能力也就会更强，管理人员的内部人控制能力就会得到进一步提升，农村信用社经营方向就会更加定位于利润最大化。

综合上述分析，农村信用社内部人控制的存在和控制能力的提升，将会推动农村信用社经营方向定位于利润最大化而非资金互助目标，也推动了农村信用社“去合作化”。

第三节　主要结论及重要政策启示

目前，农村信用社正在加速改制为农村商业银行，表明中国唯一的正规合作金融组织已彻底走向“去合作化”，转变为商业银行机构。虽然政府一直致力于让中国农村信用社发挥合作金融组织的功能，并为此对其进行了多次改革，做了大量工作，但收效甚微。其中的诸多缘由，笔者在文前已经进行了深入分析，这些分析对中国发展规范的新型农村合作金融提供了若干重要启示和历史借鉴。

一、规范发展农村合作金融

遵守合作金融的基本原则应成为中国规范发展新型农村合作金融所坚持的重要前提，如社员的封闭性、民主管理、不吸储放贷、不支付固定回报等原则。纵观中国农村信用社改革发展历程，正是由于背离了上述基本原则，才导致其逐步“去合作化”。如破坏社员封闭性原则，将社员和非社员均纳入农村信用社的服务对象范围，导致背离了资金互助宗旨，将合作金融和商业金融混为一体。破坏不吸储放贷、不支付固定回报原则，导致农村信用社因要支付较高的吸储成本而面临较大的经营成本压力，只能通过提高互助资金的使用成本予以覆盖，从而背离了合作金融目标。破坏民主管理原则，导致农村信用社的经营方向受到严重的“内部人控制”，农村信用社成为“内部人”实现自身利益的工具，农村信用社经营目标转为利润最大化而非资金互助合作。因此，必须坚持合作金融的基本原则，规范发展中国农村合作金融。

二、按照“熟人社会”要求确定经营地域

“熟人社会”构建了农村合作金融组织内部社员之间的信息对称机制，是其重要的风险防范手段。农村合作金融组织经营地域一旦超越“熟人社会”，由“熟人社会”构建的风险防范机制就会被破坏，农村合作金融组织就需采取类似商业银行的风险控制方法，采取抵押担保方式发放互助资金，这将削弱资金互助目标的实现。同时，“熟人社会”决定了社员之间相互熟悉、了解，保证了民主管理原则将会得到较好的执行，间接约束了“内部人”行为，削弱了“内部人控制”后果。而且按照“熟人社会”原则确定

的农村合作金融组织经营地域多以行政村为单位，少数可扩展到乡镇，由于经营地域范围较小，资金规模小，对互助资金的管理也就没有必要设置专门岗位、由专业人士负责，也就不会形成以管理互助资金为职业的“内部人”，产生“内部人控制”的土壤，文前分析的由“内部人控制”所产生的偏离合作金融目标的问题也就不复存在 。

三、政府应着力创造良好环境

前文分析表明，政府主导推动是导致中国农村信用社“去合作化”的重要原因，政府过度介入农村信用社的内部经营管理，将农村信用社作为实现自身特定目标的手段、工具。这个教训是极其深刻、沉痛的，需要认真吸取。因此，笔者认为，政府应充分尊重农村合作金融组织的自主管理、自主经营权，推动其自主改革发展，扮演好农村合作金融组织发展的“守夜人”角色，发挥好外部监管作用，帮助其解决改革发展面临困难等，促进农村合作金融良好发展 。

四、中国农村合作金融发展处于发展的初级阶段

随着社会主义市场经济体制的建立和完善，特别是2007年《农民专业合作社法》开始实施，我国新型农村合作金融发展的土壤日益厚实，迎来了发展的春天。但是，我国农村合作金融尚处于合作金融发展的初级阶段，这是基于我国农村合作金融孕育发展的时间较短和当前发展现状作出的科学判断，因此需要严格按照合作金融的基本原则规范发展，切不可急功近利，超越发展阶段。同时，应积极鼓励，加大引导力度，以发展的眼光看待存在的问题，切不可求全责备、一棍子打死，为中国农村合作金融发展创造良好空间。

第九章　中国新型农村合作金融改革发展的十大问题

近年来，我国新型农村合作金融快速发展，通过发挥比较优势，实现了与政策性金融、商业性金融的错位经营，有效改善了农村金融服务，应积极推动其大力发展。本书在梳理国内外关于中国农村合作金融①研究文献的基础上，结合笔者赴多地实地调研的深刻认识，提出推动中国新型农村合作金融发展所涉及十大问题的研究观点。这些研究观点与当前理论研究、政策实践的认识具有较大差异，呈现拨乱反正的性质与特征。

第一节　社员身份

农村合作金融的重要特征之一是实行社员的民主管理，其前提应是社员的经济地位保持平等。目前，实践中许多农村合作金融组织的社员包括自然人身份的社员和法人身份的社员（主要是小微企业主）。一般而言，作为法人身份社员的小微企业主经济实力、资金规模、管理能力等均比自然人身份的社员强大，而且两者的资金需求也有明显差异。因此，如果小微企业主与自然人的农民同时成为社员，将会导致作为社员身份的小微企业主实质性控制农村合作金融运行，必然会使其经营方向偏离作为自然人身份的社员的需求，从而事实上背离农村合作金融实现资金互助合作的宗旨，具体表现为小微企业主以大股东或以互助资金大户的身份，借助民主管理形式，实质控制农村合作金融发展方向，将其作为实现自身利益的工具，

---

① 当前，我国新型农村合作金融的主要形式是农村资金互助合作，本书在未特定说明的情况下，所分析的农村合作金融是指农村资金互助合作。

即使对大股东和大户进行附加投票权限制也是如此。因此，笔者认为，应立足于更好实现农村合作金融资金互助合作目标—弱势群体的互助合作，将社员限定在自然人社员（普通农民）的范围较为合理，力图保持社员的经济地位平等，为其行使民主管理权力奠定坚实的经济基础。

目前，社员身份应以家庭成员个人还是以家庭为单位体现，也就是一个家庭可以有多个社员还是一个社员的问题，实践中也是有差异、有争议的。笔者认为，目前我国农业的基本生产组织形式是家庭承包经营责任制，家庭是基本的农业生产单位，作为家庭成员的个人是隶属于和随同家庭其他成员参加农业生产经营活动的，个人在生产经营活动中缺乏独立性和独立的利益追求，不能成为独立的利益主体。因此，应以家庭为单位参加农村合作金融，成为其社员，具体可由户主作为代表成为社员。

第二节　社员与社会特定公众的关系

社员与社会特定公众问题主要涉及农村合作金融吸收社员股本金和互助金是否涉嫌非法吸收公众存款、非法集资等违法犯罪、扰乱金融秩序等重大问题。因为，按照现行有关法律规定，非法吸收公众存款的主要判定标准是吸收资金的对象是否为社会不特定公众，如果农村合作金融的社员稳定性较差，社员就容易变为社会不特定公众，农村合作金融吸收社员股本金和互助金的行为也就容易滑向非法吸收公众存款。

一、非法（变相）吸收公众存款的法律界定

非法吸收公众存款，是指某特定主体违反国家金融管理法律规定，向社会不特定对象吸收资金，出具凭证，承诺在一定期限内还本付息的活动。变相非法吸收公众存款，是指违反国家金融管理法律规定，虽然不以吸收公众存款的名义，向社会不特定对象吸收资金，但承诺履行的义务与非法吸收公众存款性质相同的活动。在亲友或者单位内部针对特定对象吸收资金的，不属于非法吸收或者变相非法吸收公众存款。

以非法吸收公众存款定罪的行为主要包括以投资入股、委托理财、民间“会”、“社”组织、虚假保险、股权、债券、基金、寄存代售、回购商品等方式非法吸收社会不特定公众资金。

二、农村合作金融的资金互助对象是社会特定公众

一是资金互助对象为社会特定公众。由于资金互助坚持封闭性原则，股本金和互助金来自于社员，运用于社员，即吸储放贷只在社员范围内使用，符合现行法律的社会特定公众要求，因而农村合作金融开展的吸收互助金的吸储行为不是非法吸收公众存款。

二是关注社员资金来源。要特别强调社员缴纳的互助金和股本金应是自有货币资金而非向亲友的借款。因为现行有关法律“关于‘社会公众’的认定问题”明确，“在向亲友或者单位内部人员吸收资金的过程中，明知亲友或者单位内部人员向不特定对象吸收资金而予以放任的”，不能认定为社会特定公众。因此，社员缴纳的互助金和股本金如果是来源于向非社员亲友的借款，就不符合“关于社会特定公众”的法律规定，就会涉嫌非法吸收公众存款。

三是保持社员的稳定性。现行有关法律“关于‘社会公众’的认定问题”明确，“以吸收资金为目的，将社会人员吸收为单位内部人员，并向其吸收资金的”，涉嫌非法吸收公众存款。这说明，为吸收更多互助金和股本金而临时吸纳社员的做法，将会使新增社员被认定为社会不特定公众，从而将此行为界定为非法吸收公众存款。这就要求在实践中保持社员的稳定性，最好在章程中明确，并严格执行。具体为：吸纳为农村资金互助社社员的半年内，不得对其吸收互助金和股本金；社员缴纳互助金和股本金的半年内不得退出农村资金互助社。否则，就会导致社员的稳定性差，容易被认定为非法吸收公众存款。

但是，也不宜死守社员稳定性原则，剥夺社员退出资金互助社的权力。如按上述方法在保持社员相对稳定，防范涉嫌非法吸收公众存款问题的同时，也应保障社员享有相对自由的退出权。这实际上是建立社员的“用脚

投票”机制，赋予社员对资金互助合作行为表达强烈不满意见和实施惩罚性措施的权力，以此来遏制其偏离互助合作目标。如果社员行使“用脚投票”，就说明社员对资金互助合作彻底失望，也将迫使资金互助合作的管理人员加强管理，回归资金互助合作目标，更好满足社员的资金互助需求。

第三节 对互助金支付利息及“高进高出”

目前，为了遵守“不支付固定回报”的原则，实践中许多农村资金互助社严禁向社员缴纳的互助金承诺支付固定回报（相当于存款利息）。笔者认为，“不支付固定回报”原则应该是针对社员缴纳的股本金而言的，并不包括社员缴纳的互助金，而且向社员缴纳的互助金支付固定回报（存款利息）既然不是非法吸收公众存款行为，就应该认为向互助资金支付利息是合理、合法的，自然应该是被允许的。

一、应向社员缴纳的互助金支付固定回报

按照上述分析，开展资金互助是在社员内部以吸收存款方式筹集互助资金，是对特定社会公众吸收存款，因而不是非法吸收公众存款，是合法的吸收公众存款行为。既然如此，就可以向社员的互助金支付固定回报（支付利息），这也是实地调研所发现的目前绝大多数地区开展资金互助业务的基本做法。当然许多资金互助社为了遵守“不支付固定回报”原则，在吸收互助金时一般事前不承诺固定回报（支付利息），但事后都是要保证能够获得稳定、高额的回报（不仅是互助金，股本金也是如此），这其实是一种变相的隐性承诺。笔者认为，不管是互助金显性的固定回报还是隐性的固定回报，都是由农村合作金融的特征所决定的。当然，互助金显性的固定回报（事前承诺支付利息）效果会更好。因为这将使缴纳互助金的社员具有预期稳定的利息收益，缴纳互助金的积极性会更高。

二、应向互助金支付具有吸引力的较高利息

农村合作金融是弱势群体的社员农民的资金互助行为，天然存在资金供给小于需求的格局，因为作为弱势群体的社员资金供给能力弱而资金需求能力强，许多社员加入资金互助更多是为了获得资金，所以制约农村资金互助社发展的决定因素是能否获得充裕的互助资金，以更好满足社员的资金互助需求，获得的互助资金越多，社员的资金需求满足程度也就越高，资金互助目标的实现程度就会更充分。因此，应追求高水平的互助资金供求平衡，这就要求吸收更多互助资金，以更好促进实现农村资金互助社发展目标。

目前，与农村信用社、村镇银行相比，农村资金互助社是农村金融市场的弱者，在与上述机构争夺存款资金中，除了依靠社员的忠诚度外，更需要增强互助金利率的吸引力，而且从实地调研情况看，后者的作用更为强大。这就需要以高于当地正规银行业金融机构，尤其是农村信用社的同期限档次存款利率吸引更多互助金，以实现更高水平的互助资金供求平衡，更好实现资金互助目标。目前，有一种观点认为，既然社员加入资金互助社的目的是实现资金互助，就不应追求资金高回报，强调资金营利，而应该以互助合作、非营利性为目标，将互助金利率限制在较低水平，社员更应关注由于合作行为带来的其他收益增加，以弥补互助金低收益给其带来的损失。从实地调研看，实行互助金的低利率政策，将会导致互助金规模萎缩，只能实现低水平的互助金供求平衡，使许多社员的资金需求无法得到较好满足，最终影响资金互助目标的实现程度。因此，笔者认为，应向互助金支付具有吸引力的较高利息。

为了实现互助金更高水平的平衡，除了上述以高利率吸引增加互助金的做法外，还可以在不同类型和产业领域的农民合作社之间开展资金互助合作，以有效规避单个农民合作社内部互助金需求与生产周期的趋同性，形成互助金供给与需求的错峰，以某些农民合作社社员互助金需求的淡季、供给的旺季应对另一些农民合作社社员互助金需求的旺季、供给的淡季，

更好实现互助金自我供求平衡，特别是对于实现外部融资困难的资金互助合作更应采取此种方法予以应对。当然，农民合作社产业链之间（如上下游产业）的互助金供给、需求时点也是有差异的，可以借助产业链上的社员互助金供给、需求的错峰，实现互助金供求的平衡。

但对互助金支付较高利息也会产生以下负面影响，需要积极应对：一是导致部分社员缴纳互助金是为了获得较高的互助金利息，从而将资金互助行为演变为投资行为。由此可能出现社员向非社员亲友借钱缴纳互助金的问题，突破前述的社会特定公众的认定，走向非法吸收公众存款。二是部分社员专门缴纳互助金，以获取高额互助金利息，从而在资金互助社内部形成部分社员长期成为资金供给方，只缴纳互助金而不需求互助金的情况。三是为了资金互助可持续发展，可能促使资金外流寻找更高收益，以覆盖对互助金支付高利息带来的经营成本压力，不仅不利于实现资金互助目标，也可能导致互助资金风险上升，而且更为惯常的做法是提高所发放的互助资金利率，以互助金发放的高利息应对向互助金支付的高利息。这就是人们经常所说的互助金的“高进高出”问题。

三、“高进高出”与实现资金互助目标

笔者认为，互助资金的“高进高出”更有利于实现资金互助目标。对互助资金支付较高的利息回报有利于吸纳更多互助资金，解决互助资金天然短缺格局，实现更高水平的互助资金供求平衡，文前对此已经进行分析，不再赘述。对社员发放互助资金收取较高利息，即互助资金发放的“高出”，一方面有利于将有限的互助资金运用于拥有更加优质项目的社员（因为只有拥有优质项目，才有能力承受借用互助金支付的高利息），更好实现提高互助资金使用效果。另一方面促使社员更有效率使用、节约互助资金，提高互助资金回笼、周转速度，让有限的互助资金发挥更大效果。

当然，互助资金的“高进高出”也会产生一定的负面影响，可采取以下措施努力化解：一是“高进”——向互助资金支付较高利息。为了防止社员向亲友等其他人员集资套取利差而产生的变相非法吸收公众存款，可

根据单个社员的经济承受能力，规定其缴纳互助资金的数量，以确保互助资金来源于社员的自有货币资金，从而有效防止社员向亲友借款演变为社会不特定公众，导致变相非法吸收公众存款问题，如规定社员缴纳互助资金额度最高应为当地人均 GDP 的 5 倍等。为了防止借筹集互助资金之名大搞非法吸收公众存款，可对社员资格稳定性提出明确要求，以防止随意扩大社员范围，使互助资金缴纳从社会特定公众（社员）演变为社会不特定公众。同时，对向互助资金支付的较高利息进行适当限制，以保障向互助资金支付的利息略高于当地农村信用社同期限档次存款利率，不仅有助于吸纳更多互助资金，保持互助金稳定增长，而且有利于降低利息支出成本，更有利于弱化上述变相非法吸收公众存款的动力基础，即降低其套利空间。

二是严格执行对股本金不得支付固定回报政策，但为了防止股本金分红比例过高导致社员向非社员亲友等其他人员筹集资金缴纳股本金套取高收益，应坚持微利经营原则，使股本金分红比例保持与农村信用社同期限档次存款利率基本相当，尽可能减少股本金的套利空间。当然，由于股本金面临的风险高于互助资金，其获得的收益也应高于互助金利息。同时，也可以比照互助资金最高限额的方法，规定单个社员缴纳的股本金最高数量。

三是“高出”——向社员使用互助金收取较高利息，会加大互助金需求方（社员）的资金使用成本，而这些社员更多是需要帮扶的弱势群体，从而背离互助合作目标。为此，应坚持盈余分配以交易额返还为主原则，明确交易额是社员借用的互助资金金额，既有利于吸引社员更多参与使用资金互助，又有利于将盈余大部分返还给使用互助资金的社员（弱势社员），降低这部分社员使用互助资金的成本，从而更好实现资金互助目标。当然，为了维护缴纳股本金和互助资金社员的利益，保持股本金和互助金的稳定并适度增长，可在盈余分配环节对其予以考虑，但最终结果应使股本金和互助金的年度收益回报略高于当地农村信用社同期限同档次存款利率，以防止将股本金和互助金作为投资手段，产生前文分析的有关问题。

第四节 资金互助社的地域范围与规模边界

一、以熟人社会确定地域范围与规模边界

由于加入资金互助社的社员是弱势群体，抵押、担保物缺失，决定了互助资金的发放应以信用方式为主，互助资金的风险防范、债权安全维护就显得十分重要，成为决定资金互助社能否实现可持续发展的关键因素。

熟人社会是社员重复博弈的场所，可以是特定社区范围。在社区内部由于特定的地缘、血缘、亲缘优势，不仅构建了社员之间的信息对称，而且社员违约将面临较大的面子成本，从而决定了能够将互助资金发放给最需要且最具有信用的社员，既更好实现了资金互助目标，也有利于防范互助资金风险，实现可持续发展。因此，应以熟人社会确定资金互助社的合理地域范围边界，熟人社会应是一个地理概念，是特定的行政村、乡（镇）范围较为合适。

二、熟人社会可以产业链为基础拓展

由于产业链的上下游社员结成了稳定的业务制约关系，具有实施违规惩罚的可置信威胁功能，而且经常交易也使彼此之间较为熟悉，形成了信息对称，从而具有熟人社会特征，可以发挥其对互助资金风险防范功能。因此，熟人社会也可以拓展为产业链概念，以特定的产业链联结、形成。从地域上看，产业链可能是在行政村、乡（镇）范围，也可能扩展到以县（市）为单位，甚至更广范围。这就导致以产业链为基础构建的熟人社会地域范围可能超越以地缘、血缘、亲缘为特征的传统熟人社会的地域范围，从而要求的互助资金规模边界也将更大，可能高达几千万元，甚至上亿元，而且人数可能更多，多达几千人，甚至几万人。

三、当前我国资金互助的合理地域范围和资金规模边界

考虑到我国资金互助尚处于发展的初级阶段，笔者综合上述因素认为，资金互助社应结合熟人社会确定的地域范围以及由产业链拓展的熟人社会范围共同确定，以行政村或乡（镇）为地域范围边界较为合理，同时应限定互助资金规模上限为1000万元。因为资金互助社的人员过多、资金规模过大，将会超越当前资金互助社人员的管理能力，不仅不利于有效防范互助资金金融风险，而且导致社员在管理过程中的“搭便车”行为，使民主管理流于形式，易于偏离农村合作金融目标。同时，也需要专职的互助资金管理人员经营管理庞大的互助资金，易于形成与社员利益对立的内部人利益集团，形成内部人控制，导致在内部人控制下，使资金互助社转而追求利润最大化而背离资金互助合作目标。当然，由于各地经济发达程度、资金互助社人员管理水平存在差异，上述资金互助的地域范围和资金规模边界应结合各地实际情况合理确定，但应充分考虑我国农村合作金融发展尚处于初级阶段的现状，不宜盲目追求资金互助社地域范围和资金规模的扩大，并不是越大越好。但目前在部分地区追求资金互助地域范围和资金规模的不断扩大呈现蔓延之势，应引起高度重视。

第五节　防范互助资金运用风险

根据风险产生的根源，互助资金风险包括互助资金来源风险和运用风险，应分别从来源和运用方面分别采取有效措施予以防范。前者主要是防止吸收社员互助资金的行为转变为非法或变相非法吸收社会公众存款，后者主要是确保互助资金的安全和降低运用中产生的不良贷款。鉴于前文已对前者进行了深入分析，此部分重点研究互助资金运用的风险，这也是互助资金风险防范的重点和难点。

一、确保互助资金的投向、用途符合规定

互助资金应用于满足社员的资金互助需求，为社员发展生产提供小额资金支持。但在实践中却发现互助资金被挪作他用，挪用者既包括社员，也有资金互助社及其管理人员。一是社员将互助资金挪作非生产性用途，用于婚丧嫁娶、看病、盖房等生活消费。由于这些用途导致互助资金难以形成生产性收入，将可能影响互助金的按期足额归还，易于形成互助资金的不良贷款。因此，目前对互助金投向、用途的普遍看法是，应强调限定互助资金用途，明确要求社员将互助资金用于发展生产。笔者认为，社员的资金需求具有多样性，既有生产性资金需求也有生活性资金需求，只要互助金用于满足社员资金需求，就实现了资金互助目标，社员如何运用互助金应尊重其自主选择权，不宜严格限定互助金投向、用途，规定只能用于生产性投入而不能用于生活性消费。但为了保证互助金的安全性，在发放互助金时，应注重考察社员的偿还能力。因为偿还能力才是决定互助资金风险高低的第一重要因素。当然，鼓励社员将借用的互助金用于发展生产，可以促进实现其不断发展壮大，也是提高互助金偿还能力的重要因素。

二是部分资金互助社及其管理人员将互助资金不是用于满足社员资金需求而是挪作他用，如投资于房地产等高风险行业，追求高额利润，不仅背离了资金互助合作目标，而且也容易产生高风险，危害资金互助社的可持续发展和广大社员的利益。对于上述违规行为，可采取以下措施予以防范。第一，加强信息披露，要求定期对互助资金使用情况进行信息公示，阳光化操作，发挥社员和有关方面的监督作用，从而给互助资金违规使用施加压力。第二，由于互助资金存放在银行业金融机构，而且其拨付使用必须要经过银行业金融机构，因此，可发挥银行业金融机构的监督作用，对互助资金使用对象、用途进行监督检查，对用于非社员的互助资金和投向不合理的互助资金应及时报告地方政府有关部门，将防范互助资金风险的关口前移。第三，发挥外部监管部门作用，对单笔支付超过一定额度（如30万元）的互助资金，实行监管部门监督审核制度，只有经审核符合

要求的，银行业金融机构才可办理互助资金划拨、支付。第四，实行资金互助社内部交易支票制，不向社员直接发放互助资金用于内部交易，也就防止了社员将互助资金挪作其他用途的问题。具体操作体现为：根据社员的信用等级，确定社员获得交易支票的数量和对其实施的优惠利率。交易支票制度的实施可依托于农民合作社进行，因为社员的生产资料购买、产品销售，以及其他有关交易活动等都是在农民合作社社员之间或社员与农民合作社之间完成的，支票相当于记账凭证，记录社员交易的商品数量，反映的是社员之间商品赊购赊销情况，因而支票制本质上是商业信用互助，但社员获得支票数量和利率优惠程度的差异反映了资金互助社对其支持力度的大小。支票使用期结束，社员应按照最终获得支票数量大小支付相应成本。由于社员使用支票在内部结算，由此节约的资金也可由资金互助社用于外部开展有关活动，增进社员利益，如将社员使用支票而节约的资金存放在银行业金融机构获取利息收入等。支票制适用于社员交易能够在农民合作社内部完成的情况。由于支票只能在农民合作社内部使用，从而保证了其能够全部用于生产资料等生产性交易，可以此通过推动社员发展生产，更好实现资金互助合作目标。实地调研发现，湖南省沅陵县王家岭养鸡专业合作社资金互助部实行内部交易支票制取得了较好效果。

二、发挥大数据在评定社员信用评级中的积极作用

从理论上分析，资金互助社可以发挥熟人社会功能，对社员的信用等级作出科学判定，以此作为发放互助金的依据，实现有效防范互助金风险，但这种对社员信用等级的评定是依据社员间的日常经验和观察做出的，更多是给予定性分析，缺乏客观定量数据支撑，难免出现失误，而且由于是主观判定，难以预防个人的喜好和道德风险所产生的不良影响。目前，资金互助社基本都是在农民合作社基础上发展起来的，社员之间及社员与农民合作社之间需要进行生产资料、产品等交易，可在农民合作社内部建立社员的交易数据系统，详细记录社员的交易情况，发挥大数据在社员信用评级中的积极作用。实地调研发现，湖南省沅陵县王家岭养鸡专业合作社

资金互助部建立了社员的交易数据系统，记录了单个社员从雏鸡、饲料购买、鸡舍扩大、成鸡销售等养鸡全流程的生产和交易信息，积累了社员经营情况的全面历史信息数据，从而为社员信用等级评定提供了坚实的数据基础，保证了社员信用等级评定的科学性、公正性，有效规避了对社员信用等级评定的人为主观色彩。

三、采取抵押担保方式发放互助资金

从目前实践看，部分资金互助社为了防范互助资金风险，要求采取抵押担保方式发放互助资金，已经滑向商业性银行业机构防范贷款风险的管理模式，背离了资金互助社内生的熟人社会防范风险功能，严重影响了资金互助目标的实现。笔者认为，由于资金互助社是以熟人社会为基础构建，已经内生了互助资金使用风险防范机制，互助资金发放应采取信用方式。如果采用抵押担保方式发放互助资金，不仅是多此一举，人为提高社员使用互助金的成本，而且更为重要的是作为弱势群体的广大社员最缺乏的就是抵押品，将会因为抵押品缺失影响互助金的发放，背离资金互助合作目标。但从更好维护互助资金安全性角度看，在坚持以信用方式为主发放互助金的基础上，也可结合社员实际，引入合理的抵押担保机制，也将更有利于防范互助资金风险。

一是选择土地承包经营权、宅基地使用权、生产资料使用权等符合社员实际的抵押物，而且应简化评估抵押手续，尽可能降低社员使用互助资金的抵押成本。目前，社员普遍拥有上述抵押物，但由于多种原因，这些抵押物尚未纳入正规的抵押物范围。资金互助社可结合当地实际情况，探讨合理方式以上述抵押物开展抵押担保贷款，但应尽可能降低抵押成本。因为有抵押物的约束，可以增强社员归还互助金的压力和动力，而且这些抵押物能够比较容易地在社员范围内变现流转，也更有利于保证互助资金安全。

二是采取社员联保方式发放互助资金。资金互助社应采取信用方式为主发放互助资金，在此种情况下，判断社员信用等级的主体是资金互助社，由于互助资金社具有熟人社会特征，理应能够准确判定社员信用状况，以决定是否向其发放互助金，但实践中可能由于多种原因，单纯依靠资金互助社对社员的信用判定是不充分的，社员联保方式对其是有益补充。因为以联保方式发放互助金是在熟人社会的基础上进一步依靠作为利益共同体的联保社员的信用判定机制而却又规避了抵押方式给社员使用互助资金带来的诸多不便和成本。在资金互助社内部，由于广大社员共处于熟人社会范围，生产、生活有更多交集，社员之间彼此对对方人品、生产经营、生活现状等有更多动态了解，社员联保不仅可以发挥社员之间的上述信息优势，而且使借款社员与担保社员形成了利益共同体，一旦借款社员无法偿还互助金，其他担保社员将要承担连带偿还责任，从而使担保社员更加具有运用信息优势准确判定借款社员信用等级及动态反映其信用变化的动力，这将更有助于维护互助资金安全。同时也需要看到社员联保同样存在一定成本，特别是某些地区社员联保意识较差，实施社员联保的难度较大。但综合比较社员联保成本和抵押物成本，笔者更赞成以联保方式发放互助金，而且与信用方式相比，联保方式也更具有信息优势。但是，近年来，个别地区农村信用社推广的农民联保小额贷款实施效果不佳问题，应引起资金互助社对实施社员联保可能产生相关问题的高度重视，因为他们之间具有一定的类同性。

四、建立互助金承诺制消灭互助金资金池

由于互助资金供给与需求时间上的不一致，将会形成互助资金池，积聚较大规模额度的互助金暂时处于闲置状态，一旦闲置的互助资金被挪作他用或携款潜逃，将会对社员造成重大损失，也会严重损害资金互助社的声誉，而且影响其可持续发展。实践中发生的许多资金互助社高管人员携款潜逃事件就是有力证明。因此，应尽量杜绝互助金资金池的形成，有效方法是采取互助金承诺制，在社员提出互助金需求时，在其他社员事先承诺的互助资金额度内及时提供适当资金，而在此之前，互助资金由各个社员自我管理，既可及时实现互助金供求平衡，快速满足社员的互助金需求，

也可避免形成互助金资金池，消除设立互助资金池的弊端，而且还可降低互助金闲置所增加的经营成本。一种较为极端的做法是了解互助资金需求后，及时吸收等额的互助资金予以满足，虽可完全消灭互助资金池，但对时限性要求高，往往在较短时间内难以筹集相应额度的互助资金，可行性较低。笔者调研发现浙江省德清县个别资金互助社就是采取此种方法，在每年的春耕时节安排一次互助资金供给与需求的对接，以此消除互助资金池。目前，山东省农村合作金融改革正在进行的互助金承诺制试点是预期效果比较好的消灭互助资金池的方法。具体操作程序为：按照“以借定入”原则，根据互助资金需求，从参与试点的社员账户中划拨相应额度的资金。从试点情况看，部分地区反映，实现承诺制目标存在一定困难，因为实行“以借定入”，待有互助金借款需求时，当初承诺的出资往往由于多种原因被占用而导致承诺的资金无法落实，经常出现“无米之炊”的尴尬现象。此外，由于农民合作社的生产经营活动趋同、资金使用集中，互助资金无法错峰使用，也往往导致互助金承诺制难以有效实施。因此，应强化社员承诺资金的稳定性，确保有互助金需求时，能够及时在承诺的资金额度内提供互助资金，可采取对承诺资金部分锁定制度予以保证。

五、发挥托管银行对互助金存入、借出的监督功能

目前，互助金基本都是按照就近原则存放在当地银行业金融机构，主要是农村信用社；互助金的发放也是由农村信用社按照资金互助社的指令直接向社员提供。因此，互助金的流入、流出都是由农村信用社按照资金互助社的指令直接操作完成的。笔者认为，可借助农村信用社的特殊地位，发挥其对互助金流动情况的监测作用，以防范互助金风险。

目前，山东省农村合作金融改革正在进行互助金托管银行试点。具体操作方法是开展资金互助业务试点的农民合作社采取招标方式择优选择 1 家合作托管银行。合作托管银行发挥三方面作用：一是作为农民合作社开展资金互助业务试点的账户开立和资金存放、支付及结算的唯一银行，即互助资金吸收和发放以及结算均通过合作托管银行账户转账处理，原则上不

允许进行现金交易，不设互助资金池，有效防范了现金交易和互助资金池所带来的风险。二是为开展资金互助业务试点的农民合作社提供互助金管理业务指导、风险预警、财务辅导等服务，有利于提高农民合作社的资金互助业务管理水平。三是符合条件的农民合作社，经监管部门批准，可以与合作托管银行开展资金融通合作，满足其季节性临时性资金需求。具体表现为，农民合作社协助合作托管银行开展向社员贷款的贷前审查、贷后管理，通过发挥其熟人社会优势，降低合作托管银行信息搜寻成本，缓解合作托管银行与社员之间的信息不对称，从而帮助合作托管银行有效控制贷款风险，不仅有利于提高合作托管银行对社员发放贷款的积极性，而且有利于社员获得更多低成本贷款资金发展农民合作社的生产经营。同时，农民合作社通过向合作托管银行借款获得季节性临时性的外源性融资，可以有效解决互助资金需求与社员生产周期趋同的矛盾，更好满足社员对互助资金的季节性临时性需求。通过与合作托管银行开展资金融通，能够实现农民合作社、合作托管银行、社员三者的互利共赢发展。

从山东省目前的试点情况看，试点农民合作社的互助资金业务均采取了合作托管银行机制，以试点县为单位，从中国农业银行山东省分行的县支行或农村信用社中选择一家作为合作托管银行，并与当地金融监管局签订三方协议。由于托管资金规模不大，合作托管银行参与积极性并不高，如中国农业银行山东省分行反映目前全省托管金额较少（仅 156 万元），仍需要合作各方进一步磨合、衔接，扩大资金规模；农民合作社开展信用互助试点要兼顾商业化运作，在平衡各方利益、激发工作积极性方面仍显不足，办理互助资金存入借出业务操作较为复杂，收益难以覆盖成本。

从上述分析看，山东省试点的合作托管银行制度是地方政府主导实施的，合作托管银行的选择具有典型的“拉郎配”色彩，而且合作托管银行承担较多责任，更多是提供义务服务，积极性较差。前文分析表明，合作托管银行制度是地方政府监测互助资金流动、防范互助金风险的有效方法，应以政府购买服务的方式向合作托管银行提供必要的补偿支持，以保证其财务可持续，提高其积极性。另外，应将自主选择合作托管银行的主体由地方政府监管部门转变为资金互助社，由其发挥市场优胜劣汰作用，以督促合作托管银行认真监督互助资金流动，强化重大问题向地方政府监管部门及时报告制度，简化互助金存放、借出手续，降低互助金存放、借出成本，以方便社员、有利于维护互助金安全为原则。

六、发挥保险的风险锁定和转嫁功能

一是支持加快发展农业保险。农民资金互助社主要通过向农民发放贷款，支持发展农业生产，以实现其资金互助合作目标。我国当前农业是靠天吃饭的产业，自然灾害频发，农民是弱势群体，承受自然灾害损失的能力弱。一旦发生自然灾害将会通过影响农民的收成，将风险传导到农民资金互助社，影响其可持续发展。而且资金互助社社员生产地域聚集性高，一旦发生自然灾害对其将是毁灭性打击。这就需要支持加快发展农业保险，事前锁定风险并实现转嫁，降低自然灾害对农民收成的影响，从而促进农民资金互助社实现可持续发展。二是对借用的互助资金购买保险。为了防止社员出现人身意外，导致其借用的互助资金无法偿还，可对借用的互助资金本息偿还购买保险，一旦社员出现人身意外，如病故、遭遇交通事故意外死亡等，将由保险公司代为全额清偿债务，从而保证借用互助资金的安全。资金互助社的社员是弱势群体，应发挥财政资金支持的杠杆作用，加大对其购买保险的资金补偿力度，建议将上述保险纳入政策性保险范围。

第六节　破除能人、大户控制与强化民主管理

一、破除能人控制强化民主管理

从当前实践看，大多数农民合作社的资金互助业务都是在能人的带动下发展起来的，无形中逐渐树立了能人的权威，形成了能人控制，能人掌控了农民合作社的经营方向及具体的经营活动决策权，包括互助资金运用等，从而与合作原则要求的民主管理发生了背离，将会在一定程度上影响

资金互助合作目标的实现，而且能人的变动将会严重影响农民合作社资金互助业务的稳定性。突出表现为，能人往往直接决定对社员发放互助资金的额度、期限、利率等，依靠能人的个人判断来防范互助资金发放风险，依靠其个人社会公德维护资金互助目标的实现。这种机制的良好运行结果是依靠能人的个人经营管理水平和社会公德来保证的，在实践中往往难以复制推广，而且一旦能人决策失误将会带来严重的风险。

因此，需要破除能人控制，发挥民主管理作用。可通过民主方式对社员的信用进行评级，根据信用评级结果确定互助金授信和发放额度、利率水平等，以有效破解能人控制及其带来的弊端。具体操作：资金互助社成立民主决策机构，以民主方式集体决策评定社员的信用评级，而且实行阳光化操作，接受广大社员监督，社员的贷款授信额度确定和互助金发放额度、利率水平等只要根据社员信用等级评定结果进行决策就可以了，这种机制保证了社员信用评级结果和互助金发放的科学性、公平性，体现了社员的广泛民主参与、管理，实行阳光化操作，从而在一定程度上有效解决了能人控制带来的不利影响。

二、破除大户控制强化民主管理

前文虽然分析可通过实施社员间缴纳股本金和互助金额度基本相等的方法，以消灭大户，破除其控制的物质基础，通过实现社员经济地位平等，为民主管理真正有效发挥创造良好环境，但从实地调研看，由于资金互助合作天然存在资金供给小于需求的格局，更现实的方法是在一定程度上吸收大户，扩大资金供给，以在更高的互助金供求水平上实现资金互助目标，由此必然难以消除股本金和互助金的大户，以及由此形成的大户控制。具体表现为，大户更多承担资金供给功能、小户是资金需求方，两者目标差异以及大户控制将会容易导致偏离资金互助目标。因此，需要采取有效方法消除大户控制的不利影响。具体方法是前文分析的强化民主管理，建立集体决策机制，以约束大户的行为，具体可采取前文分析的限制能人控制措施。

第七节 盈余分配制度

笔者认为，鉴于资金互助社的目标是实现资金互助合作，应坚持保本微利原则，以确保其能够可持续发展，只有如此才能使资金互助社发展壮大，使实现资金互助目标具有坚实基础，也才能更好实现资金互助目标，从而形成两者良性循环。

从实地调研看，各地在盈余分配环节比较注重维护股本金和互助金出资者的利益，而对互助金使用者的利益关注不足。许多地方虽然强调按照交易额为主的原则分配盈余，但交易额更多包含的是社员缴纳的股本金和互助金，导致股本金和互助金分配的盈余收益往往远高于当地农村信用社同期限同档次存款利率，使股本金和互助金成为社员获得投资高收益的手段，也使借入互助金的社员承受了较高的互助金使用成本，但相对于缴纳股本金和互助金的社员而言，这部分使用互助资金的社员才是弱势群体，更需要互助资金的支持帮扶，因而上述做法在一定程度上损害了资金互助目标，而且也容易导致发生文前分析的非法吸收公众存款等问题。

因此，笔者认为，既然各地资金互助实践中，社员缴纳的互助金已经获得了明确支付的较高利息，且纳入其经营成本之中，从而较好地保护了其利益，就不宜再参与盈余的分配。在符合财务制度的前提下，应将社员借入的互助金作为交易额纳入盈余分配，而且以其为主进行分配，通过盈余分配方式实施事后对借入互助金的社员进行补偿，以降低其借入互助金的最终成本，实现资金互助支持帮扶弱势群体（社员）的目标。当然，缴纳股本金的社员承担着资金互助的较高风险，在盈余分配环节也应维护好其利益，确保其获得的分红收益与其所承受的风险相当，但同样也要防止股本金分红比例过高，导致股本金成为获得高收益重要投资手段的问题。综合上述分析，笔者认为在盈余分配环节要按照有利于实现资金互助合作目标的原则，兼顾处理好互助金供求双方、股本金缴纳者的利益，以当地农村信用社同期限同档次存贷款利率作为确定互助金、股本金收益和社员使用互助金成本的重要参考。如此分配后尚有剩余的，应量化到社员个人名下，归其所有，留存到资金互助社，增加其积累，实现其发展壮大。

第八节　地方政府监督管理

笔者认为，按照目前我国构建中央和地方双层金融监管体制的制度设计，资金互助业务和组织活动应纳入地方政府金融监管范围，主要涉及以下重大问题：

一、合理确定农村合作金融的业务准入范围

从目前各地实践看，从有利于防范互助资金风险的角度考虑，应明确强调在农民合作社基础上发展资金互助合作等信用合作，合理确定开展农村合作金融的业务准入范围。具体包括：

一是在农民合作社内部开展资金互助业务。目前，山东省农村合作金融改革正在按照此种模式试点，2015 年、2016 年中央 1 号文件也提出按照此种模式推进农村合作金融改革。但 2014 年中央 1 号文件提出发展农村合作金融组织，丰富农村地区金融机构类型。开展资金互助业务是对农民合作社现有业务的拓展，虽然成立了资金互助部，但由于是内设机构不是独立法人，将会在很大程度上影响资金互助发挥其他功能，如难以以互助金作为担保实现与正规金融机构有效对接获得更多外源性融资，解决资金互助部资金短缺问题。而且，参与资金互助业务的往往是农民合作社的部分社员，一旦资金互助业务发生风险，却要农民合作社全体社员承担，容易形成权责不对称，导致参与资金互助业务的社员产生道德风险，也对未参与资金互助业务的农民合作社其他社员有失公平。因为农民合作社是独立法人，对其任何一项业务（自然包括资金互助业务）造成的损失承担全面责任。

二是在农民合作社基础上发展资金互助组织，实现两者的紧密结合、融合发展、相互促进、互利共赢，这符合 2014 年中央 1 号文件提出的发展

农村合作金融组织精神。首先，可以借助农民合作社建立的熟人社会以及社员之间紧密的经济交往，降低对社员信用信息的搜寻成本、提高违约惩罚成本，有效防范互助资金风险；通过资金互助，解决农民合作社社员发展生产的资金短缺问题，促进农民进而是农民合作社良好发展。其次，资金互助组织可以借助农民合作社的人力财力，降低其运行成本，更好实现可持续发展。如有些资金互助组织可以利用农民合作社技术人员走乡串户，了解社员信用、经济状况等动态信息的优势，帮助进行社员信用等级评定和互助资金发放、动态监测等。最后，由于资金互助组织相对独立于农民合作社，可以独立进行经营决策，以自身资产（包括股本金、互助资金等）进行担保融资，与正规金融机构进行有效对接，开展资金融通业务，化解资金互助组织资金供求与农业生产周期趋同等所产生的不利影响。当然，资金互助组织作为独立法人，可以独立于农民合作社而行动，决策空间相对较大，盈利动机也较强，在实践中容易发生非法吸收公众存款，将严重影响农村金融市场稳定，对此需要高度重视。

三是在农民合作社基础上发展信用合作组织，主要任务是开展信用互助增信业务，帮助社员从正规金融机构获得贷款资金。运行机制为：社员以信用互助合作为目的，缴纳资金建立担保基金，联合增信，联合担保，发挥担保基金的信用放大功能，使每个社员从正规金融机构获得高于其缴纳资金数倍的贷款，以有效解决社员发展生产的资金不足问题。

从实地调研看，湖南省沅陵县麻溪铺镇产业信用协会是比较典型的信用合作组织，运行效果较好。该协会是麻溪铺镇政府引导、由产业大户发起设立，农民合作社、产业大户、农户自愿参加，通过建立互助担保基金，开展资金互助联保获得银行贷款的社会团体法人，是非营利性社会组织，在当地民政部门登记注册。该协会于 2014 年 11 月成立，已有正式会员 30 人，主要是香瓜、香菇、土鸡、肥猪等特色产业的大户。协会致力于搭建银行（主要是当地农村信用社）和农村经济实体融资对接的平台，充分发挥政府引导优势、协会担保优势、会员监督优势、银行信贷优势，构建“引导互助担保基金建立有政府、贷款联保互助有协会、贷款发放有银行、产业发展有资金”的格局，解决了银行贷款放得出、用得好、收得回，解决了产业发展资金不足问题，实现了政府、协会、银行、会员的合作互利共赢。与农民合作社内部开展资金互助业务的内嵌式资金互助合作相比，此种模式具有典型的外嵌式资金联保互助合作特征，通过会员自愿交纳互助担保基金，承诺互助联保合作，发挥协会力量增信单个会员，并要求会员将贷款主要用于发展已有产业和延伸产业，从而实现了单个会员以互助联保方式从银行获得贷款支持，也降低了银行的贷款风险，有效解决了会员因抵押担保不足造成的农村经济实体贷款难、银行难贷款问题，而且实现了互助担保基金的信用放大功能，贷款放大倍数为10倍，筹集的40万元互助担保基金，已从银行获得贷款授信400万元。

四是发展互助保险业务。通过农民自愿出资建立互助保险社，以互助保险方式降低社员的农业生产风险和家庭财产风险。从实地调研情况看，2011年9月，全国首家农村保险互助社在浙江省慈溪市西门外村试点运行，虽然取得了一定成效，但由于保险是建立在大数定律基础上，且要求地域相对分散特别是农业保险更是如此，因而该试点运行受到较大制约。因为农村互助保险的社员积聚于熟人社会，地理位置相邻、地理范围过于狭小，而且互助保险人数有限、互助保险金规模较小，难以达到大数定律的规模要求。但农村保险互助社反映了广大农民的互助合作保险需求，应积极创造条件支持发展。但也应看到，农民自发的互助合作保险发展确实受到较大的限制，还是应发展以大数定律为基础的政策性、商业性保险的作用，满足农民对农业保险的需求。

同时，笔者通过实地调研也发现，随着农村经济发展，特别是农民合作社的日益壮大，农民对合作金融内容、形式等也呈现日趋多样化的需求。因此，笔者认为，应积极鼓励农民贴合实际，创新发展多元化的农村合作金融，不能墨守成规，限定于特定模式。但是现阶段农民贷款难、贷款贵问题依然严重，决定了发展资金互助合作将在相当长时期是我国农村合作金融的主体和主流。

二、机构登记：工商登记还是民政登记

目前，各地的农村合作金融登记机构差异较大，既有在工商部门登记，也有在民政部门登记，而且理论上争议较大，意见并不统一。实地调研发现，资金互助社或业务在工商部门登记的难度较大，因为其所登记的工商企业经营范围缺乏资金交易业务，许多是在地方政府协调下在工商部门登记的，但更多是在民政部门登记。多数地区对机构登记问题反映较为强烈，大多希望能够在工商部门登记。

笔者认为，农村合作金融强调以资金互助自治、为社员提供资金互助服务为目标，不追求盈利最大化，实行保本微利，因而与商业性金融有本质区别。按照合作金融的上述特性，比较符合在民政部门注册，登记为社团法人。因为我国的《社会团体登记管理条例》第二条规定“本条例所称社会团体，是指中国公民自愿组成，为实现会员共同意愿，按照其章程开展活动的非营利性社会组织”、第三条明确“社会团体不得从事营利性经营活动”。从这些规定看，农村合作金融比较符合社团法人特征。

《农民专业合作社法》第二条明确“农民专业合作社是在农村家庭承包经营基础上，同类农产品的生产经营者或者同类农业生产经营服务的提供者、利用者，自愿联合、民主管理的互助性经济组织”。第十三条规定“设立农民专业合作社，应当向工商行政管理部门提交下列文件，申请设立登记。农民专业合作社法定登记事项变更的，应当申请变更登记”。农村合作金融业务或组织是农民专业合作社的重要组织部分，因为其是在农民专业合作社基础上发展的资金互助合作，是同类农产品的生产经营者或者同类农业生产经营服务的提供者、利用者所进行的资金自愿联合、民主管理的互助性经济组织。据此，笔者认为，应按照上述第十三条的规定在工商部门办理登记变更，但在实践中工商部门多以《农民专业合作社法》未对资金互助合作明确规定而不予登记、变更。

综合上述分析，笔者认为农村合作金融是合作经济的重要组成部分，是互助性经济组织，与农民专业合作社性质相同，只不过合作的内容是资

金互助合作，因而应按照《农民专业合作社法》的规定在工商部门办理注册，登记为企业法人。同时，农村合作金融既然是互助合作性质的，也就是不以盈利为目的，重在向社员提供信用互助服务，是非营利性社会组织，也符合《社会团体登记管理条例》的规定，可在民政部门办理注册，登记为社团法人。由于互助性经济组织与非营利性社会组织具有互通性，笔者认为，农村合作金融既可在工商部门注册登记也可在民政部门注册登记，但由于《农民专业合作社法》已经明确农民专业合作社在工商部门注册登记，作为合作经济重要组成部分的农村合作金融在工商部门注册登记更为合理。

三、地方政府履行监督管理职能

按照构建中央和地方双层金融监管体制的改革要求，农村合作金融的监管主体应该是地方政府，而且实践中许多地方政府已经开始履行此职能。从实地调研看，笔者认为地方政府应进一步重点做好以下几方面的金融监管工作：

一是对农村合作金融实施非审慎监管。农村合作金融是草根金融，是农民自发开展的互助合作金融活动，具有市场内生性特征，以熟人社会为基础建立了自我风险防范机制，对有效缓解农民贷款难、贷款贵问题发挥着积极作用，地方政府应鼓励其良好发展。总结我国农村信用社、农村合作基金会等正规合作金融组织发展的经验教训，结合当前农村合作金融运行中地方政府所发挥的作用，笔者认为地方政府对农村合作金融存在干预过多、干预过度问题，从市场准入、业务范围、人、财、物配置等具体经营活动等方面深度介入，具体干预其内部治理、经营决策等方面，使其成为实现政府特定利益目标的政策工具，也因此导致其逐渐偏离资金互助合作目标，严重影响了广大农民发展合作金融的积极性。最为典型的是农村信用社，虽然其是我国发展历史最为悠久的合作金融典范，广大农民是农村信用社的社员股东，但广大农民普遍认为农村信用社是官办的正规金融机构，农村信用社的贷款发放毫无资金互助合作特色，农民社员也未发挥民主管理作用，农村信用社的经营方向、经营行为与商业性银行业金融机构基本无区别。近年来，国家已明确将农村信用社改制为农村商业银行，就是有力证明。其中的重要原因就是地方政府对农村信用社经营活动的过度干预，将其作为实现政府特定利益目标手段，导致农村信用社完全背离资金互助合作目标。

因此，笔者认为，地方政府应充分认识农村合作金融特征，尊重农村合作金融发展规律，通过为其创造良好的外围环境，促进农村合作金融发展，这就要求地方政府对农村合作金融从目前的审慎监管转变为非审慎监管，更多从外部组织推动、创造良好环境，尊重、相信农村合作金融的自我管理、自我发展能力，而不是深入其内部以帮助其发展的方式干预其经营活动。非审慎监管的核心是对农村合作金融的发展构建良好制度环境，实行负面清单管理，只要农村合作金融没有冲破底线，就应由其自主经营、自主发展。例如，可将目前农村合作金融的市场准入由审批制改为注册登记制等，适当放宽农村合作金融发展的业务准入标准，鼓励农村合作金融自主管理、自我发展；实行有别于农村信用社等正规金融机构的监管标准和措施，淡化资本充足率、拨备覆盖率、贷款集中度等量化的风险监管标准，注重发挥资金互助合作的熟人社会风险防范功能等。

二是监测互助资金流动。风险防范是制约农村合作金融良好发展的关键因素，而确保互助资金流动的合规性是风险防范的重要环节。因此，笔者认为，监测互助资金的流动，尤其是及时掌握互助资金的异常流动是地方政府对农村合作金融实施非审慎监管的重点和难点。目前，农村合作金融的资金主要存放在当地农村金融机构，尤其是农村信用社。因此，农村信用社最了解互助资金流动情况。地方政府可采取政府购买服务方式，委托农村信用社监测互助资金流动状况，一旦发生互助资金的异常流动，农村信用社应及时尽快报告地方政府，特别是发生大额资金频繁流入、互助资金快速增长等情况时，地方政府就应警惕农村合作金融组织是否进行非法吸收公众存款或非法集资，以便将问题消灭在萌芽状态；发生大额资金流出前，地方政府就应该到农村合作金融组织实地了解，防止主要高级管理人员携款潜逃或投资于房地产等非农行业，以有效防范互助资金风险和偏离资金互助合作目标。当然，上述制度的有效实施，需要建立互助资金的对公账户，要求互助金全部存放在对公账户，严禁将互助金存放在会计等管理人员的私人账户，造成私人资金与互助资金的混乱，以便于农村信用社能够监测互助金异常流动，将防范互助金风险的关口前移。但实地调研发现，部分地区仍存在互助金存放在管理人员私人账户问题，应加快清理整顿，并加强制度规范。

三是加强互助资金信息披露。信息披露是将农村合作金融运行阳光化，以充分发挥资金互助社内外部监督，促进实现资金互助目标和防范互助金风险。因此，地方政府应加快完善互助资金信息披露制度。通过政府购买服务方式，委托会计师事务所等社会中介机构，对互助金信息披露的真实、准确性进行审计，以便掌握互助金来源、流出、运用等的真实情况，为有效发挥农村合作金融组织内外部监督奠定坚实基础。从农村合作金融内部看，广大社员可以通过信息披露了解互助金来源、运用等情况，更有针对性行使其民主管理职能，强化集体决策，使互助资金使用更多与社员的信用等级挂钩，也就在一定程度上有效解决了前文分析的能人控制和大户控制问题，使互助金的运用更有利于实现资金互助目标，也有利于防范互助金风险。从外部监管角度看，作为监管者的地方政府可以借助信息披露，全面真实掌握互助资金运行情况，为其监管指明了方向，同时也使能人和大户迫于地方政府的外部监管，而正确行使对互助金的管理权限，使其行为更加科学、规范，从而进一步促进实现资金互助目标和防范互助金风险，也将对能人控制和大户控制构成有效约束。

四是加强合作金融观念的培训教育。地方政府应积极借助新闻媒体、培训交流会等多种方式，采取农民喜闻乐见的多样化形式，如放映公益电影、集市文艺表演、重大节庆活动、戏曲表演、免费发放宣传材料等，大力宣传合作金融的理念、特点、运行机制、主要扶持政策等，让广大农民深入全面、准确地理解农村合作金融，重点是向参与具体业务操作的一线人员解读上述政策精神，形成广大农民了解合作金融、关心合作金融、支持合作金融、参与合作金融的浓厚社会气氛和环境，为支持发展农村合作金融创造良好的外部环境。这也应是地方政府对农村合作金融实施非审慎监管的重要内容之一。

五是加强合作金融知识培训，提高自我管理能力。农村合作金融的社员主体是农民，普遍缺乏互助金管理和金融风险防范的基本知识，这将严重影响农村合作金融的良好运行和发展。笔者认为，地方政府对农村合作金融实施非审慎监管的重要内容还应包括加强对其工作人员的合作金融知识培训，使其全面、深入了解农村合作金融特点、治理机制、运行管理，风险防范等有关知识，掌握具体的管理技能和互助金风险防范技术、应急处理机制等，切实增强农村合作金融组织的自我管理、自我发展能力。地方政府切不可以农村合作金融组织工作人员素质不高、管理能力较弱为理由深入其内部参与管理，干预其具体经营活动，导致农村合作金融偏离互助合作目标。

六是地方政府以阶段性持股方式大力支持。地方政府可采取阶段性持股方式支持处于发展初期的资金互助合作。一方面可以发挥地方政府通过阶段性持股带来的信用增信功能，依靠地方政府良好的社会信誉，提高资金互助合作的社会地位，增强其吸引社员参加资金互助合作及吸收社员股本金和互助金的能力，有效缓解互助金供求矛盾，推动农村资金互助合作发展壮大。另一方面可以利用政府良好的社会声誉，推动各有关方面的支持配合，为资金互助合作发展创造良好的外部环境。但是，一定要明确地方政府阶段性持股的目的是为了促进资金互助合作发展，改善其社会形象，帮助解决资金互助合作的资金供给不足问题，坚决防止地方政府借助阶段性持股深入资金互助合作内部干预其具体的经营活动，导致偏离资金互助合作目标。在这方面，农村信用社发展偏离合作金融目标的深刻教训值得认真吸取。因此，地方政府可在资金互助合作发展的初期，本着帮扶的目的，以入股方式深入其中，但当资金互助合作基本走上良好发展道路时，地方政府的入股资金就应该有序退出，这就是前文所述的阶段性持股，而且在持股期间，地方政府的股本金不宜参与投票，不宜参加分红，以充分体现外部帮扶、积极推动资金互助合作发展的政策意图。

七是加快完善互助金风险处置制度。与一般银行业金融机构相比，互助金的使用与农业生产周期的趋同性更强，会形成集中存入、取出互助金的问题，容易形成互助金的大幅波动，由此产生较强的流动性风险，而且由于农民社员识别风险的能力低，羊群效应明显，导致互助金风险的传染性很强，同时借助熟人社会，金融风险传染速度也会更快。因此，地方政府作为农村合作金融的监管主体，不仅要承担促进其发展的重任，更要注意防范其风险，维护好其稳定。因此，一旦资金互助合作发生流动性等金融风险，就需要坚决果断及时予以化解，而建立互助金风险处置制度，制定完善的风险处置预案就是行之有效的重要手段，这也是地方政府责无旁贷的重要任务。具体包括以下方面：第一，建立农村合作金融与当地农村中小金融机构特别是农村信用社的有效对接制度。除了可以发挥前文所述的农村信用社监测互助资金流动，做好风险等提前预警功能外，还可以有效破解互助资金流动的强周期问题。具体表现为，在农业生产的淡季，互助资金严重过剩，可以转存农村信用社获取利息收入，降低资金互助社因资金闲置产生的利息负担，也可使农村信用社获得低成本的稳定资金来源；在农业生产旺季，互助资金严重短缺，可以从农村信用社获得外源性融资，支持社员运用更多资金发展生产，也丰富了农村信用社资金运用渠道，增强其盈利能力。因此，建立两者有效对接制度是互利共赢的制度安排。除此之外，有效对接制度也具有互助资金风险防范功能。因为，在这种制度安排下，一旦流动性风险有所显现，资金互助社就可以快速从农村信用社获得外源性融资，从而借助农村信用社的外源性融资将流动性风险等风险消灭在萌芽状态。第二，建立互助资金风险处置基金，专门用于化解互助资金风险。一旦依靠从农村信用社获得外源融资难以有效化解互助资金风险，就可及时启动互助资金风险处置基金。此基金可在地方政府主导下建立，由地方财政资金和资金互助社出资共同组成，但应以财政资金为主。因为地方政府是农村资金互助社的监管主体，维护其稳定发展是地方政府的重要职责。资金互助社出资应坚持正向激励原则，以吸收的互助金为基数确定出资额度，风险越高的资金互助社出资比例也应该越高。此基金可按以下方式发挥作用：首先，发挥基金的担保作用，帮助发生风险的资金互助社从其他正规金融机构获得外源性资金，以加快处置互助金风险。其次，此基金直接参与资金互助社风险化解，通过直接出资帮助化解其资金困境。当然，对经评估、严重资不抵债的资金互助社，应从有利于维护农村金融市场稳定的角度出发，坚决实施市场退出，以维护市场优胜劣汰作用，也是对其他资金互助社进行警示。

2015 年 5 月 1 日，我国存款保险制度正式实施。目前，部分专家认为，应将农村合作金融纳入存款保险范围，以解决化解其金融风险的资金来源。笔者认为，资金互助社虽然也吸收社员资金，并支付利息，但从法律角度看，资金互助社吸收的社员资金是互助金，不是存款，不符合存款保险制度的保险对象为存款的要求，而且资金互助社是草根金融，是农民自发开展的资金互助活动，是非正规金融机构，也不符合存款保险的对象要求；另外，资金互助社刚开始萌芽发展，过多、严格的监管会使其不堪重负，不利于其发展壮大。基于上述考虑，笔者认为，不宜将资金互助社纳入存款保险制度，地方政府应承担有效防范资金互助合作风险，促进其健康稳定发展的重任。

综合上述分析，笔者认为，农村合作金融发展离不开地方政府的大力支持与帮助，地方政府在农村合作金融发展过程中发挥着重要作用，但需要强调的是无论是政府购买服务、投资入股、减免税收、财政补贴等资金支出，还是为信用增信、担保机制、人员培训、合作金融观念培育等创造良好环境，地方政府都不宜直接深入农村合作金融内部参与、干预其具体的经营活动，而应该致力于为其发展提供公共服务，着重培育农村合作金融的自我管理、自主发展能力，即应“引着”农村合作金融走上康庄大道，而不应死死“抱着”农村合作金融往前走，从而妨碍其自主开展经营活动，特别要注意防范地方政府将农村合作金融作为实现自身特定利益的工具，坚决杜绝和防止“好心办坏事”，也就是文前笔者提出的地方政府应对农村合作金融实施非审慎监管。

第九节　发挥资金互助的乡村治理和精准扶贫作用

一、实现资金互助与乡村治理的联动、共赢

笔者通过实地调研发现，山东、湖南的个别资金互助社将乡村治理纳入社员信用等级评定，以此引导社员积极参与乡村治理，实现资金互助与乡村治理联动、共赢，取得了较好效果。山东省华安瓜菜合作社将社员履行村规民约的情况纳入其信用等级评定，实行百分制，将信用等级与农民合作社股本金分红比例、资金互助贷款额度和利率挂钩，以此激励社员自觉树立良好村风，积极参与乡村治理。该社所在的上湖村《村规民约》共约定了 13 个方面的内容，分别涉及知法守法、团结和睦、禁止非法经营爆炸物、爱护公共财产、禁止私自伐木和毁坏他人财物、加强用火安全、反对封建迷信、节俭操办红白喜事、搞好公共卫生、尊老爱幼、食品安全生产、拥护合作社品牌、资金互助诚实守信等方面的内容，并对每个方面的内容赋予了不同分值，以此综合评定社员信用等级。根据社员信用等级及得分，按照正向激励原则，决定股本金分红比例和互助金贷款额度及优惠利率水平高低。具体为：一是股本金分红，按照社员信用等级年终得分，分为两个等级，不低于 30 分的，根据股本金出资额、以当地农村信用社存款年化利率的 2 倍分配股本金红利；低于 30 分的，按照存款年化利率分配股本金红利。二是互助资金的贷款利率，依据得分分为三个层次，最高得分社员的贷款利率为月息 7 厘，其次为 8 厘，得分最低的为 9 厘。

湖南省沅陵县马底驿乡农村产业信用协会在对会员进行信用等级评定过程中，将会员遵守社会公德情况纳入其中，不仅包括会员的经济实力、资产状况、经营能力等因素，而且包括社员参与乡村活动、邻里关系、好人好事、环境卫生、个人道德品质、孝敬老人等乡村治理因素，并分别赋予不同的分值和权重，计算社员的信用得分，以此评定社员的信用等级。根据社员信用等级评定结果，建立正向激励机制，对信用等级高的社员，

在贷款额度、利率方面予以优惠，从而引导社员关注、参与乡村治理，形成资金互助与乡村治理的联动、互利共赢。

资金互助活动在广大农村具有坚实的群众基础，涉及的社员数量众多。将资金互助和社员参与乡村治理联动，将有利于调动广大社员群众自觉参与乡村治理，构建乡村治理的强大群众基础，从而发挥资金互助作为当前新时期做好乡村治理重要抓手的积极作用。

二、以资金互助促进实现精准扶贫目标

党中央、国务院提出到2020年实现全部贫困人口脱贫致富，全面建成小康社会目标。依托农民专业合作社的资金互助合作可以发挥其贴近贫困人口的优势，分类施策，促进贫困人口加快脱贫致富。实地调研发现，湖南省沅陵县王家岭养鸡专业合作社将产业捆绑、资金互助与精准扶贫、脱贫有机结合，取得了良好效果。通过区分贫困户社员的不同情况，因地制宜、多措并举，帮助30户贫困户社员、94名贫困人口实施精准脱贫。一是技术支持帮扶。吸纳有劳动能力、发展意愿且有一定经济基础的贫困户（6户）为养鸡合作社社员，由合作社向其提供鸡苗、饲料等，安排专业技术人员“一对一”进行技术、防疫指导，并按市场价负责回收鸡蛋等。目前，已支持这些贫困户进行蛋鸡养殖2.4万羽、户均年收入在6万元以上，彻底实现脱贫致富。二是资金互助帮扶。目前已有3户贫困户获得互助金支持11.5万元。社员李某是当地贫困农户，家徒四壁但为人忠厚老实，养鸡合作社吸纳其成为社员，并提供7万元互助金帮他建起蛋鸡养殖场，该户现存栏蛋鸡5800羽，年收入10万元左右，成为当地的富裕户，是脱贫致富的典范。三是就业带动帮扶。对失业但有富足劳动力的贫困户优先安排在养鸡合作社的养鸡场、仓贮中心、有机肥厂和蔬菜基地等合适岗位就业，保证年收入不低于1.4万元，通过就业创收，7户贫困户基本脱贫。四是资本参股帮扶。针对一些没有劳动力、缺乏资金和管理能力的贫困户（14户），一方面，由养鸡合作社担保，贫困户社员依据信用等级状况，从银行（主要是农村信用社）获得2万~5万元不等的小额信用贴息贷款，贫困户将贷款

投入合作社集中使用，贷款到期由合作社负责偿还本息，合作社按参股的资金额度分配股本金红利，确保每个贫困户每年不少于6000元的保底分红收益，并且分红上不封项。另一方面，贫困户可以土地经营权等参股。养鸡合作社按每亩600～800元的标准支付土地流转费，确保贫困户获得稳定的收益。这些措施有效解决了此类贫困户的脱贫致富问题。但以贷款资金作为资本参股帮扶脱贫存在以下问题，需要高度关注：首先，以贷款资金入股工商企业，不符合入股资金为自有资金的有关政策规定。其次，此种方式是建立在入股企业经营长期可持续，并能够提供高额分配股本金红利的基础上，一旦入股企业经营状况恶化，其通过股本金分红实现扶贫、脱贫的力度将大为下降，能否按期高质量完成扶贫脱贫任务有待观察。最后，此种方式依赖于政府对小额贷款的贴息，因为入股企业之所以能够高额分红其中就包括了对小额贷款的贴息资金，一旦五年的脱贫攻坚战结束，地方政府的财政贴息政策终止，小额贷款资金归还，曾经获得高额股本金分红的贫困人口将会失去经济来源，重新陷入贫困状态。因为这部分贫困人口仅是依赖于股本金红利脱贫，并未注重培育其自我发展能力。

从上述产业捆绑、资金互助的精准扶贫新模式看，要进一步提高这些措施的精准扶贫效果，需要重点做好以下工作：一是扶贫以产业发展、资金互助为基础。王家岭养鸡专业合作社将贫困户脱贫致富与其产业发展、资金互助相结合，使脱贫致富建立在坚实的产业基础、资金互助之上，不仅能够借助产业发展实现贫困户的彻底脱贫，而且能够使贫困户通过技术支持、资金支持等提高自身致富能力，走上良性致富之路。二是扶贫以精准有效为保证。针对贫困户致贫的具体原因，王家岭养鸡专业合作社有针对性地开展精准扶贫，通过技术支持、资金互助、吸纳就业、资本参股等方式，将专业合作社和贫困户的比较优势相结合，在实现互利共赢的过程中，帮扶贫困户脱贫致富，不仅实现了精准扶贫、精准脱贫目标，而且也保证了专业合作社的可持续发展，使精准扶贫、脱贫具有坚实基础。三是扶贫以就地就近为特色。王家岭养鸡专业合作社发挥自身的产业优势，根据贫困户的实际，采取多样化形式，就地、就近开展脱贫攻坚，有效节约了帮扶贫困户脱贫致富的异地交通费、设备运输费等成本，也避免了贫困户搬迁异地脱贫产生的人员流动、安家等成本，更为重要的是有效规避了部分贫困人口流动能力差、故土难离的难题。四是扶贫以政府加大扶持为保障。帮助贫困户脱贫致富需要持续投入大量的人、财、物，单靠一家养鸡专业合作社的力量是难以完成的，而且也容易影响其可持续发展，使扶贫开发的载体出现萎缩，影响扶贫开发的整体推进。各级地方政府应加大对带动贫困人口脱贫致富有关企业、专业合作社的支持力度，尤其是对其提供中长期低成本资金支持，确保其在实施精准扶贫的过程中能够实现可持续发展，推动持续开展扶贫开发工作。

第十节　新型农村合作金融的发展定位和坚持的原则

一、我国新型农村合作金融处于发展的初级阶段

当前，我国农民的互助资金需求呈现小额、分散、信用的特征，应以“熟人社会”为原则合理确定农村合作金融的经营地域范围和资金规模，经营地域范围应以行政村为主，可适当扩展到乡（镇）；资金规模以1000万元为宜。这样既可有效满足农民的互助资金需求，又可发挥“熟人社会”的比较优势，在以信用方式为主发放互助资金的同时，有效防范资金互助业务风险，实现资金互助的可持续发展。但目前社会上一些人积极鼓动发展资金互助社联合社，扩大资金规模和经营地域范围。笔者认为，我国农民的经济基础和以家庭为单位的生产特征，以及农村合作金融刚刚破土而生的现状，决定了我国农村合作金融尚处于合作金融发展的初级阶段，需要严格按照合作金融的原则规范发展，切不可急躁冒进，超越发展阶段，在政府主导下以运动化方式推动发展，否则，将会重蹈我国农村信用社、农村合作基金会发展偏离资金互助合作目标的覆辙，对此需要高度警惕，认真吸取其经验教训。新型农村合作金融是多元化、多层次农村金融组织

体系的组成部分，其功能应该定位于满足弱势群体农民的小额资金需求，主要通过熟人社会来防范互助资金风险，是最为草根、自发的农村金融组织形式，特别是在发展的初期，应严格按照合作金融的基本原则规范发展，不应赋予其更多的历史重任，否则，不仅不利于其发展壮大，而且甚至会加速其消亡。

二、鼓励大力发展新型农村合作金融

农民是弱势群体，农业是弱势产业，农业生产的盈利水平较低，再加之农民缺乏有效的抵押担保，导致农民发展生产难以获得商业性金融支持。因此，农民具有强大动力开展资金互助，因而资金互助具有广泛的群众基础，具有市场内生性特征。农民的资金需求呈现小额、分散、信用的特点，决定了只要一定规模的社区农民资金联合就可开展资金互助，如以行政村、乡（镇）为经营地域范围。由此使农村合作金融具有典型的“熟人社会”特征，可以发挥其信息优势和面子成本等违约惩罚机制作用，以信用方式为主发放互助资金，在有效解决农民融资抵押担保物缺失困难的同时，也使资金互助能够实现农民的自我管理、自主发展。因此，资金互助所应遵守的“熟人社会”原则，也就成为决定资金互助适度的经营地域范围，进而是合理的互助资金规模的重要因素。同时，通过资金互助将分散、独立的单个农民纳入农村合作金融组织统一行动，并实现与农民合作社的融合发展，提高了农民的生产、销售组织化程度，有利于解决小农户与大市场有效对接的难题，提高农民的市场参与能力、市场谈判能力、产品定价能力，更好维护农民在市场竞争中的利益。

近年来，我国农民合作社蓬勃发展，为农民等弱势群体自发通过资金互助方式满足农业生产发展资金需求奠定了坚实的经济基础，市场内生成长型的农村合作金融破土而出，发展迅速，组织形式、业务类型呈现多元化、多样化。目前，我国的市场内生成长型的农村合作金融呈现自发成长状态，具有古典式合作金融特征，多以行政村或乡（镇）为经营地域范围，互助资金规模较小。这种新型农村合作金融对解决农民融资难发挥着积极作用，但也存在一些问题，对这些问题应以发展的眼光看待，不应求全责备一棍子打死，而应予以积极鼓励，加快引导规范，促进其健康可持续发展。

三、坚持规范发展农村合作金融

从我国农村合作金融发展现状看，笔者认为，应在农民合作社基础上发展农村合作金融，实现两者融合发展，互利共赢，应坚持以下基本原则，规范发展合作金融，防止偏离合作金融发展的基本目标。一是坚持互助性，不以营利为目的。合作金融更多强调的是“人合 + 资合”而不是单纯的“资合”，否则就容易偏离资金互助合作目标。新型农村合作金融组织要坚持为农民服务，为农村的弱势群体服务的宗旨，通过发放小额、短期、信用贷款开展资金互助合作，不以盈利为目的。所说的非盈利性，是指不单纯追求利润，并不是不要盈利。任何一个经济组织如不能通过其经营获利，则无法生存壮大。建立农民合作金融组织重要的不是使成员获得资本红利，而是以这种融资方式使农民能较容易地得到稀缺生产要素——资金，从而提高其经营的经济效率，但如果不盈利，资金互助合作组织或业务将会逐步萎缩甚至消亡，也就使农民缺乏获得互助资金的载体，反而更不利于实现资金互助合作目标，但也不宜过度追求盈利，应以有利于实现资金互助的可持续发展为原则。过度追求营利是当前农村合作金融发展中的重要现象，而且在个别地区比较普遍，对此应引起高度重视。笔者认为，应在坚持保本微利原则的前提下，引导社员认识加入农村合作金融的目的不是力求获得所缴纳互助资金和股本金的高收益，将其作为投资手段，而是获得互助合作收益，以此作为增进其收益的重要途径。

二是坚持社员制，封闭运营，不跨区经营。首先，坚持社员制，能确保资金互助的目的是服务“三农”，防止资金互助的“非农化”。另外，通过社员制，确定社员资格和条件，强化合作互助的目的是扶贫帮困，以防止一些富裕户以社员身份（前文所述的大户）进入且强势操纵资金互助社，也就是前文所强调的社员的经济地位平等，这是实施社员民主管理的坚实经济基础，但也不是一味杜绝富裕社员，可通过前文所述的防范大户控制的机制设计强化民主管理，破解大户控制，充分发挥好大户的积极作用。其次，坚持封闭运营，能确保在社员内部开展资金互助。明确社员资格和标准，防止无原则地降低社员标准和任意扩大社员范围，避免以吸收互助金为名行“非法吸收公众存款”之实。最后，不跨区经营，有利于发挥“熟人社会”的优势。互助金应全部用于对社员放款，充分体现资金互助的目标，将互助金的使用限制在熟人社会范围，有利于降低互助金使用中的风险。而当今中国，熟人社会以村和镇范围较为合适，如果突破村镇范围开展合作金融，将会失去熟人社会的优势，使信息的非对称程度提高，互助金的安全性就会缺乏最基本的保障。同时，随着资金互助突破村镇的地理范围而扩大，也会带来互助金规模的上升，这也会对具体管理人员的经营管理能力和技术提出更高的要求。尽管国外合作金融机构实行开放式的社员制，但在中国，在发展新型农村合作金融组织的初级阶段，还是要强调社员制、封闭运营、不跨区经营这三大原则，防止起步阶段走偏或走歪的现象发生。当然，正如前文所述，农民合作社产业链也具有熟人社会特征，各地可根据当地经济发展情况，综合考虑传统的社区型熟人社会和产业链延伸的熟人社会，合理确定农村合作金融的地域范围和资金规模。但笔者依然认为，考虑到我国农村合作金融发展尚处于初级阶段，应谨慎确定农村合作金融的地域范围和资金规模，不宜盲目扩大农村合作金融的地域范围和资金规模，应稳步推进，力求规范发展。

三是坚持不对外吸储放贷，只为社员提供资金互助服务。对外吸储，就是吸收公众存款，就意味着对公众负债，是吸收存款类金融机构特许业务范围，需要接受上缴存款准备金和补充资本充足率等一系列严格的金融监管，实行审慎监管。前文分析表明，农村合作金融是在农民合作社基础上内生成长的资金互助合作，是由农民自我创设、自主管理的互助自治型草根金融，应坚持在社员内部吸收互助资金，因为一旦吸收社会公众存款，就容易突破农民（社员）的风险管理能力，导致风险外溢扩散，影响农村金融稳定。合作金融不同于商业性金融（商业银行）的显著特征，就是不能吸收公众存款，只能在社员范围内吸收股本金和存款，在社员之间形成利益与风险共担机制。对外放贷，即是将互助资金流向社员以外，不仅会影响社员利益，而且会增加社员风险，更容易使资金的互助性转变为商业性。目前一些资金互助社演变为“山寨银行”，就是因为变相对外吸储放贷，已经造成相当大金融风险，危及农村金融稳定，一定要认真吸取经验教训。

四是不对成员支付过高回报，盈利主要用于积累。正如前文分析，农村合作金融的典型特征是“人合 + 资合”，是农民在合作社基础上发展的资金互助合作，目标是帮助作为弱势群体的农民通过互助方式解决发展生产的资金不足问题，不是为了追求实现更大盈利。因此，每个参与资金互助的社员并不是以追求互助金回报为目的，但并不意味着就不需要对社员缴纳的股本金和互助资金支付回报，因为支付回报一方面有利于吸纳更多资金，实现更高水平的互助金供求平衡，更好实现资金互助目标，另一方面也有利于激励社员更加节约使用互助金，更加快速归还互助金，避免互助金的浪费和闲置。但所支付的回报又不宜过高，否则，就会造成文前所分析的以缴纳互助资金作为投资手段获得高收益的问题，笔者认为互助金的“高进高出”具有合理性，但其都应以当地农村中小银行特别是农村信用社同期限同档次的存贷款利率为重要参考，只要略高点就可以了，具体原因前文已有分析，此处不再赘述。综上所述，农村合作金融应坚持保本微利的经营宗旨，盈余应主要用于积累，以促进资金互助合作的发展壮大。同时，应强化盈余以交易量（额）返还为主的盈利分配原则，交易量应以互助金的使用为主体，这将有利于激励社员积极参与资金互助合作，而且也可因为盈利返还，对使用互助金的高成本予以补偿，以降低使用互助金的实际成本，这些均会更加有效实现资金互助合作目标。当然，也需要引导社员认识到加入农村合作金融所获得收益不仅是股本金红利和互助金利息，更重要的是实现了单个农户与大市场有效对接而获得的其他收益，而后者才是其获得的最为主要的收益，也远高于显性收益（股本金红利和互助金利息），从而激发广大农民加入农村合作金融的积极性，更好促进农村合作金融发展。

参考文献

［1］易纲:《中国金融改革思考录》［M］，商务印书馆，2009。

［2］易纲:《中国的货币化进程》［M］，商务印书馆，2003。

［3］穆争社:《农村信用社法人治理与管理体制改革研究》［M］，中国金融出版社，2011。

［4］穆争社:《农村信用社改革政策设计理念》［M］，中国金融出版社，2006。

［5］穆争社:《非对称信息与企业融资》［M］，中国金融出版社，2009。

［6］穆争社等:《中国农村信用社改革绩效评价——基于三阶段 DEA 模型 Malmquist 指数分析法》［J］，载《金融研究》，2016（6）。

［7］穆争社等:《中国农村信用社改革后的绩效评价及提升方向分析——基于三阶段 DEA 模型 BCC 分析法的实证研究》［J］，载《金融研究》，2014（4）。

［8］穆争社:《破解农村信用社法人治理结构的民营资本官营化困局》［J］，载《金融研究》，2009（7）。

［9］穆争社等:《论农村信用社法人治理结构的特征》［J］，载《金融研究》，2007（1）。

［10］穆争社:《论信贷配给对宏观经济波动的影响》［J］，载《金融研究》，2005（1）。

［11］穆争社等:《论化解农村金融排斥的创新模式——林业碳汇交易引导资金回流农村的实证分析》［J］，载《经济理论与经济管理》，2013（4）。

［12］穆争社等:《我国农村信用社改革述评》［J］，载《“三农”决策

要参》，2013（48）。

［13］穆争社等：《下一步深化农村信用社改革的原则与制度设计》［J］，载《“三农”决策要参》，2013（50）。

［14］穆争社：《完善地方金融管理体制的总体框架和政策思路》［J］，载《“三农”决策要参》，2013（54）。

［15］穆争社等：《创新我国农村金融监管方式》［J］，载《“三农”决策要参》，2013（55）。

［16］穆争社等：《发展新型农村合作金融组织——山东试点的跟踪研究》［J］，载《“三农”决策要参》，2016（6）。

［17］穆争社等：《论中国农村合作金融发展的阶段性特征》［J］，载《上海金融》，2016（2）。

［18］穆争社等：《中国农村信用社“去合作化”的成因探究及启示》［J］，载《南方金融》，2016（4）。

［19］穆争社等：《论地方政府对新型农村合作金融的监管》［J］，载《金融理论与实践》，2016（9）。

［20］穆争社等：《论防范吸收互助资金行为演变为非法吸收社会公众存款行为》［J］，载《金融与经济》，2017（1）。

［21］穆争社等：《农村互助资金风险防范机制研究》［J］，载《南方金融》，2017（1）。

［22］穆争社等：《中国新型农村合作金融发展十大问题论争》［J］，载《上海金融》，2017（4）。

［23］穆争社等：《省联社淡出行政管理的改革方向》［J］，载《中央财经大学学报》，2016（7）。

［24］穆争社等：《论加快推进省联社淡出行政管理改革》［J］，载《上海金融》，2016（8）。

［25］穆争社等：《中国农村信用社改革的全景式回顾、评价与思考》［J］，载《上海金融》，2012（11）。

［26］穆争社等：《论农村信用社管理体制改革的方向》［J］，载《金

融与经济》，2011（7）。

［27］穆争社：《激励农村信用社引进民有资本的战略投资者》［J］，载《财贸研究》，2010（1）。

［28］穆争社：《农村信用社法人治理结构特征的演进方向》［J］，载《中央财经大学学报》，2009（1）。

［29］穆争社等：《加快建立农村信用社金融风险处置基金有关问题》［J］，载《农村经济》，2012（4）。

［30］穆争社等：《民有资本民营化与民有资本官营化：农村信用社法人治理研究》［J］，载《中南财经政法大学学报》，2009（1）。

［31］穆争社等：《农村信用社管理体制改革：成效、问题及方向》［J］，载《中央财经大学学报》，2011（4）。

［32］穆争社等：《论农村信用社制度变迁特征的演变》［J］，载《中央财经大学学报》，2013（1）。

［33］穆争社等：《深化农村信用社管理体制改革的思考》［J］，载《江西财经大学学报》，2011（1）。

［34］穆争社：《论农村信用社管理体制改革中的权责配置错位问题》［J］，载《经济体制改革》，2009（6）。

［35］穆争社等：《构建农村信用社金融风险处置基金》［J］，载《金融与经济》，2012（2）。

［36］穆争社等：《论完善地方金融管理的边界、组织架构及权责制衡机制》［J］，载《上海金融》，2014（2）。

［37］穆争社等：《论地方金融风险处置基金的建立与完善》［J］，载《上海金融》，2013（6）。

［38］穆争社等：《建立农信社金融风险处置基金的有关构想》［J］，载《中国农村金融》，2011（6）。

［39］穆争社等：《引进民有资本战略投资者 完善农村信用社法人治理结构》［J］，载《中国农村金融》，2011（6）。

［40］贝多广：《普惠金融国家发展战略》［M］，经济管理出版

社，2017。

[41] 汪小亚：《农村金融改革：重点领域和基本途径》[M]，中国金融出版社，2013。

[42] 张晓慧：《农村信用社改革试点资金支持政策的实践与思考》[M]，中国金融出版社，2012。

[43] 徐忠等：《中国贫困地区农村金融发展研究》[M]，中国金融出版社，2009。

[44] 龚明华：《新常态下农村金融改革发展与风险监管》[M]，中国财政经济出版社，2017。

[45] 沈明高等：《中国农村金融研究：改革、转型与发展》[M]，北京大学出版社，2014。

[46] 苏静：《中国农村金融发展的减贫效应研究》[M]，经济科学出版社，2017。

[47] 北京大学数字金融研究中心课题组：《数字普惠金融的中国实践》[M]，中国人民大学出版社，2017。

[48] 焦瑾璞等：《普惠金融：基本原理与中国实践》[M]，中国金融出版社，2015。

[49] 胡国晖等：《金融排斥与普惠金融体系构建：理论与中国实践》[M]，中国金融出版社，2015。

[50] 汪小亚：《新型农村合作金融组织案例研究》[M]，中国金融出版社，2016。

[51] 黄革：《“省联社”模式：理论基础、制度缺陷与改革建议》[J]，载《海南金融》，2008（10）。

[52] 唐忠民：《农村信用社省级联社发展模式研究》[J]，载《吉林金融研究》，2013（11）。

[53] 肖四如：《农村信用社管理体制改革及省联社走向问题》[J]，载《经济研究参考》，2008（58）。

[54] 吴盛光：《“省联社”模式制度重构：农村信用社管理体制改革新

趋势》［J］，载《山东财政学院学报》，2011（3）。

［55］汪小亚：《发展新型农村合作金融》［J］，载《中国金融》，2014（5）。

［56］王曙光：《构建真正的合作金融：合作社信用合作模式与风险控制》［J］，载《农村经济管理》，2014（5）。

［57］张健华：《我国商业银行效率研究的DEA方法及1997—2001年效率的实证分析》［J］，载《金融研究》，2003（3）。

［58］中国人民银行宿迁市中心支行课题组：《苏北农村信用社经营效率及影响因素分析》［J］，载《金融纵横》，2010（7）。

［59］孙倩等：《农村信用社DEA效率评价投入产出指标选择研究》［J］，载《中国集体经济》，2012（6）。

［60］蔡跃洲等：《我国上市商业银行全要素生产率的实证分析》［J］，载《经济研究》，2009（9）。

［61］黄宪等：《我国商业银行X效率研究——基于DEA三阶段模型的实证分析》［J］，载《数量经济技术经济研究》，2008（7）。

［62］覃道爱等：《基于SBM - Undesirable模型的我国农村信用社改革绩效评价》［J］，载《金融研究》，2010（10）。

［63］褚保金等：《中国农村信用社运行效率及其影响因素分析——以苏北地区为例》［J］，载《中国农村观察》，2007（1）。

［64］毕功兵等：《商业银行DEA效率评价投入产出指标选择研究》［J］，载《管理评论》，2009（6）。

［65］吴晓灵：《发展农村合作金融新模式》［J］，载《清华金融评论》，2015（6）。

［66］汪小亚：《发展新型农村合作金融》［J］，载《中国金融》，2014（5）。

［67］星炎：《普惠金融：一个基本理论框架》［J］，载《国际金融研究》，2016（9）。

［68］张忠宇：《我国农村普惠金融可持续发展问题探究》［J］，载《河北经贸大学学报》，2016（1）。

后　记

本书是我近五年来农村金融改革发展研究成果的融合与升华。此方面研究是我的职业爱好，兴趣与工作融为一体，使我能够不受利益驱使，凭自己的喜好做真研究，做有用研究。本书仅代表个人研究观点，与供职单位无关，文责自负。

回首十多年研究，胸中涌动着无限感激之情，那么多的领导、老师、同事给予我太多的关怀和帮助，点点教诲、浓浓之情，令人思之切切，难以忘怀。

我要特别感谢我的导师，中国人民银行副行长易纲教授，是他引领我进入农村金融改革实践和研究领域，使我成为2003年开始的农村信用社改革和资金支持政策制定与实施的重要参加者，持续十年之久，与农村金融改革发展结下不解之缘。十余年来，易老师一直支持我的研究工作，每有研究成果面世，总是欣然作序，字字斟酌句句修改，情之切切。

我要感谢我的农村金融研究团队的队友们——汪小亚研究员、陈剑波研究员、何广文教授、何晴副教授、李冠佑副研究员、谭智心博士、黄迈博士、丁玉博士、夏海龙博士、王勇博士、帅旭博士等，大家志同道合、不计回报，尽心尽力为农村金融改革发展贡献智慧。多年来，每次与他们的调研、讨论，都是盛宴、享受、成长，本书的诸多观点都来源于他（她）们的理论营养、思想火花，本书的第九章是我执笔撰写的研究团队课题成果。感谢清华大学中国农村研究院多年的研究资助。

我要感谢中国人民银行货币政策司的领导、同事们。货币政策司是个温暖的大家庭，我每一步的成长、进步都离不开领导、同事的大力支持、帮助。祝领导、同事们工作愉快，阖家幸福！

我要感谢家人长期以来的无私奉献、大力支持！感念家人的关心、关爱、理解等方方面面。我爱我的家人，祝他们健康快乐！

中国金融出版社的大力支持为本书的尽早面世提供了重要保障，感谢戴硕主任、董飞编辑，正是他们认真负责的编辑工作，有力地提升了本书的专业水平。

穆争社
2018 年 1 月